En Parlant

A framework for exercising interpersonal communication

Joseph Scott
Elizabeth Zwanziger

Wayside
PUBLISHING
www.waysidepublishing.com

Printed in USA

Print date: 128

ISBN: 978-1-938026-69-0

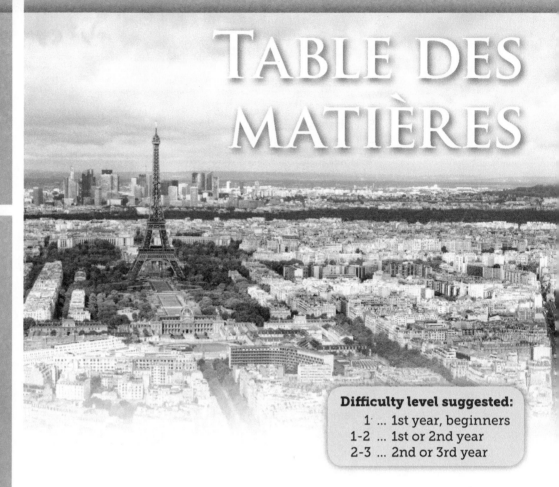

TABLE DES MATIÈRES

Difficulty level suggested:
1 ... 1st year, beginners
1-2 ... 1st or 2nd year
2-3 ... 2nd or 3rd year

Introduction

Thème 1 - Les gens autour de nous

Thème 2 - Moi

Bienvenue à *En Parlant*. Welcome to *En Parlant*.

This book is designed to help you and your classmates learn how to speak French – by speaking, that is, *en parlant*.

A French proverb suggested the creation of a conversational workbook for peer to peer communication. *C'est en forgeant qu'on devient forgeron*. One learns to forge (to shape iron) by forging. Talking French to a classmate is much easier than shaping iron. The title of the book echoes a new proverb:

On apprend à parler en parlant.

The entire book is a support system for working out loud with peers. There are more than a thousand questions that one can ask a classmate as well as thousands of suggestions for question formation. As the conversational topics change, vocabulary (with English translation) is provided to aid both question comprehension and answer formation.

Every one of the fifty conversational topics includes an invitation to respond in writing to a text message and to an email related to the topic.

Grammar is always presented as a paired activity which should be repeated with different peers until the individual can perform the grammatical behavior correctly without any support. Once again, *on apprend à parler en parlant*.

Listings in the back of the book provide access to different conversation topics and to specific points of grammar, all of which are designed for oral work with a peer. Every student is also a teacher when using this book, thus everyone can read "To the student" and "To the teacher" in the following pages.

Pages xiv-xxi at the end of the introduction serve as a beginning guide to how *En Parlant* works. Students are invited to have a "Conversation quotidienne" (daily conversation) with a different classmate every day.

Acknowledgements for *En Parlant*

The book *En Parlant* exists as the result of years of classroom teaching experience. Joseph Scott taught French at independent schools (Cranbrook School, Michigan; Middlesex School, Massachusetts) for decades and the conversations and paired grammar exercises were developed for and with his students. Elizabeth Zwanziger, who gives courses in teacher education and the use of technology in language instruction at the University of Northern Iowa, attuned his work to the twenty-first century. The vision of our publisher, Gregory Greuel, Wayside Publishing, brought us together for a very rewarding collaboration.

We wish to thank our French editor, Loïza Miles of Northeastern University, for her attention to detail and for shaping our work with "l'esprit de la langue." We also thank our designers Denise Gallagher and Susan Woodman at Dinardo Design, our project manager Derrick Alderman, Rivka Levin at Bookwonders for composition, and the many staff members of Wayside Publishing who contributed to this project: Rachel Ross, and Derrick Alderman.

We hope you enjoy *En Parlant* as much as we enjoyed creating a unique resource for students of French.

To the student

En Parlant is a conversational support system, which presents the student with an opportunity to communicate on a wide variety of topics.

The essential questions that appear at the beginning of each theme are designed as overarching, key inquiries within the theme. They are meant as a springboard for class discussions and as a way to provoke thinking about the topics at hand. The essential questions may be used before starting work on a theme, anytime during the theme, or as a way to wrap up a theme.

Each one of the fifty conversational topics can stand alone, according to the needs of the class. The alphabetical index of topic titles at the back of the book provide a guide to individual conversations.

Conversations, in the form of chapters, are loosely grouped under the headings of six themes which may serve as curricular units or simply as variations in preparation.

To use *En Parlant* effectively students must be able to read questions to each other with an easily comprehensible conversational quality. Everyone must work to attain and maintain pronunciation at an acceptable level, clear and comprehensible at the very least. Less experienced students will rely heavily upon each question, both visually and auditorily, to form a full sentence answer by rearranging the elements of the question and supplying a single piece of information.

With experience and familiarity students outgrow the need for visual support and rely on more developed listening and speaking skills. At more advanced levels students use questions as a departure point for original or personal observations or additional inquiry. In short, every student will look at the question until the respondent can dispense with such support. The questions are the same no matter what the skill level of the student; progress is measured in the quantity and quality of the response.

The recycling portion of each conversation reuses the exact questions that precede it. Here students are asked to reconstruct a directive, given in the third person, in order to formulate the appropriate question in the second person. Students are performing variations in the interpersonal mode of communication and must be able to perform the mental gymnastics necessary to make this transformation. In *Recyclage*, three students (as opposed to paired grouping) can work together in the following roles. 1. Reading instructions. 2. Following instructions to form a question. 3. Answering the question. These roles can also be recycled among the students in the group. Success for the group of three depends upon equally significant participation of all parties and serves as a variation on the paired work that comprises the vast majority of *En Parlant*.

The text message writing activity is placed in the first half of each chapter, asking the student to participate in interpersonal communication in written form about the conversation topic. Text messages are brief and to the point, providing a maximum of information with a minimum of characters or sentences.

Vocabulary has been selected as appropriate to topic; therefore there is no distinction between "beginning" and "advanced" vocabulary. Students should be familiar with all interrogative forms in order to recognize what is asked for in each question and to be able to form follow-up questions. (See **Posez vos questions** in the Introduction.)

Facing each page of questions is a vocabulary section divided into three columns. Words found in the questions on the left are listed in the first column (under *compréhension*) immediately to the right of the questions in which they occur. The second column (*suggestions*) lists vocabulary which may be appropriate in an answer, depending on the respondant's needs. Each word is listed with its minimal English equivalent and is identified by part of speech. The third empty column (*autres possibilités*) is intended to receive vocabulary of the individual or. of the class. Note that the second column is based on the authors' teaching experience and is in no sense complete. Every individual will have directions or observations which he or she wishes to pursue or relate.

French vocabulary is followed immediately by commonly used abbreviations indicating the part of speech, thus indicating the grammatical behavior of the word. For all language students, a sound knowledge of the parts of speech is essential. Abbreviations: (**v.**) verb, (**n.m.**) masculine noun, (**n.f.**) feminine noun, (**adj.**) adjective (the feminine form is given only if it is other that the masculine form plus "e"), (**pron.**) pronoun, (**adv.**) adverb, (**prép.**) preposition, (**conj.**) conjunction, (**int.**) interjection. Combinations of words are usually identified by (**exp.**) which indicates an expression combining different parts of speech.

The grammar of the questions is determined as appropriate to topic. The vast majority of the questions are in the present tense. Questions about the future will use that tense and the "passé composé" occurs naturally in questions about the past. The grammar is functional in that it serves the communicative needs appropriate to a given subject. The grammatical behavior presented on every right hand page under *Grammaire orale* has its own page of explanation in this introduction.

The email writing activity occurs in the second half of each chapter. As is the case of the text message activity, students are prompted to participate in written interpersonal communication on the conversational topic. Emails are likely to be longer than text messages, so students can express themselves in this short writing activity with a wider vocabulary in more sentences. Both the text message and email are invitations for students to actually use their digital devices to practice their French outside of class.

En Parlant attempts to provide all the elements necessary for two students to rehearse and to develop conversational competence with minimal supervision. Multiple rehearsals with a variety of peers will enable the individual student to discard the elements of the support system, first the vocabulary page as the vocabulary is learned, second the visual reference to the questions and finally the book itself. The book is intended to help you continue language learning and language use with the confidence which comes from repetition and more repetition. Neither the book nor your teacher will be present as you pursue further French conversation with those outside your classroom.

Belledonne, Alpes du Dauphiné, France

To the teacher

En Parlant is intended for students of any age who are capable of working together in pairs, or in threes for the recycling section. There are fifty different conversations. The answers of all class members provide variations on the topic to every other member. The teacher's answers provide another variation and the teacher participates as half of a pair if the class has an odd number of students. Ideally, everyone in the classroom practices conversational competence simultaneously.

The conversations in *En Parlant* lend themselves to random access. One can choose a specific topic for the reason of the moment, because it is raining (La pluie), because it is Friday (Le week-end), because a class outing is planned (Le pique-nique), or to provide a variation on and reinforcement of another part of the course. Fitting the conversation to the moment gives additional context for vocabulary learning.

At first a class must understand clearly the task at hand: to provide full sentence answers to each question in conversational French. (Note that the "correct" answer often varies with the individual.) Initially a member (or members) of the class might read the questions to the teacher (the opposite of more traditional procedures) and the teacher can demonstrate full sentence answers.

Student are quick to imitate the teacher's traditional role – that of asking the questions – and they are also quick to accept the responsibility of answering questions in pairs because they command the full attention of a peer and they exercise independent choice.

For a time working in pairs or threes requires close supervision and regular "public" performances to achieve the desired level of competence. The quality of the work improves if each student realizes that the private conversation is a rehearsal for public presentation. Before long a working mode and a level of competence are established and the entire class can work independently. As with any classroom task, too little time in which to finish is preferred to too much time in which students lose interest.

The time available for the task will determine the number of variations performed on a single topic. The following ideas invite you to explore and to add:

Student A asks Student B all the questions. B gives **full sentence answers**. (Reverse roles, change partners.)

Student A asks Student B all the questions. B gives **minimum significant answers**. (Change roles, partners, speed.)

Repeat the above **without** allowing the respondent to see the **questions**. (one book for two students) Language laboratories, telephones, cell phones all allow student to talk to each other without seeing each other – or the questions.

Each student **writes** (usually outside of class) full sentence answers to each question, **writes a composition** which includes answers to the questions, **writes on the topic** including some answers to the questions using vocabulary provided.

Each student **telephones** (or texts) another student outside of class to rehearse questions and answers yet again.

Each student makes an **oral presentation** (with a strict time limit: 60–90 seconds) on the topic including as many answers as possible, with or without questions in hand.

Oral presentations and written work can be graded, of course, along with vocabulary quizzes based on the vocabulary provided with each conversation topic. Individual teachers will make grading decisions appropriate to their classes.

Just as the teacher encourages students to use independence and choice wisely in pursuit of conversational competence, so also the authors encourage teachers to choose topics appropriately and often from *En Parlant*.

This is your book and you should know...

You will learn to speak French confidently and competently by doing just that... speaking French. The best way to learn is face to face with another person. The strongest stimulus in learning a language is the undivided attention of another individual.

En Parlant presents you with many kinds of material for paired oral work and the opportunity to control the pace of this work as you work with other students. You should expect to work with your teacher, of course, and with every other member of your class as well. Speaking with people of your own age is essential to learning to use French for communication in your life outside a classroom.

En Parlant assumes both your ability and desire to work with other students. It is in your interest to be as helpful and informative to other language learners as you hope they will be to you. You will be preparing yourself to perform in conversation with any French speaker, and the seriousness of your preparation will determine the success of your learning.

Working together for a given period of time permits the greatest amount of active participation for every individual in the class. You are protected from "exposure" by the noise of other conversations, but you have the responsibility to speak clearly and listen actively. As a speaker you can engage a listener's attention by your effort and interest in communication. As a listener you can notice errors of which the speaker is unaware and help the speaker by working to find mutually satisfactory communication. You are both working to satisfy your teacher as well as yourselves.

Be aware, in control, and proud of your progress. Be specific about what you don't know or don't understand. Communicate why and how (if ever) you are lost. As soon as you can do this in a language, you will have some choice as to what happens to you; and that is what communication is all about.

Put your feelings, your consideration, and your imagination into your conversations, as well as your knowledge. Work at a sensible rate, which is interesting and understandable. The topic of the day may seem irrelevant, but it represents one more step along the way to the ultimate goal: **to be able to say what you want to say**. Take advantage of all opportunities to practice communication.

En Parlant exists because students are imaginative, lively, original and interesting people, each with unique perceptions, experiences and points of view. Discover your classmates as you prepare to discover other people who speak French. Language is a valuable tool. The goal is to communicate with other people.

The grammar in this book invites you over-learn orally how French behaves.

The questions and vocabulary in the book invite you to find the ideas which come to your classroom every day. By working with your classmates you will be rehearsing constantly correct language behavior in your travels to find those ideas. *Bon voyage.*

Posez vos propres questions

Ask your own questions.

about people

Qui parle?

Who is speaking? (Who talks?)

Qui est-ce qui parle?

Who is speaking? (Who talks?)

Qui voit-il?

Whom does he see?

Qui est-ce qu'il voit?

Whom does he see?

À **qui** parle-t-il?

To whom is he talking? (does he talk?)

about things

Qu'est-ce qui arrive?

What is happening?

Que dit-il?

What does he say? (is he saying?)

Qu'est-ce que tu dis?

What are you saying? (do you say?)

Avec **quoi** le fait-on?

With what does one do it?

Avec **quoi** est-ce qu'on le fait?

With what does one do it?

with question words

Qu'est-ce que c'est qu'un astérisque?

What is an asterisk? (*)

Qu'est-ce que c'est (que ça)?

What is it?

À **quelle** heure finit la classe?

At what time does class end?

De **quelle** couleur est-ce?

What color is it?

Quel âge as-tu?

How old are you?

Quels sont leurs noms?

What are their names?

Quelle est ta couleur favorite?

What is your favorite color?

De **quelle** main écris-tu?

With which hand do you write?

Laquelle (lesquelles) des fleurs préfères-tu?

What flower(s) do you prefer?

Lequel (lesquels) des mois aimes-tu?

What month(s) do you like?

Travaillez au téléphone

Work on the telephone

Allô, c'est moi _____. Qui est à l'appareil?

Hello, it's me, _____. Who's on the phone?

Mon ami(e) _____ est là?

My friend _____ is there?

_____ est à la maison?

_____ is home?

Je téléphone pour parler avec _____.

I'm phoning to talk with _____.

Je voudrais parler français avec _____.

I would like to talk French with _____.

Merci beaucoup. Au revoir.

Thank you very much. Good-bye.

Montrez de la considération et de la politesse

Pardon. S'il vous plaît. Excuse(z)-moi.

Pardon, Please, Excuse me.

Comment? Quoi? (Hein?)

How? What? (Huh?)

Merci. Merci beaucoup. Merci mille fois.

Thanks. Thanks a lot. A thousand thanks.

Je vous en remercie. (Je t'en remercie.)

I thank you for it.

C'est moi qui vous remercie.

It is I who thank you.

Je vous en prie. (Je t'en prie.)

I beg you. (= You're welcome.)

Il n'y a pas de quoi. Ce n'est rien.

There's no need. It's nothing.

An introduction to Grammaire orale

Grammaire orale presents a single aspect of French language behavior organized in such a way that two students effectively teach it to each other by taking turns in reciting the listed elements. A simple example: the seven days of the week. Repetition in alternation (suggested by **bold** and plain type) continues until the behavior can be reproduced independently by an individual, with the book closed.

Learning is reinforced by alternating repetition, for the speaker learns to think what a partner is going to say while repeating the pattern. Thinking and speaking rapidly align in small doses such that eventually thinking and speaking are one and the same; this is both the practice and the goal of *En Parlant*. Speaking enough French eventually makes students internalize grammatical rules so that speaking is no longer impeded by thinking of a rule and its application before making a statement.

Alternating repetition occasionally requires sentences that are unlikely to occur except in a drilling situation, especially when the pronoun "on" (which has no direct or indirect object equivalent) is used to complete a circular pronoun drill. "On" as the subject of a verb is fairly common in modern speech and its use is critical in supplying the odd number of elements required to sustain alternating repetition.

Small icons suggest patterns for repetition of the topic presented in *Grammaire orale*. Arrows indicate the direction to proceed, usually top to bottom and left to right, rarely in all directions. Two heads indicate that the pattern can be reviewed randomly using the pronoun diagram ("les petites personnes") found inside the covers of the book. A question mark suggests that the grammar can be reviewed in question and answer form (?) just the way students review for a quiz on the pattern. (For example: Given the masculine adjective, what is the feminine form?) A clock face and subscript icon challenges the individual student to demonstrate independent mastery against the clock and to record the number of seconds required to reproduce the pattern with the book closed.

The authors decided it was impossible to pretend to match grammar topics to conversations but that it was important that grammar topics be always present as students work together. The index in the back of the book identifies specific presentational patterns which will facilitate grammatical learning. The goals of *Grammaire orale* and a traditional explicative grammar are the same: that the student understand what is grammatically correct. *Grammaire orale* goes further in creating patterns which the student will understand and be able to *speak* with grammatical correctness as well.

Patterns and paired work by their repetitive nature lend themselves to the development of speed in production. In a very limited way each presentation allows a student to develop – and to help a peer develop - competence and confidence in expression. Each mastery of a discrete grammatical behavior is a step towards conversational proficiency. The mastery of enough grammatical behavior results in the ability to speak the language without hesitation and without unspoken internal grammatical review, just as one speaks one's native tongue.

Getting started...

The authors suggest that classwork begin with the final eight pages of this introduction, with *Conversation quotidienne.* It is useful to develop a sound working style in the classroom such that every student is engaged simultaneously in paired work in the same conversation and that every student has the opportunity to work with a number of other students. At first periods of total class engagement will be brief, followed by individual presentations.

Grammaire orale is best limited to the first four examples in these introductory pages and to working exclusively on them to develop full class participation, and to develop learning the materials presented in paired alternating repetition. When all the individuals in the class know the days of the week, know the months of the year, can count to twenty-five and can recognize correctly French interjections – and all of the above with acceptable pronunciation and facility – then one may choose the next *Grammaire orale* and venture on to a new *Conversation.*

One can repeat *Conversation quotidienne* on a daily basis as a warm-up activity until it become a routine performed without opening the book. The behavior presented – and learned - in *Grammaire orale* should be reproducible at any time by any student when called upon. As with most learning tasks, it is better to learn a little very, very well than to attempt too much all at once.

Physical cues for rapid practice for use in paired work

Repetition is essential to language learning. Repetition can be slow and dull and unsatisfactory and unsuccessful... or it can be rapid and entertaining. Language learners are more than capable of entertaining each other with simple gestures which call for an oral response. Working in pairs one student can make gestures as the other student responds. As both seek mastery, roles should be reversed often.

The simplest example in French involves the affirmative, negative, interrogative and negative interrogative of the present tense. (or any tense with any subject)

Two hands forward, palms up	Nous parlons.
Two hands forward, cross wrists	Parlons-nous?
Two hands forward, close fists	Nous ne parlons pas.
Two hands forward, closed fists crossed	Ne parlons-nous pas?

Paired practice is usually more effective than extensive explanation in establishing the concepts involved and much more effective in creating oral facility.

In the races which these activities naturally provokes, the mouth of one student tries to keeps up with the hands of the other. In these races the mouth always loses and the brain always wins. Note that the gestures can be referred to long after drilling in order to recapture language behavior.

Pointing with a purpose: Inside the covers *En Parlant* presents "les petites personnes," a diagram giving a visual form to simple gestures. The organization comes from the natural use of subject pronouns.

Je – *point to chest,* **tu** – *point forward (one finger),* **il** – *point to side (either side),* **elle** – *point to (other) side,* **on** – *point diagonally up with one or both hands,* **nous** – *point to chest with two hands,* **vous** – *point forward with two hands,* **ils** – *point to side (where "il" is) with two hands,* **elles** – *point to other side with two hands.*

On paper the little people are organized in the "I-you" vertical axis and the "he-she" horizontal axis. This is the same organization as that of the gestures above. The gesturer is the center; the student responding says what the gesturer is saying with hands.

For absolute clarity here is the "key" to the final page diagram with subject pronouns.

		One / on	You / vous		
			You / tu		
They / ils	he / il	I / je		she / elle	they / elles
		We / nous			
They / ils (objects) it / il		(some/whatever)	it / elle (objects)	they / elles

Note that the diagram is repeated in effect when one points to oneself, ahead and back, left and right. On a page the diagram is clear both to the student giving the cue (touching the figure) and to the student seeing the cue and then speaking. Speed and random access provide enough entertainment to support active learning. One student learns aurally, the other orally, and both learn physically.

A full physical response reinforces learning when each student stands and steps according to the placement of the little people (one foot = singular, two feet = plural). This activity continues a drill and at the same time provides relief from too long a time in a sitting position.

Students who are learning a language accept (1) verb repetition in a list on the blackboard (by 9 subjects je, tu , il ,elle, on, nous, vous, ils and elles for odd-numbered alternation in paired work), (2) gestural cuing with a partner while seated, (3) pointed cuing using the little people and (4) stepping and speaking ("on" the little people, as it were) as four different activities. They are thereby, in effect, overlearning for effortless reproduction in meaningful settings.

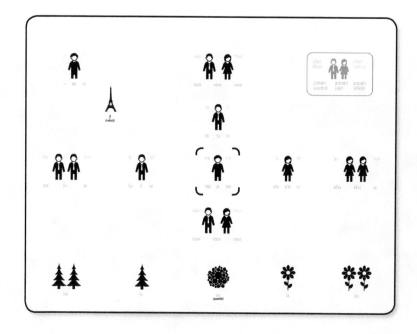

Presenting nouns by gesture:

In French the presentation of the noun (using articles and adjectives) indicates gender and number and provides other information as well. Using gestures to reinforce meaning associated with a noun provides familiarity and flexibility difficult to obtain otherwise. Consider the following simple variations and all they have to teach.

one finger up	un café	une tarte
two fingers up	deux cafés	deux tartes
three fingers up (etc.)	trois cafés	trois tartes
one finger down	le café	la tarte
two fingers down (etc.)	les cafés	les tartes
close fist	pas de café	pas de tarte
two fingers up -masked by other hand	pas deux cafés	pas deux tartes
one finger down, touch	ce café	cette tarte
two fingers down, touch	ces cafés	ces tartes
finger(s) circle (all)	tout un café, tout le café tous les cafés, tous ces cafés tout ce café	toute une tarte, toute la tarte toutes les tarte, toute cette tarte, toutes ces tartes
finger and thumb rub	du café	de la tarte
fingers up. wiggle	des cafés	des tartes
palm up to side	quel café?	quelle tarte?
palm on cheek	quel café!	quelle tarte!
knuckle on surface	celui-ci, (-là)	celle-ci, (-là)
knuckles on surface	ceux-ci, (-là)	celles-ci, (-là)
Awareness of the little people gives easy access to possessive adjectives	mon, café, ton café …	ma tarte, ta tarte…

Consider also using difficult or unfamiliar nouns to improve pronuncation and to establish familiarity and immediate recall.

un espace, un rat, un seuil   *une ratatouille, une profondeur, une souris*

Gestures for comparatives and superlatives:

One hand out, palm up	(the adjective, or adverb)	Il parle vite.
Two hands out, palms up		Il parle aussi vite que moi.
Two fists out		Il ne parle pas aussi vite que moi.
One hand out, other hand up		Il parle plus vite que moi.
One hand out, other hand down		Il parle moins vite que moi.
One hand way up		Il parle le plus vite de la classe.
One hand way down		Il parle le moins vite de la classe.

To set up further drilling as above: two for comparison *(il, elle)*, a group *(l'école)*, an adjective *(intelligent)* and a verb *(être)*.

Explore grammar with gestures:

Students who are familiar with drilling techniques using physical cues can be remarkably inventive in creating gestures to drill a point of grammar – a fist on a desk to be *"la montagne"* in drilling prepositions, two hands in different positions to indicate different sentences with "si", pointing to indicate tenses (*down* = présent, *one finger ahead* = futur proche, *one finger back* = passé recent, *one finger way forward* = futur, *one finger over shoulder* = passé composé). Mastery of the language through cuing by gesture allows these same gestures to be used for emphasis and expressiveness (and perhaps reminders of grammar) as conversations continue.

Questions à poser à un(e) autre élève *(conversation à deux)*

1. Bonjour.
2. Ça va?
3. Nous sommes quel jour de la semaine?   *(très simple)*
3. Quel jour de la semaine nous sommes?   *(habituel)*
3. Quel jour de la semaine est-ce que nous sommes?   *(avec "est-ce que")*
3. Quel jour de la semaine sommes-nous?   *(formel)*
4. Quelle est la date aujourd'hui?
5. Il fait quel temps?
5. Quel temps il fait?
5. Quel temps est-ce qu'il fait?
5. Quel temps fait-il?
6. Tu es préparé(e)?
7. Tu vas où après le cours?
7. Où tu vas après le cours?
7. Où est-ce que tu vas après le cours?
7. Où vas-tu après le cours?

Recyclage *(pour faire parler un(e) autre élève)*

1. Dis "bonjour" à la personne avec qui tu parles, à ton/ta partenaire.
2. Demande-lui si ça va.
3. Pose-lui une question pour demander quel jour de la semaine nous sommes.
4. Tu veux savoir la date aujourd'hui. Demande-la-lui.
5. Demande-lui quel temps il fait.
6. Demande-lui s'il/si elle est préparé(e).
7. Demande à cette personne où il/elle va après le cours.

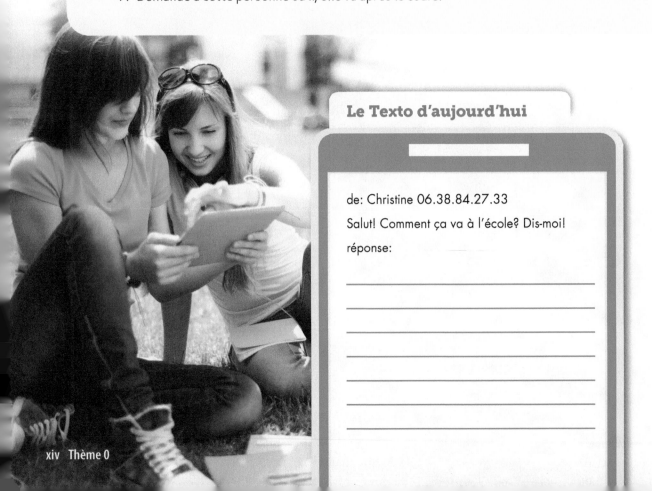

Le Texto d'aujourd'hui

de: Christine 06.38.84.27.33

Salut! Comment ça va à l'école? Dis-moi!

réponse:

_____

_____

_____

_____

_____

_____

Vocabulaire: Conversation quotidienne

compréhension	suggestions	autres possibilités
bonjour (exp.) Hello. Good day.	**Bonjour** (exp.) Hello	_____
le jour (n.m.) day	**Salut**. (exp.) Hi	_____
la semaine (n.f.) week	lundi, mardi, mercredi,	_____
aujourd'hui (adv.) today	jeudi, vendredi, samedi	_____
quel, quelle (adj.) what	**Il fait beau.** (exp.) It's nice (out).	_____
il fait (v. faire) it makes (je fais, nous faisons)	**Il fait mauvais.** (exp.) It's bad (out).	_____
le temps (n.m.) weather	**Il fait du soleil.** (exp.) It's sunny (out).	_____
préparé(e) (adj). prepared	**Il pleut.** (v. pleuvoir) It's raining.	_____
tu vas (v. aller) you are going (je vais, nous allons)	**Il neige.** (v. neiger) It's snowing.	_____
où (adv.) where	**au cours de** (exp.) to _____ class	_____
après (prep.) after	**aux sports** (n.m.pl.) to sports	_____
	à la cantine (n.f.) to the cafeteria	_____
	à la bibliothèque (n.f.) to the library	_____
	à la récréation (n.f.) to recess	_____

Grammaire orale _____

Alternez avec une autre personne pour apprendre les jours et les mois.
7 jours   _"13 éléments pour alterner"_

lundi	**Les mois de l'année**	juillet
mardi	janvier	**août**
mercredi	**février**	septembre
jeudi	mars	**octobre**
vendredi	**avril**	novembre
samedi	mai	**décembre**
dimanche	**juin**	

Bordeaux, France

Conversation à deux

1. Est-ce que le professeur est de bonne humeur ou de mauvaise humeur?
2. Tu as bien dormi?
3. Il est quelle heure? *(super simple)*
3. Quelle heure il est? *(relâché)*
3. Quelle heure est-ce qu'il est? *(trop long)*
3. Quelle heure est-il? *(normal)*
4. À quelle heure est-ce que tu t'es couché(e)?
5. À quelle heure est-ce que tu t'es levé(e)?
6. Tu as parlé à qui en premier ce matin?
6. À qui tu as parlé en premier ce matin?
6. À qui est-ce que tu as parlé en premier ce matin?
6. À qui as-tu parlé en premier ce matin?
7. Qu'as-tu mangé au petit déjeuner?
8. Tu as bu quoi?
8. Qu'est-ce que tu as bu?
8. Qu'as-tu bu?

Recyclage

1. Demande si le professeur est de bonne humeur ou de mauvaise humeur.
2. Demande à ton/ta partenaire s'il/si elle a bien dormi.
3. Tu veux savoir quelle heure il est. Demande-le-lui.
4. Demande-lui à quelle heure il/elle s'est couché(e).
5. Interroge ton/ta partenaire sur l'heure à laquelle il/elle s'est levé(e).
6. Tu veux savoir à qui il/elle a parlé en premier ce matin. Pose-lui la question.
7. Demande-lui ce qu'il/elle a mangé au petit déjeuner.
8. Demande à ton/ta partenaire ce qu'il/elle a bu.

Le Mél d'aujourd'hui

Courriel reçu

| de: | oceane@enparlant.fr |
| à: | toi@enparlant.fr |

Salut! Comment se passe ta journée? Qu'est-ce que tu as fait ce matin?

Réponse

| de: | toi@enparlant.fr |
| à: | oceane@enparlant.fr |

réponse:

_____

_____

_____

_____

_____

Vocabulaire: Conversation quotidienne

compréhension

le/la professeur (n.m./f.) teacher

de bonne humeur (exp.) in a good mood

de mauvaise humeur (exp.) in a bad mood

l'humeur (n.f.) mood

dormi (v. dormir) slept

bien (adv.) well

quel, quelle (adj.) what

l'heure (n.f.) hour, time

couché (v. se coucher) went to bed (je me couche, nous nous couchons)

levé (v. se lever) got up (from bed) (je me lève, nous nous levons)

parlé (v. parler) spoke (je parle, nous parlons)

en premier (exp.) first

ce, cette (adj.) this

le matin (n.m.) morning

mangé (v. manger) eaten (je mange, nous mangeons)

le petit déjeuner (n.m.) breakfast

petit, petite (adj.) little

le déjeuner (n.m.) lunch

bu (v. boire) drank (je bois, nous buvons)

que (pron.) what

qu'est-ce que (exp.) what

suggestions

J'ai bien dormi. I slept well.

J'ai mal dormi. I slept badly.

Il est dix heures. It's ten o'clock.

Il est dix heures dix. It's ten ten.

une minute (n.f.) minute

dix heures et demie (exp.) 10:30

dix heures et quart (exp.) 10:15

dix heures moins le quart (exp.) 9:45

neuf heures quarante-cinq (exp.) 9:45

Je me suis couché(e). I went to bed.

Je me suis levé(e). I got up.

à six heures vingt at 6:20

J'ai parlé à _____. I spoke to _____.

des céréales (n.f.pl.) cereal

des oeufs (n.m.pl.) eggs

du pain (n.m.) some bread

un croissant (n.m.) crescent roll

du jus d'orange (n.m.) some orange juice

du jus de fruit (n.m.) some fruit juice

du café (n.m.) some coffee

du lait (n.m.) some milk

autres possibilités

_____

_____

_____

_____

_____

_____

_____

_____

_____

_____

_____

_____

_____

_____

_____

_____

_____

_____

_____

_____

_____

_____

_____

_____

_____

Grammaire orale  l'alphabet _____

Prononciation – les "voyelles" de l'alphabet

A	A H K	chat, pas, la, ma, sa
É	B C D G P T V W	bébé, céder, thé, dé, mémé
E	E	le, me, se, de, te
È	F L M N R S Z	être, crème, cesse, crête, bête
I	I J X Y	il, ville, dit, si, lit
O	O	beau, au, sot, dos, mot
U	Q U	bu, du, pu, tutu, su

ABCD **EFG** HIJK **LMNOP** QRS **TUV** WXYZ

Conversation à deux

1. Tu es ici pourquoi? *(bébé)*
1. Pourquoi tu es ici? *(relâché)*
1. Pourquoi est-ce que tu es ici? *(standard)*
1. Pourquoi es-tu ici? *(courant)*
2. Quels vêtements portes-tu?
3. Quels bijoux portes-tu?
4. Qu'est-ce que c'est que ça?
4. C'est quoi ça?
5. Qu'as-tu fait hier soir?
6. Que fais-tu ce soir?
7. Il y a combien d'élèves dans la classe aujourd'hui?
7. Combien d'élèves il y a dans la classe aujourd'hui?
7. Combien d'élèves est-ce qu'il y a dans la classe ajoujourd'hui?
7. Combien d'élèves y a-t-il dans la classe aujourd'hui?
8. Qui est absent(e) aujourd'hui?
9. Combien de cours as-tu aujourd'hui? *(Pose-moi les questions de la conversation quotidienne, s'il te plaît.)*

Recyclage

1. Demande à ton/ta partenaire pourquoi il/elle est ici.
2. Interroge-le/la sur les vêtements qu'il/elle porte.
3. Tu veux savoir quels bijoux il/elle porte. Demande-le-lui.
4. Demande-lui de demander ce que c'est que ça (l'objet qu'il/elle indique).
5. Tu es curieux (curieuse) de savoir ce qu'il/elle a fait hier soir. Demande-le-lui.
6. Demande-lui ce qu'il/elle fait ce soir.
7. Demande-lui combien d'élèves il y a dans la classe aujourd'hui.
8. Demande-lui de poser une question sur qui est absent.
9. Demande à ton/ta partenaire combien de classes il/elle a aujourd'hui.

Le Texto d'aujourd'hui

de: Pierre-Yves 06.82.33.46

Comment se passe ton cours de français jusqu'à présent?

réponse:

_____
_____
_____
_____
_____
_____

Vocabulaire: Conversation quotidienne

compréhension	suggestions	autres possibilités

compréhension

tu es (v. être) you are
  (je suis, nous sommes)

pourquoi (adv.) why

ici (adv.) here

quel(s), quelle(s) (adj.) what

le vêtement (n.m.) piece of clothing

le bijou (n.m.) jewel, jewelry

Qu'est-ce que c'est que ça? (exp.)
  What is that?

fait (v. faire) did (done)
  (je fais, nous faisons)

hier (adv.) yesterday

le soir (n.m.) evening

ce, cette (adj.) this

combien (adv.) how many

un(e) élève (n.m/f.) student

dans (prép.) in

aujourd'hui (adv.) today

suggestions

J'ai une classe. I have a class.

Pour apprendre le français.
  To learn French

**Je suis un(e) élève dans cette
  école.** I am a student in this school.

la chemise (n.f.) shirt

le pantalon (n.m.) pants

les chaussures (n.f.pl.) shoes,
  footwear

les chaussettes (n.f.pl.) socks

une jupe (n.f.) skirt

une robe (n.f.) dress

un chandail (n.m.) sweater

un veston (n.m.) coat

une cravate (n.f.) necktie

un collier (n.m.) a necklace

un pendentif (n.m.) a pendant

un anneau (n.m.) a ring

un bracelet (n.m.) bracelet

une montre (n.f.) watch

des boucles d'oreille (n.m.pl.)
  earrings

J'ai étudié. I studied.

J'ai regardé la télé. I watched TV.

J'ai travaillé à l'ordinateur. I
  worked on the computer.

Je vais _____. I am going
  to _____.

me préparer (v.) get ready, prepare
  (myself)

m'amuser (v.) to have fun, to have a
  good time

J'ai <u>cinq</u> cours. I have <u>five</u> classes.

autres possibilités

_____
_____
_____
_____
_____
_____
_____
_____
_____
_____
_____
_____
_____
_____
_____
_____
_____
_____
_____
_____
_____
_____

Grammaire orale ➡ ?

Interjections!		(Question)	(Clarification)
a	(Ah!)	**Tu comprends enfin?**	Oui, je comprends.
e	**(Euhhh?)**	Tu ne comprends pas?	**Non, je ne comprends pas.**
i	(Iiii!)	**Tu as mal?**	Oui, j'ai mal.
o	**(Oh!)**	C'est une surprise?	**Oui, c'est une surprise.**
u	((P)u!)	**Tu ne l'aimes pas?**	Non, je ne l'aime pas.
an	**(An!)**	Tu es fâché(e)?	**Oui, je suis fâché(e).**
in	(Hein?)	**Tu veux que je répète?**	Oui, je veux que tu répètes.
on	**(Onnn...)**	C'est mignon?	**Oui, c'est bien mignon.**
un	(Unhh!)	**C'est trop lourd?**	Oui, c'est trop lourd!
ouf	**(Ouf!)**	Tu es fatigué(e)?	**Oui, je suis fatigué(e).**
bof	(Bof!)	**Tu ne sais que faire?**	Non, je ne sais que faire.

Conversation au sujet de la conversation: (page de préparation)

Conversation à deux

1. Bonjour, m'entends-tu? Est-ce que tu m'entends?
2. Quelle autre voix entends-tu clairement?
3. Est-ce que je parle trop fort ou trop doucement?
4. Peux-tu me comprendre quand tout le monde parle?
5. Aimes-tu parler français?
6. Est-ce que la conversation française est difficile pour toi?
7. Préfères-tu parler avec un professeur ou avec un autre élève? Pourquoi?
8. En parlant à un autre élève, préfères-tu parler avec un garçon ou avec une fille?
9. Es-tu fatigué(e) de répondre aux questions?
10. Est-ce que ces questions sont faciles ou difficiles?
11. Pour améliorer notre français, pose-moi ces questions maintenant.

Recyclage

1. Demande à ton/ta partenaire s'il/si elle peut t'entendre.
2. Tu veux savoir s'il y a une autre voix qu'il/elle entend clairement. Demande-le-lui. Et demande-lui quelle autre voix.
3. Demande-lui si tu parles trop fort ou trop doucement.
4. Demande à ton/ta partenaire s'il/elle peut t'entendre quand tout le monde parle.
5. Tu veux savoir s'il/si elle aime parler français. Pose la question.
6. Demande-lui si la conversation française est difficile pour lui / elle.
7. Dis-lui que tu veux savoir sa préférence en parlant: avec un élève ou avec un prof.
8. Demande-lui s'il/si elle aime mieux parler avec un garçon ou avec une fille.
9. Demande-lui s'il/si elle est fatiqué(e) de répondre aux questions.
10. Demande-lui si ces questions sont faciles ou difficiles.
11. Suggère une activité pour améliorer votre français à vous deux.

Le Mél d'aujourd'hui

Courriel reçu

de:	patrick@enparlant.fr
à:	toi@enparlant.fr

Donne-nous des détails personnels sur ta journée à l'école.

-Tes amis parisiens.

Réponse

de:	toi@enparlant.fr
à:	patrick@enparlant.fr

réponse:

_____

_____

_____

_____

_____

_____

Vocabulaire: Conversation quotidienne

compréhension

entendre (v.) to hear
quel, quelle (adj.) what
la voix (n.f.) voice
autre (adj.) other
clairement (adv.) clearly
trop (adv.) too
fort (adv.) loud(ly)
doucement (adv.) softly
peux-tu (v. pouvoir) can you
  (je peux, nous pouvons)
comprendre (v.) to understand
tout le monde (exp.) everyone
préférer (v.) to prefer
  (je préfère, nous préférons)
pourquoi (adv.) why
en parlant (v. parler) while talking
un garçon (n.m.) a boy
une fille (n.f.) a girl
fatigué(e) (adj.) tired
répondre (v.) to answer
  (je réponds, nous répondons)
facile (adj.) easy
améliorer (v.) to improve
poser (v.) to ask
maintenant (adv.) now

suggestions

Je t'entends. I hear you.
Je ne t'entends pas. I don't
  hear you.
J'aime _____. I like _____.
J'adore _____. I love _____.
Je déteste _____. I hate _____.
plus intelligent(e)(s) (adj.)
  more intelligent
plus sympathique(s) (adj.) nicer
plus agréable(s) (adj.) more
  pleasant
plus clair(e)(s) (adj.) clearer
plus serviable(s) (adj.) more helpful
plus facile(s) à comprendre (exp.)
  easier to understand
moins impatient(e)(s) (adj.)
  less impatient

autres possibilités

_____
_____
_____
_____
_____
_____
_____
_____
_____
_____
_____
_____
_____
_____
_____
_____
_____
_____
_____
_____
_____
_____

Grammaire orale  1–25 🕐 _____

Les nombres Comptez en alternant.

1	un	**10**	**dix**	19	dix-neuf
2	**deux**	11	onze	**20**	**vingt**
3	trois	**12**	**douze**	21	vingt et un
4	**quatre**	13	treize	**22**	**vingt-deux**
5	cinq	**14**	**quatorze**	23	vingt-trois
6	**six**	15	quinze	**24**	**vingt-quatre**
7	sept	**16**	**seize**	25	vingt-cinq
8	**huit**	17	dix-sept	*(recommencez ou*	
9	neuf	**18**	**dix-huit**	*continuez à l'infini!)*	

Paris, France

petit ami
soirée
politesse
père
sœur
geste
gens gentil
amoureux
présenter
rencontrer
copine
couple
mariage
copain
confier
prénom
meilleur
famille
plaire
mère
bande
nom de famille
connaissance

manquer embrasser faire plaisir
animal domestique le coup de foudre
se sincèrement intime impoli serrer la main
tous les deux
frère
attirer
petit ami e la vie sentimentale
petite amie

rendez-vous

2

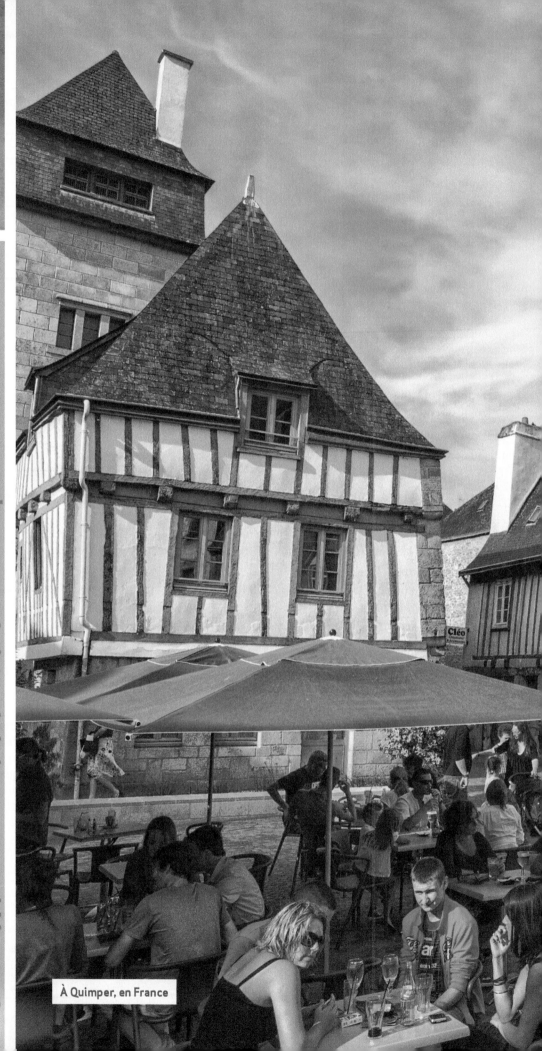

À Quimper, en France

LES GENS AUTOUR DE NOUS

QUESTIONS ESSENTIELLES

1. Quelles sont les personnes les plus importantes dans ta vie?

2. Comment exprimes-tu ton amour pour quelqu'un?

3. En quoi la politesse consiste-t-elle aux États-Unis et dans d'autres pays?

4. Combien ta famille est-elle importante dans ta vie?

5. Comment préfères-tu passer ton temps avec tes amis?

6. Qu'est-ce que tu aimes faire pendant une soirée?

Les amis *(conversation à deux)*

1. Est-ce que les amis sont importants pour toi?
2. Tes meilleurs amis sont-ils garçons ou filles?
3. As-tu un meilleur ami ou une meilleure amie? Cette personne est-elle ici à l'école?
4. Que fais-tu avec ton/ta meilleur(e) ami(e) que tu ne fais pas avec d'autres amis?
5. Quand est-ce que tu parles à tes amis? De quoi parlez-vous?
6. Pendant la semaine à qui est-ce que tu téléphones?
7. À qui est-ce que tu envoies des messages?
8. À quel moment est-ce que tes amis te sont le plus important?
9. Où vas-tu avec tes amis? .
10. Connais-tu les parents de tes amis? Aimes-tu leurs parents?
11. Peux-tu parler sincèrement à tes amis et peuvent-ils te parler sincèrement aussi?

Recyclage

1. Demande à ton/ta partenaire si les amis lui sont importants.
2. Tu veux savoir si ses amis sont garçons ou filles. Pose-lui la question.
3. Tu as envie de savoir s'il/si elle a un(e) meilleur(e) ami(e) et si cette personne est à l'école avec lui/elle. Pose-lui ces questions.
4. Interroge-le/la sur ce qu'il fait avec son/sa meilleur(e) ami(e) qu'il ne fait pas avec d'autres amis.
5. Demande-lui quand il parle à son ami(e) et de quoi ils parlent.
6. Tu cherches à savoir à qui il/elle téléphone pendant la semaine. Pose-lui la question.
7. Demande-lui s'il/si elle envoie des messages et à qui.
8. Dis-lui, en forme de question, de te parler des moments où ses amis sont le plus important.
9. Interroge-le/la sur les endroits qu'il/elle fréquente avec ses amis.
10. Tu aimerais savoir s'il/si elle connaît les parents de ses amis et s'il/si elle les aime. Demande-le-lui.
11. Demande-lui si ses amis et lui/elle peuvent se parler sincèrement.

Le Texto d'aujourd'hui

de: Paul 06.38.75.25.47

Salut, toi! Écoute, j'ai vraiment besoin de toi, mon ami(e) – j'ai un gros problème. Je peux te voir cet après-midi pour te demander ce que tu en penses? Où et quand? Quelle chance j'ai d'avoir un(e) bon(ne) ami(e) comme toi!

réponse:

_____

_____

_____

_____

_____

Vocabulaire: Les amis

compréhension	suggestions	autres possibilités

compréhension

meilleur (adj.) best

faire (v.) to do
(je fais, nous faisons)

quoi (pron.) what (as a question)

pendant (prép.) during

envoyer (v.) to send
(j'envoie, nous envoyons)

aller (v.) to go
(je vais, nous allons)

connaître (v.) to know, to be
acquainted with (je connais,
nous connaissons)

pouvoir (v.) to be able
(je peux, nous pouvons)

suggestions

tous les deux (exp.) both

et garçons et filles (exp.) both boys
and girls

sortir (v.) to go out (je sors, nous
sortons)

aller au cinéma (v.) to go to the
movies

lui rendre visite (exp.) to pay a visit
to him/her (je lui rends, nous lui
rendons)

se parler à coeur ouvert (exp.) to
speak openly, sincerely, with an
open heart

franchement (adv.) frankly

une difficulté (n.f.) something
difficult

un problème (n.m.) a problem

le bonheur (n.m.) happiness

le malheur (n.m.) misfortune

autres possibilités

_____
_____
_____
_____
_____
_____
_____
_____
_____
_____
_____
_____
_____

Grammaire orale

Verbe *avoir* (to have) au temps présent

j'ai	**je n'ai pas**	**ai-je**	**n'ai-je pas**
tu as	tu n'as pas	as-tu	n'as-tu pas
il a	**il n'a pas**	**a-t-il**	**n'a-t-il pas**
elle a	elle n'a pas	a-t-elle	n'a-t-elle pas
on a	**on n'a pas**	**a-t-on**	**n'a-t-on pas**
nous avons	nous n'avons pas	avons-nous	n'avons-nous pas
vous avez	**vous n'avez pas**	**avez-vous**	**n'avez-vous pas**
ils ont	il n'ont pas	ont-ils	n'ont-ils pas
elles ont	**elles n'ont pas**	**ont-elles**	**n'ont-elles pas**

La Seine à Paris

Les amis *(conversation à deux)*

1. Est-ce que tes amis se moquent de toi?
2. Est-ce que tes amis t'insultent?
3. Préfères-tu parler sincèrement à un garçon ou à une fille?
4. As-tu des amis adultes?
5. Quel(le) ami(e) te manque le plus quand tu es ici à l'école?
6. Lequel/laquelle de tes ami(e)s habite le plus loin d'ici?
7. Est-ce que tu confies des secrets à un ami (à une amie)?
8. Est-ce qu'un parent peut être un ami?
9. As-tu beaucoup de connaissances ou quelques amis intimes?
10. Serait-il possible que tu deviennes mon ami(e)?
11. Je te remercie de m'avoir parlé de tes amis. Pose-moi ces questions, s'il te plaît.

Recyclage

1. Demande à ton/ta partenaire si ses amis se moquent de lui/d'elle.
2. Tu aimerais savoir si les amis de ton/ta partenaire l'insultent. Pose-lui la question.
3. Tu as envie de savoir s'il/si elle préfère parler sincèrement à un garçon ou à une fille. Demande-le-lui.
4. Demande-lui s'il/si elle a des amis adultes.
5. Interroge-le/la sur quel ami lui manque le plus quand il/elle est à l'école.
6. Demande-lui lequel/laquelle de ses ami(e)s habite le plus loin d'ici.
7. Tu veux savoir s'il/si elle confie des secrets à un(e) ami(e).
8. Tu aimerais savoir si un parent peut être un ami. Demande-lui son avis.
9. Interroge-le/la sur le type d'amis qu'il/elle a, des connaissances ou des amis intimes.
10. Demande-lui si ce serait possible qu'il/elle devienne ton ami(e).
11. Dis-lui de te remercier de t'avoir parlé de ses amis. Demande-lui gentiment de te poser ces questions.

Le Mél d'aujourd'hui

Courriel reçu

| de: | clemence@enparlant.fr |
| à: | toi@enparlant.fr |

Coucou, mon ami(e)! Merci de m'avoir invité(e) chez toi hier soir. Comme je viens de déménager ici, je ne connais pas beaucoup de monde. As-tu des ami(e)s à qui tu pourrais me présenter? Qu'est-ce que tu fais avec tes amis le soir et le week-end? Ils habitent près de chez toi? J'ai hâte de connaître d'autres gens ici en ville. J'attends avec impatience ta réponse. ;)

Réponse

| de: | toi@enparlant.fr |
| à: | clemence@enparlant.fr |

réponse:

_____

_____

_____

_____

_____

Vocabulaire: Les amis

compréhension	suggestions	autres possibilités

compréhension

sincèrement (adv.) sincerely

se moquer de (v.) to make fun of

insulter (v.) to insult

manquer (v.) to miss or lack
(Tu me manques. = I miss you.)

loin (adv.) far

confier (v.) to entrust

une connaissance (n.f.) an
acquaintance

intime (adj.) intimate, close

devenir (v.) to become
(tu deviennes = subjonctif)

remercier (v.) to thank

poser une question (exp.)
to ask a question

suggestions

chez des amis (exp.) to/at friends'
houses

chez (+ personne) (prép.) to
_____'s home

chez moi (prép. + pron.) to my house

en ville (exp.) in town, to the city
_____ me manque le plus. =
I miss _____ the most.

autres possibilités

_____

_____

_____

_____

_____

_____

_____

_____

_____

_____

_____

Grammaire orale

*Verbe **être** (to be) au temps présent*

je suis	**je ne suis pas**	**suis-je**	**ne suis-je pas**
tu es	tu n'es pas	es-tu	n'es-tu pas
il est	**il n'est pas**	**est-il**	**n'est-il pas**
elle est	elle n'est pas	est-elle	n'est-elle pas
on est	**on n'est pas**	**est-on**	**n'est-on pas**
nous sommes	nous ne sommes pas	sommes-nous	ne sommes-nous pas
vous êtes	**vous n'êtes pas**	**êtes-vous**	**n'êtes-vous pas**
ils sont	ils ne sont pas	sont-ils	ne sont-ils pas
elles sont	**elles ne sont pas**	**sont-elles**	**ne sont-elles pas**

Le Vieux Montréal, au Québec

L'amour *(conversation à deux)*

1. Es-tu amoureux (amoureuse)? De qui es-tu amoureux(-euse)?
2. À qui parles-tu de ton petit ami/ta petite amie? (ton petit copain/ta petite copine)
3. As-tu dit à ton ami(e) que tu l'aimes?
4. Est-ce que cette personne t'aime?
5. Pourquoi est-ce que cette personne te plaît?
6. De quelle couleur sont ses yeux? De quelle couleur sont ses cheveux?
7. Quel est son passe-temps favori? Quel est son plat préféré?
8. De quoi est-ce que tu parles avec cette personne?
9. Qu'est-ce que vous aimez faire ensemble?
10. Est-ce que tu lui écris? Lui parles-tu au téléphone?
11. Quand vois-tu cette personne?

Recyclage

1. Demande à ton/ta partenaire s'il/si elle est amoureux(-euse) et de qui.
2. Tu veux savoir à qui il/elle parle de son/sa petit(e) ami(e). Pose-lui la question.
3. Tu aimerais savoir s'il/si elle a dit à cette personne qu'il/elle l'aime. Demande-le-lui.
4. Demande-lui si cette personne l'aime aussi.
5. Interroge-le/la sur les raisons pour lesquelles il/elle aime cette personne.
6. Tu as envie de savoir la couleur de ses yeux et de ses cheveux. Pose-lui ces questions.
7. Interroge-le/la sur les passe-temps et le plat préférés de cette personne.
8. En forme de question, dis-lui de t'expliquer de quoi il/elle parle avec cette personne.
9. Demande-lui ce qu'ils/elles font ensemble comme activités.
10. Tu voudrais savoir s'ils/si elles s'écrivent et se parlent au téléphone. Pose-lui ces questions.
11. Demande-lui quand il/elle voit cette personne.

Le Texto d'aujourd'hui

de: Julie 06.81.23.95.26

Salut! Tu sais que je t'aime bien, n'est-ce pas? Veux-tu sortir avec moi ce week-end? Parle-moi de tes passe-temps préférés. Qu'est-ce que tu aimes manger?

réponse:

_____

_____

_____

_____

_____

_____

Vocabulaire: Les amis

compréhension	*suggestions*	*autres possibilités*

compréhension

amoureux(-euse) (de) (adj.) in love (with)

un petit ami (n.m.) a boyfriend

une petite amie (n.f.) a girlfriend

un copain (n.m.) a male friend/ buddy

une copine (n.f.) a female friend/ buddy

plaire (v.) to please (Il/elle me plaît. = He/she pleases me, I like him/her.)

ses yeux (n.m.pl.) his/her eyes

ses cheveux (n.m.pl.) his/her hair

un passe-temps (n.m.) pastime, activity

le plat (n.m.) the dish (food)

lui (pron.) to him/her

écrire (v.) to write (j'écris, nous écrivons)

suggestions

intelligent (adj.) smart

beau (adj.) good looking, handsome

belle (adj.) good looking, beautiful

spirituel(le) (adj.) witty

agréable (adj.) pleasant

heureux (-euse) (adj.) happy

gai (adj.) joyful, gay

vif/vive (adj.) lively

joyeux(-euse) (adj.) joyful

marron (adj.) (invariable) chestnut brown (for eyes)

châtain (adj.) (invariable) chestnut brown (for hair)

roux/rousse (adj.) red (for hair)

le sport (n.m.) sports

la lecture (n.f.) reading

la musique (n.f.) music

la pizza (n.f.) pizza

la glace (n.f.) ice cream

le steak (n.m.) steak

le poulet (n.m.) chicken

autres possibilités

_____
_____
_____
_____
_____
_____
_____
_____
_____
_____
_____
_____
_____
_____
_____
_____
_____
_____

Grammaire orale

*Verbe **aller** (to go) au temps présent*

je vais	**je ne vais pas**	**vais-je**	**ne vais-je pas**
tu vas	tu ne vas pas	vas-tu	ne vas-tu pas
il va	**il ne va pas**	**va-t-il**	**ne va-t-il pas**
elle va	elle ne va pas	va-t-elle	ne va-t-elle pas
on va	**on ne va pas**	**va-t-on**	**ne va-t-on pas**
nous allons	nous n'allons pas	allons-nous	n'allons-nous pas
vous allez	**vous n'allez pas**	**allez-vous**	**n'allez-vous pas**
ils vont	ils ne vont pas	vont-ils	ne vont-ils pas
elles vont	**elles ne vont pas**	**vont-elles**	**ne vont-elles pas**

À Paris, en France

L'amour *(conversation à deux)*

1. Est-ce que tu aimes les amis de ton ami(e), garçons et filles?
2. Cette personne, est-elle toujours gentille envers toi? (Toujours?)
3. Qu'est-ce que cette personne fait pour te rendre heureux(-euse)?
4. Est-ce que cette personne peut te rendre jaloux(-ouse)?
5. Qu'est-ce que ton ami(e) te dit pour te faire plaisir?
6. Où est-ce que tu aimes aller avec cette personne?
7. Quand est-ce que cette personne est de bonne humeur? Et de mauvaise humeur?
8. Penses-tu aimer cette personne longtemps?
9. Quelle est la qualité la plus importante de la personne que tu aimes?
10. Crois-tu au "coup de foudre"?
11. Je te souhaite bonne chance dans ta vie sentimentale. Pose-moi ces questions!

Recyclage

1. Demande à ton/ta partenaire s'il/si elle aime les ami(e)s de son ami(e).
2. Tu veux savoir si cette personne est toujours gentille avec son/sa partenaire. Interroge-le/la à ce sujet.
3. Interroge-le/la sur ce que cette personne fait pour le/la rendre heureux(-euse).
4. Tu voudrais savoir si la personne peut rendre son/sa partenaire jaloux(-ouse). Pose-lui la question.
5. Interroge-le/la sur ce que la personne lui dit pour lui faire plaisir.
6. Demande-lui où il aime aller avec cette personne.
7. En forme de question, dis-lui de t'expliquer quand son ami(e) est de bonne humeur et de mauvause humeur.
8. Demande-lui s'il/si elle croit pouvoir aimer longtemps cette personne.
9. Interroge-le/la sur la qualité la plus importante de la personne qu'il/elle aime.
10. Tu veux savoir s'il/si elle croit au «coup de foudre.» Demande-le-lui.
11. Dis à ton/ta partenaire que tu lui souhaites bonne chance dans sa vie sentimentale. Demande-lui de te poser les mêmes questions.

À Paris, en France

Vocabulaire: Les amis

compréhension	*suggestions*	*autres possibilités*

compréhension

gentil(-le) (adj.) nice (of a person), friendly

envers (prép.) towards (concerning emotions)

rendre (v.) to make

heureux(-euse) (adj.) happy

jaloux(-ouse) (adj.) jealous

faire plaisir (v.) to please, to make someone happy

de bonne/mauvaise humeur (exp.) in a good/bad mood

longtemps (adv.) for a long time

le coup de foudre (n.m.) ("the thunderbolt") love at first sight

souhaiter (v.) to wish, desire

bonne chance (n.f.) good luck

la vie sentimentale (n.f.) love life

suggestions

méchant (adj.) nasty

maussade (adj. grumpy

grincheux(-euse) (adj.) grumpy

grognon (adj.) complaining

la personnalité (n.f.) personality

le charme (n.m.) charm

l'intellect (n.m.) power of mind

l'intelligence (n.f.) intelligence

la gentillesse (n.f.) kindness

la beauté (n.f.) good looks, beauty

l'esprit (n.m.) wit, mind

l'enthousiasme (n.m.) enthusiasm

la bonté (n.f.) goodness

autres possibilités

_____

_____

_____

_____

_____

_____

_____

_____

_____

_____

_____

_____

_____

Grammaire orale

Négatif-interrogatif **avoir, être, aller**

n'ai-je pas	**ne suis-je pas**	**ne vais-je pas**
n'as-tu pas	n'es-tu pas	ne vas-tu pas
n'a-t-il pas	**n'est-il pas**	**ne va-t-il pas**
n'a-t-elle pas	n'est-elle pas	ne va-t-elle pas
n'a-t-on pas	**n'est-on pas**	**ne va-t-on pas**
n'avons nous pas	ne sommes-nous pas	n'allons-nous pas
n'avez-vous pas	**n'êtes-vous pas**	**n'allez-vous pas**
n'ont-ils pas	ne sont-ils pas	ne vont-ils pas
n'ont-elles pas	**ne sont-elles pas**	**ne vont-elles pas**

Le Mél d'aujourd'hui

Courriel reçu

de: vincent@enparlant.fr
a: toi@enparlant.fr

Bonjour! J'ai un secret à te révéler . . .je suis amoureux! Tu connais la fille, mais je vais te faire deviner qui c'est. Pose-moi des questions et devine mes réponses. Je te dirai qui c'est après.

Réponse

de: toi@enparlant.fr
à: vincent@enparlant.fr

réponse:

_____

_____

_____

_____

_____

_____

L'étiquette *(conversation à deux)*

1. Qu'est-ce que c'est que l'étiquette? Qu'est-ce que c'est qu'une étiquette?
2. Est-ce que la politesse est nécessaire dans la vie?
3. Pour qui dans ta famille est-ce que la politesse est une chose importante?
4. Préfères-tu avoir des amis polis ou impolis?
5. Lorsqu'on est poli, pense-t-on d'abord à soi ou aux autres?
6. Est-il plus poli de dire «Permettez-moi de vous présenter à mon amie» ou «Permettez-moi de vous présenter mon amie?»
7. Quand on est poli, dit-on «Je veux» ou «Je voudrais?»
8. À qui serres-tu la main régulièrement? Qui embrasses-tu par politesse?
9. Doit-on tenir la porte ouverte pour une personne en particulier?
10. Que dit-on après avoir bien mangé en France? (Qu'est-ce que l'on ne dit pas ?)
11. Que dis-tu après avoir fait un bruit corporel peu poli?

Recyclage

1. Demande à ton/ta partenaire ce que c'est que l'étiquette et ce que c'est qu'une étiquette.
2. Tu as envie de savoir si la politesse est nécessaire dans la vie. Pose-lui la question.
3. Tu ne connais pas sa famille alors, demande-lui pour qui dans sa famille la politesse est une chose importante.
4. Demande-lui s'il/si elle préfère avoir des amis polis ou impolis.
5. Demande-lui si on pense d'abord à soi ou aux autres lorsqu'on est poli.
6. Interroge-le/la sur laquelle des deux phrases est la plus polie: «Permettez-moi de vous présenter à mon amie» ou «Permettez-moi de vous présenter mon amie.»
7. Tu veux savoir lequel des deux débuts de phrase est le plus poli: «Je veux» ou «Je voudrais». Pose-lui la question.
8. Demande-lui à qui il/elle serre la main régulièrement et qui il/elle embrasse par politesse.
9. Tu aimerais savoir s'il faut tenir la porte ouverte pour une personne en particulier. Demande-le-lui.
10. En forme de question, dis-lui de t'expliquer ce qu'il faut dire et ce qu'il ne faut pas dire après avoir bien mangé en France.
11. Demande-lui ce qu'il/elle dit après avoir fait un bruit corporel peu poli.

Le Texto d'aujourd'hui

de: Claire 06.38.55.62.01

Coucou! Je dois passer la soirée avec mon patron ce soir. On va dîner ensemble. Je suis très nerveuse car j'ai peur de faire une erreur de politesse. Des conseils, stp?

réponse:

_____

_____

_____

_____

À Luxembourg

Vocabulaire: L'étiquettte

compréhension

l'étiquette (n.f.) etiquette, polite social behavior

une étiquette (n.f.) a label

la politesse (n.f.) politeness

une chose (n.f.) a thing, matter

impoli(e) (adj.) impolite

soi (pron.) oneself

un autre (pron.) another

présenter (v.) to introduce

je veux (v. vouloir) I want

je voudrais (v. vouloir) I would like

serrer la main à (exp.) to shake hands with

embrasser (v.) to kiss

doit-on (v. devoir) must one

tenir (v.) to hold (je tiens, nous tenons)

après avoir bien mangé (exp.) after having eaten well

un bruit (n.m.) a noise

corporel(le) (adj.) body, bodily

peu (adv.) little (+ adj.)

suggestions

la grand-mère (n.f.) the grandmother

la tante (n.f.) the aunt

la mère (n.f.) the mother

«Permettez-moi de vous présenter mon ami.»

«Je voudrais» est plus poli.

«Que j'ai bien mangé!»

Je suis plein(e). = I'm pregnant.

Pardon.

Excusez-moi s'il vous plaît. Je vous prie de m'excuser.

autres possibilités

_____

_____

_____

_____

_____

_____

_____

_____

_____

_____

_____

_____

_____

_____

_____

Grammaire orale

*Verbe réfléchi au temps présent **se laver** (to wash oneself)*

affirmatif	interrogatif	négatif
je me lave	est-ce que je me lave	**je ne me lave pas**
tu te laves	**te laves-tu**	tu ne te laves pas
il se lave	se lave-t-il	**il ne se lave pas**
elle se lave	**se lave-t-elle**	elle ne se lave pas
on se lave	se lave-t-on	**on ne se lave pas**
nous nous lavons	**nous lavons-nous**	nous ne nous lavons pas
vous vous lavez	vous lavez-vous	**vous ne vous lavez pas**
ils se lavent	**se lavent-ils**	ils ne se lavent pas
elles se lavent	se lavent-elles	**elles ne se lavent pas**

L'étiquette *(conversation à deux)*

1. Au restaurant quelle est la personne qui commande en premier son repas?
2. Est-ce que l'on sert à manger à quelqu'un sur sa gauche ou sur sa droite?
3. Quand on ôte une assiette de la table, l'ôte-t-on à gauche ou à droite de la personne?
4. En mangeant où met-on les coudes et les mains?
5. En mangeant met-on les coudes et les mains sous la table dans tous les pays?
6. Quelle expression est plus polie: «Je vous en prie» ou «Il n'y a pas de quoi?»
7. Quels sont les deux mots de politesse les plus souvent utilisés?
8. Que dis-tu à une personne à qui tu viens de marcher sur le pied?
9. Comment montre-t-on son respect pour une autre personne?
10. Quels sont les gestes peu polis auxquels tes parents font objection et quelle est ton opinion sur ces gestes?
11. Peux-tu me donner un exemple de politesse dans la culture américaine?

Recyclage

1. Demande à ton/ta partenaire qui commande son repas en premier au restaurant.
2. Tu voudrais savoir comment on sert quelqu'un au restaurant en France – sur sa gauche ou sur sa droite. Pose-lui la question.
3. Tu aimerais savoir comment on ôte l'assiette de la table, à gauche ou à droite de la personne. Demande-le-lui.
4. Interroge-le/la sur la position correcte des mains et des coudes pendant le repas.
5. Interroge-le/la sur la position correcte des mains pendant le repas dans d'autres pays.
6. Demande-lui laquelle des deux expressions est la plus polie: «Je vous en prie» ou «Il n'y a pas de quoi».
7. Interroge-le/la sur les deux mots de politesse les plus souvent utilisés.
8. Tu as envie de savoir ce que l'on dit à une personne à qui il/elle vient de marcher sur le pied.
9. Dis-lui, en forme de question, de t'expliquer comment on montre son respect pour une autre personne.
10. Demande-lui quels sont les gestes peu polis auxquels ses parents font objection et quelle est son opinion sur ses gestes.
11. En forme de question, dis-lui de donner un exemple de la politesse dans la culture américaine.

Le Mél d'aujourd'hui

Courriel reçu

de:	catherine@enparlant.fr
a:	toi@enparlant.fr

Bonjour! Je vais voyager en France cet été avec mes parents. On va loger chez des amis français. J'ai hâte de partir, mais j'ai peur d'offenser des gens en France car je ne connais pas l'étiquette dans ce pays. Peux-tu me donner des conseils à ce sujet?

Réponse

de:	toi@enparlant.fr
à:	catherine@enparlant.fr

réponse:

_____

_____

_____

_____

_____

_____

Vocabulaire: L'étiquettte

compréhension	suggestions	autres possibilités

commander (v.) to order (in a restaurant)

le repas (n.m.) the meal

servir (v.) to serve

ôter (v.) to remove, take off

une assiette (n.f.) a plate

en mangeant (v. manger) while eating

le coude (n.m.) the elbow

le pays (n.m.) the country

Je vous en prie. (exp.) I beg you (not to thank me). You're welcome.

Il n'y a pas de quoi. (exp.) It's nothing. Don't mention it.

utilisé (adj.) used, in use

tu viens de + infin. (exp.) you just (stepped on)

le geste (n.m.) the action, act, gesture

auxquels (pron.) to which

faire objection à (exp.) to object

suggestions

On sert sur la gauche.

On ôte à droite.

En France on met les mains sur la table, mais pas les coudes.

«Je vous en prie.» est plus poli.

MERCI. S'IL VOUS PLAÎT.

«Je vous prie de m'excuser.»

autres possibilités

_____

_____

_____

_____

_____

_____

_____

_____

_____

_____

_____

_____

_____

_____

Grammaire orale

*Verbe **faire** (to make, to do) au temps présent*

je fais	**je ne fais pas**	**fais-je**	**ne fais-je pas**
tu fais	tu ne fais pas	fais-tu	ne fais-tu pas
il fait	**il ne fait pas**	**fait-il**	**ne fait-il pas**
elle fait	elle ne fait pas	fait-elle	ne fait-elle pas
on fait	**on ne fait pas**	**fait-on**	**ne fait-on pas**
nous faisons	nous ne faisons pas	faisons-nous	ne faisons-nous pas
vous faites	**vous ne faites pas**	**faites-vous**	**ne faites-vous pas**
ils font	ils ne font pas	font-ils	ne font-ils pas
elles font	**elles ne font pas**	**font-elles**	**ne font-elles pas**

À Monaco, sur la Côte d'Azur

La famille *(conversation à deux)*

1. Comment t'appelles-tu?
2. Quel est ton prénom et quel est ton nom de famille?
3. Quel âge as-tu?
4. As-tu des frères? (Combien?) As-tu des soeurs? (Combien?)
5. As-tu des cousins et des cousines?
6. Quel est le plus jeune enfant de ta famille?
7. Quel enfant est le plus âgé?
8. As-tu un père et une mère?
9. Quel était le nom de famille de ta mère (son nom avant son mariage)?
10. Combien de grands-parents as-tu?
11. Est-ce que tu vois souvent tes grands-parents?

Recyclage

1. Demande à ton/ta partenaire comment il/elle s'appelle.
2. Tu aimerais savoir son prénom et son nom de famille. Demande-les-lui.
3. Tu veux savoir son âge, alors demande-le-lui.
4. Demande-lui s'il/si elle a des frères et des soeurs et combien.
5. Interroge-le/la sur le nombre de cousins et de cousines qu'il/elle a.
6. Tu voudras savoir quel enfant est le plus jeune de sa famille. Pose-lui la question.
7. Pose-lui une question pour savoir quel enfant est le plus âgé.
8. Demande-lui s'il/si elle a un père et une mère.
9. Dis-lui, en forme de question, de te dire le nom de famille de sa mère.
10. Tu veux savoir combien de grands-parents il/elle a. Pose-lui la question.
11. Demande-lui s'il/si elle voit souvent ses grands-parents.

Le Texto d'aujourd'hui

de: Marithé 06.88.90.42.94

Pour ta visite chez nous, ta famille, c'est combien de personnes de quels âges?

réponse:

_____

_____

_____

_____

_____

_____

Vocabulaire: La famille

compréhension	suggestions	autres possibilités
s'appeler (v.) to be called	**J'ai seize ans** I am sixteen.	_____
Je m'appelle (v.) = My name is	(avoir + ans)	_____
le prénom (n.m.) first name	**le plus jeune** = le cadet	_____
le nom de famille (n.m.)	**la plus jeune** = la cadette	_____
family (last) name	**le plus agé** = l'ainé	_____
l'âge (n.m.) age	**la plus âgée** = l'ainée	_____
un frère (n.m.) a brother	**le nom de jeune fille** (n.m.)	_____
une soeur (n.f.) a sister	maiden name	_____
combien (adv.) how many		_____
le plus jeune (adj.) the youngest		_____
le plus âgé (adj,) the oldest		_____
le père (n.m.) the father		_____
la mère (n.f.) the mother		_____
le grand-père (n.m.) grandfather		_____
la grand-mère (n.f.) grandmother		_____
vois (v. voir) to see		_____
souvent (adv.) often		_____

Grammaire orale

Les **noms** en ordre alphabétique – attention au genre: masculin ou féminin
(À répéter alphabétiquement en changeant de mots.)

"L'alphabet des noms"	un igloo	**une radio**
un avion	**un jouet**	une serviette
un bébé	un képi	**une tarte**
un cahier	**une lampe**	un ustensile
un dindon	un meuble	**un village**
un écran	**une noix**	un wagon
une fourchette	une orange	**un xylophone**
un garage	**un pinceau**	un yoyo
un hibou	une queue	**un zèbre**

Au Cameroun

La famille *(conversation à deux)*

1. Y a-t-il un animal domestique chez toi?
2. Qui s'occupe de cet animal? (Comment s'appelle cet animal?)
3. Qui fait le ménage chez toi?
4. Est-ce que tu fais ton lit toi-même chaque matin?
5. Quel membre de ta famille est le plus organisé?
6. Quel membre de ta famille est le moins organisé?
7. À qui dans ta famille parles-tu en premier d'un problème?
8. Est-ce que tu taquines ton frère ou ta soeur? Qui te taquine?
9. Est-ce que ta famille est paisible ou bruyante?
10. Penses-tu te marier un jour?
11. Combien de membres aura ta famille à toi?

Les Alpes en Suisse

Recyclage

1. Demande à ton/ta partenaire s'il y a un animal domestique chez lui/elle.
2. Demande-lui qui s'occupe de cet animal (et le nom de l'animal).
3. Tu cherches à savoir qui fait le ménage chez lui/elle. Demande-le-lui.
4. Demande-lui s'il/si elle fait son lit tout(e) seul(e) chaque matin.
5. Pose une question pour savoir quel membre de sa famille est le plus organisé.
6. Tu aimerais savoir quel membre de sa famille est le moins organisé.
7. Demande-lui à qui il/elle parle en premier d'un problème.
8. Demande-lui s'il/si elle taquine son frère ou sa soeur et qui le/la taquine.
9. Pose une question pour savoir si sa famille est paisible ou bruyante.
10. Demande-lui s'il/si elle pense se marier un jour.
11. Tu veux savoir combien de membres aura cette famille future. Demande-le-lui.

Le Mél d'aujourd'hui

Courriel reçu

de: clementine@enparlant.fr
a: toi@enparlant.fr

Coucou, mon ami(e)! Ma famille considère adopter un animal domestique. Dis-moi quel animal est le meilleur pour ta famille et pourquoi. J'ai besoin d'idées avant de leur annoncer mes préférences!

Réponse

de: toi@enparlant.fr
à: clementine@enparlant.fr

réponse:

_____
_____
_____
_____
_____
_____

Vocabulaire: La famille

compréhension	*suggestions*	*autres possibilités*

un animal domestique (n.m.) a pet

s'occupe de (v. s'occuper) takes care of

s'appelle (v. s'appeler) is called, named

faire le ménage (exp.) do the housework

le lit (n.m.) the bed

toi-même (pron.) yourself

chaque (adj.) each

le plus (adv.) the most

le moins (adv.) the least

en premier (adv.) first

taquiner (v.) to tease

avant (prép.) before

le mariage (n.m.) marriage

paisible (adj.) peaceful, calm

bruyant (adj.) noisy

se marier (v.) to marry

un éléphant (n.m.) an elephant

un chien (n.m.) a dog

un chat (n.m.) a cat

un cheval (n.m.) a horse (pl.) chevaux

un poisson (n.m.) a fish

un oiseau (n.m.) a bird (pl.) oiseaux

un canard (n.m.) a duck

un serpent (n.m.) a snake

une tortue (n.f.) a turtle

une grenouille (n.f.) a frog

_____
_____
_____
_____
_____
_____
_____
_____
_____
_____
_____
_____
_____
_____
_____

Grammaire orale

***Pluriels** des noms – à prononcer*
On entend le pluriel du mot.   *L'article indique le pluriel. Attention: **s** ou **x**.*

un oeil	**des yeux**	un chou	**des choux**
le ciel	**les cieux**	le repas	**les repas**
monsieur	**messieurs**	le clou	**les clous**
madame	**mesdames**	le gâteau	**les gâteaux**
mademoiselle	**mesdemoiselles**	le cou	**les cous**
le metal	**les métaux**	le genou	**les genoux**
un animal	**des animaux**	le feu	**les feux**
le cheval	**les chevaux**	le chef	**les chefs**
le travail	**les travaux**	le bal	**les bals**
le général	**les généraux**	le carnaval	**les carnavals**
le vitrail	**les vitraux**	le détail	**les détails**

Les rendez-vous *(conversation à deux)*

1. Où peut-on acheter une tasse de café dans ta ville? Combien coûte-t-elle?
2. Peut-on y acheter des boissons alcoolisées aussi?
3. Est-ce que cet établissement est un café ou un restaurant?
4. Y a-t-il une terrasse? Où se trouve généralement une terrasse?
5. Où est-ce que tu rencontres des amis en ville? Pourquoi choisis-tu cet endroit?
6. Y a-t-il un parc ou un jardin public dans ta ville?
7. Peut-on se rencontrer dans ce jardin ou dans ce parc?
8. À qui donnes-tu rendez-vous le plus souvent? Où est-ce que vous vous rencontrez?
9. Peut-on se donner rendez-vous à la bibliothèque?
10. Y a-t-il un restaurant dans ta ville qui sert des pizzas?
11. Est-ce que ce restaurant est un bon endroit pour se donner rendez-vous?

Recyclage

1. Demande à ton/ta partenaire où on peut acheter une tasse de café dans sa ville.
2. Tu as envie de savoir si on peut y acheter des boissons alcoolisées aussi. Pose-lui la question.
3. Tu voudrais aussi savoir si c'est un café ou un restaurant. Demande-le-lui.
4. Demande-lui s'il y a une terrasse et où se trouve généralement une terrasse.
5. Interroge-le/la sur les endroits où il/elle rencontre des amis en ville et pourquoi il/elle choisit ces endroits.
6. Tu aimerais savoir s'il y a un parc ou un jardin public dans sa ville. Demande-le-lui.
7. Demande-lui si on peut se rencontrer dans ce jardin ou dans ce parc.
8. En forme de question, dis-lui de t'expliquer à qui il/elle donne rendez-vous le plus souvent et ou ils se rencontrent.
9. Demande-lui si on peut se donner rendez-vous à la bibliothèque.
10. Tu as envie de savoir s'il y a un restaurant dans sa ville où on sert des pizzas. Pose-lui la question.
11. Demande-lui si ce restaurant est un bon endroit pour se donner rendez-vous.

Le Texto d'aujourd'hui

de: Delphine 06.22.32.14.88

Salut! Es-tu dispo cet après-midi? Si on se donne rendez-vous vers 17h? Où et quand? Qu'est-ce que tu veux faire?

réponse:

_____

_____

_____

_____

_____

_____

Vocabulaire: Les rendez-vous

compréhension

un rendez-vous (n.m.) a meeting, appointment, date

une tasse de café (n.f.) a cup of coffee

coûter (v.) to cost

une boisson (n.f.) a drink

alcoolisé(e) (adj.) with alcohol

une terrasse (n.f.) a patio, terrace, outdoor section

rencontrer (v.) to meet

en ville (exp.) in town

un endroit (n.m.) a place

peut-on (v. pouvoir) can one

se rencontrer (v.) meet each other

donner rendez-vous à quelqu'un (exp.) to arrange to meet

se donner rendez-vous (exp.) to make an appointment/date with each other

la bibliothèque (n.f.) the library

suggestions

chez McDo/McDonald

au Burger King

au restaurant

à l'intérieur (exp.) inside

à l'extérieur (exp.) outside

au café (exp.) at the cafe

dans le parc (exp.) in the park

au coin (exp.) at the corner

autres possibilités

_____

_____

_____

_____

_____

_____

_____

_____

_____

_____

_____

_____

_____

Grammaire orale

"si" = "oui" en réponse à un négatif
(Changez de noms pour continuer. Le jeu s'appelle "Oui, Nancy!")
Pierre pose les questions à Pauline.   *Pauline pose les questions à Pierre.*

-Pauline?	**-Oui.**	-Pierre?	**-Oui.**
-Non.	**-Si!**	-Non.	**-Si!**
-Pauline?	**-Oui, oui.**	-Pierre?	**-Oui, oui.**
-Isabelle.	**-Non.**	-Jean-Louis.	**-Non.**
-Si.	**-Non.**	-Si.	**-Non.**
-Si, si.	**-Non, non.**	-Si, si.	**-Non, non.**
-Pauline?	**-Oui.**	-Pierre.	**-Oui.**
-Jeanne d'Arc!	**-Non!**	-Napoléon!	**-Non!**
-Si!	**-Non!**	-Si!	**-Non!**
-Si, si!	**-Non, non!**	-Si, si!	**-Non, non!**
-Pauline?	**-Oui.**	-Pierre?	**-Oui.**
-Non.	**-Si.**	-Non.	**-Si.**
-Ah, d'accord, Pauline.		-Ah, d'accord, Pierre.	

Les rendez-vous *(conversation à deux)*

1. Qu'est-ce que tu bois avec tes amis dans un restaurant ou dans un café?
2. Qu'est-ce que tu manges avec tes amis?
3. Où vous promenez-vous ensemble?
4. Y a-t-il un endroit agréable pour se promener?
5. Aimes-tu flâner avec un(e) ami(e)?
6. Préfères-tu regarder les gens tout en flânant ou en étant assis(e)?
7. Préfères-tu te balader seul(e) ou avec une autre personne? (Parle-t-on en flânant?)
8. Où est-ce que vous vous asseyez pour vous reposer?
9. Que commandez-vous dans un café pour vous rafraîchir? (pour vous désaltérer)
10. Montre-moi le geste que tu fais pour attirer l'attention du serveur.
11. Quand sera ton prochain rendez-vous avec un(e) ami(e)? Où?

Recyclage

1. Demande à ton/ta partenaire ce qu'il/elle boit avec ses amis dans un restaurant ou dans un café.
2. Tu veux savoir ce qu'il/elle mange avec ses amis. Demande-le-lui.
3. Tu aimerais savoir où il/elle se promène avec ses amis quand ils sont ensemble.
4. Interroge-le/la sur les endroits agréables pour se promener.
5. Demande-lui s'il aime flâner avec un(e) ami(e).
6. Tu voudrais savoir s'il/si elle préfère regarder les gens tout en flânant ou en étant assis. Pose-lui la question.
7. En forme de question, dis-lui de te dire s'il/si elle préfère se balader seul(e) ou avec quelqu'un et si on parle en se baladant.
8. Demande-lui où il/elle s'assied pour se reposer.
9. Tu as envie de savoir ce qu'il/elle commande dans un café pour se rafraîchir.
10. Dis-lui de te montrer le geste qu'il/elle fait pour attirer l'attention du serveur.
11. Demande-lui quand et où sera son prochain rendez-vous avec un(e) ami(e).

Le Mél d'aujourd'hui

Courriel reçu

Réponse

| de: | lucas@enparlant.fr |
| a: | toi@enparlant.fr |

Bonjour! Tu me manques depuis mon déménagement! Je serai en ville ce week-end pour voir tout le monde. Peux-tu te balader avec moi un peu samedi après-midi en ville? Où veux-tu aller? Qu'est-ce que tu veux faire ensemble? A très bientôt!

| de: | toi@enparlant.fr |
| à: | lucas@enparlant.fr |

réponse:

_____

_____

_____

_____

_____

_____

Vocabulaire: Les rendez-vous

compréhension

se promener (v.) to take a walk (je me promène, nous nous promenons)

flâner (v.) to stroll

les gens (n.m.pl.) people

tout en flânant (exp.) (even) while strolling

étant (v. être) being

assis(e) (adj.) seated

se balader (v.) to take a walk, to hang out

seul(e) (adj.) alone

s'asseoir (v.) to sit down (je m'assieds, nous nous asseyons)

commander (v.) to order (in a restaurant)

se rafraîchir (v.) to refresh oneself

se désaltérer (v.) to quench one's thirst

le geste (n.m.) the gesture

attirer (v.) to attract

prochain(e) (adj.) next

suggestions

le coca (n.m.) coke, soda, pop

la limonade (n.f.) lemon soda

le café (n.m.) coffee

un hamburger (n.m.) a hamburger

un sandwich (n.m.) a sandwich

des frites (n.f.pl.) french fries

ensemble (adv.) together

un banc (n.m.) a bench

la pelouse (n.f.) the lawn, yard

un mur (n.m.) a wall

autres possibilités

_____

_____

_____

_____

_____

_____

_____

_____

_____

_____

_____

_____

_____

_____

_____

Grammaire orale

Faites des phrases exclamatives! (Changez de phrase et continuez!)

C'est bon.	Il fait beau.	Papi parle.
Que c'est bon!	**Qu'il fait beau!**	**Que Papi parle!**
Comme c'est bon!	Comme il fait beau!	Comme Papi parle!
Ce que c'est bon!!	**Ce qu'il fait beau!!**	**Ce que Papi parle!!**
Qu'est-ce que c'est bon!!!	Qu'est-ce qu'il fait beau!!!	Qu'est-ce que Papi parle!!!
Elle est belle.	C'est triste.	Il chante bien.
Qu'elle est belle!	**Que c'est triste!**	**Qu'il chante bien!**
Comme elle est belle!	Comme c'est triste!!	Comme il chante bien!
Ce qu'elle est belle!!	**Ce que c'est triste!!**	**Ce qu'il chante bien!!**
Qu'est-ce qu'elle est belle!!!	Qu'est-ce que c'est triste!!!	Qu'est-ce qu'il chante bien!!!

À Sousse, en Tunisie

La soirée (conversation à deux)

1. Aimes-tu les soirées? Quel est le meilleur soir de la semaine pour faire une soirée?
2. Est-ce que tes parents te permettent de faire une soirée chez toi pour tes amis?
3. Combien d'amis peux-tu inviter à venir en même temps à une soirée?
4. Quelle sorte de musique aimes-tu et sur quoi fais-tu jouer cette musique?
5. As-tu un bon lecteur de CD ou un ordinateur sur lequel tu peux télécharger des chansons?
6. À quelle heure commence la soirée? Et quand finit-elle en principe?
7. Tes amis préfèrent-ils venir tous seuls, en couple, ou en bande? (Conduisent-ils?)
8. Y a-t-il assez de place chez toi pour danser? Où?
9. Faut-il enlever des tapis et déplacer des meubles pour danser?
10. Aimes-tu décorer la salle pour la soirée? (Quelles sortes de décorations préfères-tu?)
11. Que mange-t-on dans une soirée? Tes amis, apportent-ils de quoi manger?

Recyclage

1. Demande à ton/ta partenaire s'il/si elle aime les soirées et quel est le meilleur soir de la semaine pour faire une soirée.
2. Tu as envie de savoir si ses parents lui permettent de faire une soirée pour ses amis chez lui/elle. Pose-lui la question.
3. Interroge-le/la sur le nombre d'amis qu'il/elle peut inviter en même temps à une soirée.
4. Interroge-le/la sur le type de musique qu'il/elle aime et sur quoi il/elle fait jouer sa musique.
5. Demande-lui s'il a un bon lecteur de CD ou ordinateur sur lequel il/elle peut télécharger des chansons.
6. Tu veux savoir à quelle heure la soirée commence et finit en général. Demande-le-lui.
7. Tu aimerais savoir si ses amis viennent tous seuls, en couple ou en bande. Pose-lui la question.
8. Demande-lui s'il y a assez de place pour danser chez lui/elle et où on danse.
9. Tu voudrais savoir s'il faut enlever les tapis et déplacer les meubles pour danser. Pose-lui la question.
10. Interroge-le/la sur le type de décorations qu'il/elle préfère pour la soirée.
11. Demande-lui ce qu'on mange pendant la soirée et si ses amis apportent de quoi manger.

Le Texto d'aujourd'hui

de: Sabrina 06.88.25.74.56

Salut! On m'a dit que la fête sera chez toi ce soir. À quelle heure? As-tu besoin de musique ou de quoi manger? Comment vas-tu faire jouer la musique?

réponse:

_____

_____

_____

_____

Vocabulaire: La soirée

compréhension

la soirée (n.f.) the party

le meilleur soir (exp.) the best evening

permettre (v.) to permit

faire une soirée (exp.) to have a party

pouvoir (v.) to be able (je peux, nous pouvons)

en même temps (exp.) at the same time

faire jouer (v.) to make play, to have played

un lecteur de CD (n.m.) CD player

un ordinateur (n.m.) a computer

télécharger (v.) to download

une chanson (n.f.) a song

sur lequel (exp.) on which

en principe (exp.) in principle, in theory

seul(e) (adj.) alone, singly

en couple (exp.) in couple(s)

en bande (exp.) in a group

conduire (v.) to drive

de la place (exp.) room/space

enlever (v.) to pick up, take up (j'enlève, nous enlevons)

un tapis (n.m.) a rug

déplacer (v.) to move (je déplace, nous déplaçons)

un meuble (n.m.) a piece of furniture

la salle (n.f.) the room

de quoi manger (exp.) something to eat

suggestions

vendredi (n.m.) Friday

samedi (n.m.) Saturday

le rock (n.m.) rock music

le jazz (n.m.) jazz music

le hip-hop (n.m.) hip hop music

le pop (n.m.) pop music

un ipod (n.m.) an ipod

un amplificateur/un ampli (n.m.) an amplifier

un haut-parleur (n.m.) a speaker (allows music/sound to be heard)

le papier (n.m.) paper

une fleur (n.f.) a flower

le drapeau (n.m.) the flag

une bannière (n.f.) a banner

le feuillage (n.m.) greenery, branches

la guirlande (n.f.) the garland

des amuse-gueule (n.m.pl.) bite-sized appetizers ("mouth pleasers")

une olive (n.f.) an olive

le céléri (n.m.) celery

une carotte (n.f.) a carrot

des chips (n.m.pl.) potato chips

des cacahuètes (n.m.pl.) peanuts

salé(e) (adj.) salted, salty, savory

sucré(e) (adj.) sugared, sweet

autres possibilités

_____

_____

_____

_____

_____

_____

_____

_____

_____

_____

_____

_____

_____

_____

_____

_____

_____

_____

_____

_____

_____

Grammaire orale

Conjugaisons régulières au temps présent – verbes en –er, -ir, -re

danser, parler, chanter	finir, choisir, applaudir	vendre, attendre, descendre
je danse	**je finis**	je vends
tu danses	tu finis	**tu vends**
il danse	**il finit**	il vend
elle danse	elle finit	**elle vend**
on danse	**on finit**	on vend
nous dansons	nous finissons	**nous vendons**
vous dansez	**vous finissez**	vous vendez
ils dansent	ils finissent	**ils vendent**
elles dansent	elles finissent	elles vendent

La soirée *(conversation à deux)*

1. Qu'est-ce que tu sers à boire pour une soirée?
2. Pourquoi est-ce qu'une soirée est plus facile sans boissons alcoolisées?
3. Que fait-on pendant une soirée?
4. Est-ce que tu organises des activités ou des jeux?
5. À quelle heure est-ce qu'une soirée chez toi se termine en réalité?
6. Est-ce que tu nettoies la maison avant ou après la soirée?
7. Les voisins se plaignent-ils du bruit lorsqu'il y a une soirée chez toi? Les invite-t-on?
8. Quelle est la plus grande soirée à laquelle tu aies jamais assisté?
9. Pourquoi est-ce que cette soirée est mémorable?
10. Es-tu toujours de bonne humeur le lendemain de la soirée?
11. Où est la soirée ce week-end?

Recyclage

1. Demande à ton/ta partenaire ce qu'il/elle sert à boire pour une soirée.
2. Ton/ta partenaire pense que la soirée est plus facile sans boissons alcoolisées. Demande-lui pourquoi il/elle est de cet avis.
3. Tu aimerais savoir ce qu'on fait pendant une soirée. Pose-lui la question.
4. Tu as envie de savoir s'il/si elle organise des activités ou des jeux pour une soirée. Pose-lui la question.
5. Interroge-le/la sur l'heure où la soirée se termine en réalité.
6. Tu voudrais savoir s'il/elle nettoie la maison avant ou après la soirée. Demande-le-lui.
7. Demande-lui si les voisins se plaignent du bruit lorsqu'il y a une soirée chez lui/elle et s'il/elle les invite.
8. Interroge-le/la sur la plus grande soirée à laquelle il/elle ait jamais assisté.
9. Demande-lui pourquoi cette soirée est mémorable.
10. Tu veux savoir s'il/elle est toujours de bonne humeur le lendemain de la soirée. Pose-lui la question.
11. Demande-lui où est la soirée ce week-end.

À Marrakech, au Maroc

Vocabulaire: La soirée

compréhension

servir (v.) to serve

pendant (prép.) during

en réalité (exp.) in reality, really

nettoyer (v.)
  (je nettoie, nous nettoyons)

se plaindre (v.) to complain

le bruit (n.m.) the noise

lorsque = quand

assister à (v.) to attend

de bonne humeur (exp.) in a good
  mood

le lendemain (n.m.) the day after

suggestions

des boissons (n.f.pl.) drinks

gazeux(-se) (adj.) carbonated

non gazeux(-se) (adj.)
  non-carbonated

le sirop (n.m.) syrup (for flavoring)

le jus de fruit (n.m.) fruit juice

rencontrer (v.) to meet

des gens (n.m.pl.) people

grignoter (v.) to nibble

bavarder (v.) to chat

danser (v.) to dance

à l'aube (exp.) at dawn

de mauvaise humeur (exp.) in a
  bad mood

autres possibilités

_____

_____

_____

_____

_____

_____

_____

_____

_____

_____

_____

Grammaire orale

La phrase flexible s = sujet, v = verbe, ? = interrogatif, X = négatif

sv /	**sv? /**	**s X v /**	**? s v /**	**s v X ? /**	**v s ? /**	**X v s ?**
Tu lis.	*Tu lis?*	*Tu ne lis pas.*	*Est-ce que tu lis?*	*Tu lis, n'est-ce pas?*	*Lis-tu?*	*Ne lis-tu pas?*

sv	Tu parles	**Elle danse.**	Le bébé boit.
sv?	**Tu parles?**	Elle danse?	**Le bébé boit?**
sXv	Tu ne parles pas.	**Elle ne danse pas.**	Le bébé ne boit pas.
?sv	**Est-ce que tu parles?**	Est-ce qu'elle danse?	**Est-ce que le bébé boit?**
svX?	Tu parles, n'est-ce pas?	**Elle danse, n'est-ce pas?**	Le bébé boit, n'est-ce pas?
vs	**Parles-tu?**	Danse-t-elle?	**Le bébé, boit-il?**
Xvs?	Ne parles-tu pas?	**Ne danse-t-elle pas?**	Le bébé, ne boit-il pas?

Le Mél d'aujourd'hui

Courriel reçu

de:	cedric@enparlant.fr
a:	toi@enparlant.fr

Salut! Alors, il faut commencer à organiser notre soirée! Comment va-t-on faire pour la musique? As-tu un ordi avec des haut-parleurs? Je vais m'occuper de la nourriture, mais qu'est-ce que tu proposes comme décorations?

Réponse

de:	toi@enparlant.fr
à:	cedric@enparlant.fr

réponse:

_____

_____

_____

_____

_____

_____

satisfait
cours
intéresser retour
plaisir
durer
scolaire
université
étudier
accomplir
matière
passer
poursuivre
souhaiter
apprendre
réfléchir
devoir
bonnes notes
appréciation
amuser
plaire
cantine agréable rater
classe
facile
événement congé
revoir
sujet
échouer
vacances
fête
difficile

Au Maroc

MOI

QUESTIONS ESSENTIELLES

1. Quelles matières t'intéressent le plus?

2. Lesquels de tes cours préfères-tu et pourquoi?

3. En quoi penses-tu te spécialiser à l'université?

4. Trouves-tu les examens nécessaires et utiles?

5. Comment aimes-tu te distraire pendant les vacances?

6. Comment te sens-tu après les vacances?

Après les examens *(conversation à deux)*

1. Combien d'examens as-tu passé?
2. Est-ce que tu as réussi tous tes examens? As-tu raté un examen ou deux?
3. As-tu échoué à la partie orale de ton examen de français?
4. Est-ce que les professeurs t'ont rendu tous tes examens?
5. Quelle était approximativement ta moyenne aux examens?
6. Lequel a été ton meilleur examen? Lequel a été ton plus mauvais examen?
7. Quel examen as-tu trouvé le plus difficile? Et le plus facile?
8. Combien de jours libres y a-t-il entre les examens et le début du semestre?
9. Qu'as-tu fait pendant ces congés? Qu'est-ce que les professeurs ont fait?
10. As-tu reçu une appréciation écrite de la part de chacun de tes professeurs?
11. Es-tu content des résultats de tes examens?

Recyclage

1. Demande à ton/ta partenaire combien d'examens il/elle a passé.
2. Tu cherches à savoir s'il/si elle a réussi tous ses examens ou s'il/si elle en a raté un ou deux. Pose-lui ces questions.
3. Tu voudrais savoir s'il/si elle a échoué à la partie orale de son examen de français. Demande-le-lui.
4. Demande-lui si ses professeurs lui ont rendu tous ses examens.
5. Interroge-le/la sur sa moyenne approximative aux examens.
6. En forme de question, dis-lui de te dire quel était le meilleur et le plus mauvais examen.
7. Tu aimerais savoir quel examen il/elle a trouvé le plus difficile et le plus facile. Interroge-le/la.
8. Demande-lui combien de jours libres il y a entre les examens et le début du semestre.
9. Interroge-le/la sur ses activités pendant ces congés et demande-lui ce que ses professeurs ont fait.
10. Tu veux savoir s'il/si elle a reçu une appréciation écrite de la part de chacun de ses professeurs. Pose-lui la question.
11. Demande-lui s'il/si elle est content(e) des résultats de ses examens.

Le Texto d'aujourd'hui

de: Julien 06.44.75.13.85

Examens = terminés! =) Super! Lequel a été le plus dur pour toi et pourquoi?

réponse:

_____

_____

_____

_____

_____

_____

Vocabulaire: Après les examens

compréhension

un examen (n.m.) a test, an examination

passer (v.) to take (an exam)

réussir (v.) to pass, succeed

rater (v.) to mess up, to fail, to miss

échouer (v.) to fail

rendre (v.) to give back

la moyenne (n.f.) the average

meilleur(e) (adj.) best

lequel (pron.) which one

le pire (adj.) the worst

trouver (v.) to find, consider

le plus (adv.) the most

libre (adj.) free

un jour de libre (exp.) a free day, day off

le début (n.m.) the beginning

prochain (adj.) next

pendant (prép.) during

les congés (n.m.pl.) time off, vacation

une appréciation (n.f.) a comment, evaluation

écrit(e) (adj.) written

de la part de (exp.) from

chacun(e) (pron.) each one

suggestions

«Ma moyenne approximative était "C".»

s'amuser (v.) to have fun

se reposer (v.) to rest

dormir (v.) to sleep

manger (v.) to eat

regarder la télé(vision) (v.) to watch tv

corriger (v.) to correct

noter (v.) to grade

écrire des appréciations (v.) to write comments

autres possibilités

_____

_____

_____

_____

_____

_____

_____

_____

_____

_____

_____

_____

_____

_____

_____

_____

_____

_____

_____

Grammaire orale  ?

de et à (from and to) endroits (places). Attention au genre et à la prononciation.

du / au	*de la / à la*	*de l' / à l'*
théâtre	**pâtisserie**	appartement
cinéma	plage	**école**
café	**campagne**	immeuble
jardin	pharmacie	**usine**
bureau	**ville**	endroit
salon	boulangerie	**océan**
garage	**gare**	univers
parc	montagne	**atelier**
musée	**salle**	igloo

Après les examens *(conversation à deux)*

1. Quel professeur est responsable de communiquer à ton sujet avec tes parents?
2. Qu'est-ce que cette personne dira à tes parents à ton sujet?
3. Est-ce que tes parents seront satifaits de tes notes? En es-tu satifait(e)?
4. As-tu choisi des cours différents pour le semestre qui commence?
5. Y aura-t-il des examens à la fin de ce semestre?
6. Préfères-tu les examens quand il fait froid ou quand il fait chaud?
7. Qu'est-ce qui t'embête le plus pendant un examen?
8. As-tu été malade lors des derniers examens? As-tu eu assez d'heures de sommeil?
9. As-tu trouvé une erreur de correction faite par un professeur?
10. Que manges-tu pendant les examens? Manges-tu beaucoup trop ou trop peu?
11. Les examens sont-ils vraiment nécessaires? Que disent les professeurs à ce sujet?

Recyclage

1. Demande à ton/ta partenaire quel professeur est responsable de communiquer à son sujet avec ses parents.
2. Tu veux savoir ce que cette personne dira à ses parents à son sujet. Pose-lui la question.
3. Tu aimerais savoir si ses parents sont satisfaits de ses notes et s'il/si elle en est satisfait(e). Pose-lui ces questions.
4. Demande-lui s'il/si elle a choisi des cours différents pour le semestre qui commence.
5. Tu cherches à savoir si, à la fin de ce semestre, il y aura des examens. Demande-le-lui.
6. Demande-lui s'il/si elle préfère les examens quand il fait froid ou quand il fait chaud.
7. Interroge-le/la sur ce qui l'embête le plus pendant un examen.
8. Tu voudrais savoir s'il/si elle a été malade lors des derniers examens et s'il/si elle a eu assez d'heures de sommeil.
9. En forme de question, dis-lui de te dire s'il/si elle a trouvé une erreur de correction faite par un professeur.
10. Interroge-le/la sur ce qu'il/elle mange pendant les examens et s'il/si elle mange beaucoup trop ou trop peu.
11. Demande-lui si les examens sont vraiment nécessaires et ce que les professeurs disent à ce sujet.

Le Mél d'aujourd'hui

Courriel reçu

Réponse

de:	clementine@enparlant.fr
à:	toi@enparlant.fr

Bonjour! Question philosophique: ne trouves-tu pas que les examens ne servent à rien? Je ne vois pas pourquoi ils sont nécessaires. Qu'en penses-tu?

de:	toi@enparlant.fr
à:	clementine@enparlant.fr

réponse:

_____

_____

_____

_____

_____

_____

Vocabulaire: Après les examens

compréhension

à ton sujet (exp.) about you

dira (v. dire) will say

satisfait(e) (de) (adj.) satisfied (with)

en (= de tes notes) (pron.) with them

choisi (v. choisir) chosen

un cours (n.m.) a course, subject

embêter (v.) to bother, irritate

malade (adj.) sick, ill

lors (adv.) at the time of

dernier/dernière (adj.) last

assez (adv.) enough

le sommeil (n.m.) sleep

fait(e) (v. faire) made

trop (adv.) too much

trop peu (adj.) too little

à ce sujet (exp.) on this topic

suggestions

excellent(e) (adj.) excellent

brillant(e) (adj.) brilliant

travailleur(-euse) (adj.) hard working

paresseux(-euse) (adj.) lazy

exécrable (adj.) rotten, terrible

un problème (adj.) a problem

une difficulté (adj.) a difficulty

incompréhensible (adj.) incomprehensible

incroyable (adj.) incredible

un succès (n.m.) a success

un échec (n.m.) a failure

renifler (v.) to sniffle

mâcher du chewing-gum (v.) to chew gum

chantonner (v.) to hum

taper (v.) to tap

tailler un crayon (v.) to sharpen a pencil

autres possibilités

_____

_____

_____

_____

_____

_____

_____

_____

_____

_____

_____

_____

_____

_____

Grammaire orale

de et à (from and to) personnes (people). Attention au genre et à la prononciation.

du / au	de la / à la	de l' / à l'
professeur	**mère**	agent
monsieur	dame	**oncle**
père	**fille**	ami
garçon	tante	**étudiant**
cousin	**cousine**	artiste
serveur	grand-mère	**enfant**
policier	**coiffeuse**	immigré
chef	serveuse	**élève**
maire	**femme**	idole

Vue sur Saint-Martin

Après les vacances *(conversation à deux)*

1. Es-tu content(e) d'être à nouveau de retour à l'école?
2. Par quel moyen de transport es-tu revenu(e) ici?
3. T'est-il difficile de parler français après avoir été absent(e) de l'école?
4. Qu'est-ce que tu as fait d'agréable pendant les vacances?
5. As-tu vu un film, une pièce, une comédie musicale, ou un concert de rock? Lequel/laquelle?
6. Quels membres de ta famille as-tu vus?
7. Y a-t-il eu une fête pendant les vacances?
8. Qu'est-ce que tu aimes faire à l'école que tu ne peux pas faire chez toi?
9. As-tu vu d'autres étudiants de cette école pendant les vacances?
10. Qu'as-tu fait avec tes amis pendant les vacances?
11. As-tu fait tes devoirs? (tes demandes d'inscription, ta correspondance, ton travail?)

Recyclage

1. Demande à ton/ta partenaire s'il/si elle est content(e) d'être à nouveau de retour à l'école.
2. Interroge-le/la sur le(s) moyen(s) de transport qu'il/elle a pris pour revenir ici.
3. Tu veux savoir s'il lui est difficile de parler français après avoir été absent(e) de l'école. Pose-lui la question.
4. Tu aimerais savoir s'il/si elle a fait quelque chose d'agréable pendant les vacances. Demande-le-lui.
5. Demande-lui s'il/si elle a vu un film, une pièce, une comédie musicale ou un concert de rock et lequel/laquelle.
6. Tu voudrais savoir quels membres de sa famille il/elle a vus. Pose-lui la question.
7. Tu cherches à savoir s'il y a eu une fête pendant les vacances. Demande-le-lui.
8. Demande-lui ce qu'il/elle aime faire à l'école qu'il/elle ne peut pas faire chez lui/chez elle.
9. Tu aimerais savoir s'il/si elle a vu d'autres étudiants de cette école pendant les vacances. Pose-lui la question.
10. Interroge-le/la sur ce qu'il/elle a fait pendant les vacances avec ses amis.
11. Demande-lui s'il/si elle a fait ses devoirs (ses demandes d'inscription, sa correspondance, son travail, etc.)

Le Texto d'aujourd'hui

de: Olivier 06.33.58.13.73

Coucou! Es-tu bien rentré(e) des vacances? Qu'est-ce que tu as fait? C'était comment?

réponse:

_____

_____

_____

_____

_____

_____

Vocabulaire: Après les vacances

compréhension

à nouveau (adv.) again

de retour (adv.) back, returned

le moyen (n.m.) the means

revenir (v.) to come back

T'est-il difficile (de)...? Is it hard for you (to)...?

agréable (adj.) pleasant

pendant (prép.) during

une pièce (n.f.) a play

lequel/laquelle (pron.) which one

une fête (n.f.) a holiday, a party

tu peux (v. pouvoir) you can

autre (adj.) other

les devoirs (n.m.) the homework

une demande d'inscription (n.f.) a college application

la correspondance (n.f.) letter/ message writing

le travail (n.m.) work

suggestions

en avion (exp.) by plane

en taxi (exp.) in a taxi

en train (exp.) by train

en voiture (exp.) by car

en (auto)car (exp.) by bus (intercity)

en (auto)bus (exp.) by bus (local)

à bicyclette (exp.) by bicycle

en moto (exp.) by motorcycle

à pied (exp.) on foot

en bus scolaire (exp.) by school bus

faire du sport (exp.) to do sports

voir mes ami(e)s (exp.) to see my friends

faire du théâtre (exp.) to participate in plays/drama

aller au cinéma (exp.) to go to the movies

dîner dans un restaurant (exp.) to eat out

rendre visite à _____ (exp.) to pay a visit to _____

autres possibilités

_____

_____

_____

_____

_____

_____

_____

_____

_____

_____

_____

_____

_____

_____

_____

_____

_____

Grammaire orale

Le partitif (some) **du, de la , de l', des** *Attention:* **pas de** = no, not any

du / de l' *(masculin singulier)*		
pain	lait	beurre
ail	vin	poivre
sel	café	fromage

de la / de l' *(féminin singulier)*		
soupe	eau	moutarde
salade	sauce	glace
tarte	crème	huile

des *(masculin pluriel)*		
fruits	choux	artichauts
olives	légumes	champignons
oeufs	raisins	petits pois

des *(féminin pluriel)*		
bananes	asperges	fraises
baies	pommes	carottes
cerises	pêches	poires

-Y a-t-il *du lait* dans ce restaurant?

  -**Il n'y a pas de** ___*lait*___ **sur la carte.**

-Mais je voudrais *du lait*.

  -**Je suis certain(e) qu'il n'y a pas de** ___*lait*___.

-C'est dommage. Alors, qu'est-ce que tu cherches sur la carte?

      -Y a-t-il _____ dans ce restaurant?

En Belgique

Après les vacances *(conversation à deux)*

1. Qu'est-ce qui te manque le plus quand tu es à l'école?
2. Combien de jours est-ce que ces vacances ont duré?
3. Est-ce que les vacances ont été trop longues? (assez longues?)
4. Qu'est-ce qui a changé à l'école pendant ton absence?
5. Qu'aimerais-tu changer?
6. Qu'est-ce qui t'a plu pendant les vacances? Et qu'est-ce qui t'a déplu?
7. Que vas-tu faire à l'école maintenant que tu n'as pas fait avant les vacances?
8. Combien de jours y a-t-il jusqu'aux prochaines vacances?
9. Auras-tu assez de temps pour faire tout ton travail avant les prochaines vacances?
10. Quel événement sera le plus agréable avant les prochaines vacances?
11. Alors, tu t'es bien amusé(e) pendant les vacances?

Recyclage

1. Demande à ton/ta partenaire ce qui lui manque le plus quand il/elle est à l'école.
2. Tu aimerais savoir combien de jours ces vacances ont duré. Pose-lui la question.
3. Tu cherches à savoir si les vacances ont été trop longues ou assez longues. Demande-le-lui.
4. Interroge-le/la sur ce qui a changé à l'école pendant son absence.
5. Demande-lui ce qu'il/elle aimerait changer.
6. Tu veux savoir ce qui lui a plu et déplu pendant les vacances. Pose-lui les questions.
7. En forme de question, dis-lui de te dire ce qu'il/elle va faire à l'école maintenant qu'il/elle n'a pas fait avant les vacances.
8. Demande-lui combien de jours il y a jusqu'aux prochaines vacances.
9. Tu voudrais savoir s'il/si elle aura assez de temps pour faire tout son travail avant les prochaines vacances.
10. Interroge-le/la sur l'événement qui sera le plus agréable avant les prochaines vacances.
11. Demande-lui s'il/si elle s'est bien amusé(e) pendant les vacances.

Le Mél d'aujourd'hui

Courriel reçu

de:	mamie@enparlant.fr
à:	toi@enparlant.fr

Bonjour, mon petit chou! Tes parents m'ont dit que tu es de retour des vacances. Je veux tout savoir! Raconte-moi ce que tu as fait, ce qui t'a plu, etc. Es-tu plutôt content(e) d'être à nouveau à l'école?

Réponse

de:	toi@enparlant.fr
à:	mamie@enparlant.fr

réponse:

_____

_____

_____

_____

_____

_____

Vocabulaire: Après les examens

compréhension

te (pron.) to you

manquer (v.) to be missing

le plus (adv.) the most

les vacances (n.f.pl.) vacation

durer (v.) to last

tu aimerais (v. aimer) you would like

plu (v. plaire) pleased

déplu (v. déplaire) displeased

avant (prép.) before

jusqu'à (prép.) before

prochain(e) (adj.) next

assez de temps (exp.) enough time

un événement (n.m.) an event

alors (adv.) so, well ...

s'amuser (v.) to have a good time, to have fun

suggestions

Mes amis me manquent. I miss my friends

Mon frigo me manque. I miss my fridge.

Mon chien me manque. I miss my dog.

faire tout mon travail (exp.) do all my work

avoir de bonnes notes (exp.) earn good grades

faire attention en cours (exp.) pay attention in class

Je me suis bien amusé(e).

Nous nous sommes bien amusé(e)s.

autres possibilités

_____

_____

_____

_____

_____

_____

_____

_____

_____

_____

_____

Grammaire orale

*Partitif négatif **pas de** (no, not any)*

-Il n'y a pas de pain!

-Il n'y a pas de pain?

-Non, il n'y a pas de pain, mais il y a des oranges.

-Non, il n'y a pas d'oranges!

-Il n'y a pas d'oranges?

-Non, il n'y a pas d'oranges, mais il y a _____. *(voir ci-dessous)*

-Non, il n'y a pas de _____!

-Il n'y a pas de _____?

-Non, il n'y a pas de _____, mais il y a _____.*

*du, de l' (m.s.) pain, lait, beurre, ail, vin, poivre, sel, fromage, café
*de la, de l' (f.s.) bière, moutarde, eau, salade, sauce, soupe, glace, tarte, crème, huile
*des (m.pl.) fruits, oranges, artichauts, bonbons, olives, légumes, oeufs, pépins, flans
*des (f.pl.) bananes, asperges, pamplemousses, baies, pommes, carottes, fraises, cerises

Le Mont Saint-Michel, Normandie, France

Avant les vacances *(conversation à deux)*

1. Où seras-tu demain? Es-tu content(e) de partir?
2. Quand est-ce que tu reviendras à l'école?
3. Quelles sont tes activités favorites pendant les vacances?
4. Y a-t-il une fête pendant les vacances? Laquelle?
5. Verras-tu d'autres membres de ta famille pendant les vacances? Qui? Où? Quand?
6. Qu'est-ce que tu aimes faire le plus chez toi que tu ne peux pas faire ici?
7. Verras-tu d'autres étudiants qui vont à cette école pendant les vacances?
8. Vas-tu voir des amis qui ne sont pas étudiants à cette école?
9. Vas-tu faire un long voyage?
10. Combien de jours durent ces vacances-ci? (Qu'est-ce que c'est qu'une vacance?)
11. As-tu des devoirs à faire pendant les vacances?

Recyclage

1. Demande à ton/ta partenaire où il/elle sera demain et s'il/si elle est content(e) de partir.
2. Tu voudrais savoir quand il/elle reviendra à l'école. Pose-lui la question.
3. Interroge-le/la sur ses activités favorites pendant les vacances.
4. Tu cherches à savoir s'il y a une fête pendant les vacances. Demande-le-lui.
5. Demande-lui s'il/si elle verra d'autres membres de sa famille pendant les vacances. Si sa réponse est «oui», demande-lui qui, où et quand il les verra.
6. Tu aimerais savoir ce qu'il/elle aime faire le plus chez lui qu'il/elle ne peut pas faire ici. Pose-lui la question.
7. En forme de question, dis-lui de te dire s'il/si elle verra d'autres étudiants qui vont à cette école pendant les vacances.
8. Demande-lui s'il/si elle va voir des amis qui ne sont pas étudiants à cette école.
9. Tu veux savoir s'il/si elle va faire un long voyage. Pose-lui la question.
10. Interroge-le/la sur la longueur de ses vacances (combien de jours).
11. Demande-lui s'il/si elle a des devoirs à faire pendant les vacances.

Le Texto d'aujourd'hui

de: Camille 06.22.73.11.35

Salut! Où vas-tu pour les vacances? Que vas-tu faire?

réponse:

_____

_____

_____

_____

_____

_____

Vocabulaire: Avant les vacances

compréhension	suggestions	autres possibilités

compréhension

seras-tu (v. être) will you be

demain (adv.) tomorrow

tu reviendras (v. revenir) you will come back

pendant (prép.) during

les vacances (n.f.pl.) vacation

une fête (n.f.) a holiday, party

laquelle (pron.) which one

verras-tu (v. voir) will you see

le plus (adv.) the most

tu peux (v. pouvoir) you can

aller (v.) attend

durer (v.) to last

une vacance (n.f.) a vacancy

les devoirs (n.m.) homework

suggestions

chez (prép.) at the house of

chez moi (exp.) at my house

dormir (v.) to sleep (je dors, nous dormons)

voir mes amis (exp.) to see my friends

manger (v.) to eat

jouer avec le chien (exp.) play with the dog

regarder la télé (exp.) to watch tv

me servir à manger du frigo (exp.) to serve myself (something to eat) from the fridge

autres possibilités

_____
_____
_____
_____
_____
_____
_____
_____
_____
_____
_____

Grammaire orale

Partitif (quantité + de, partitif négatif (pas de), en (= some))
"Lundi, la tarte (la moutarde, le café, la glace, le thé le riz, la bière…etc.) arrive…"

-Lundi, *la tarte* arrive, mais on n'en prend pas.

-Mardi, on prend beaucoup de *tarte*. C'est un bon jour.

-Mercredi, il n'y a pas de *tarte* parce que l'on fait des économies.

-Jeudi, on prend *de la tarte*; on en prend beaucoup une autre fois.

-Vendredi, on prend un peu de *tarte*; on en prend seulement un peu.

-Samedi, on finit *la tarte* et samedi soir, il n'y en a plus.

-Dimanche, il n'y a pas de *tarte*. Mais, lundi, qu'est-ce qui arrive?

Avant les vacances *(conversation à deux)*

1. As-tu eu beaucoup à faire juste avant ces vacances?
2. Qu'est-ce qui te manquera le plus pendant les vacances?
3. Qui te manquera le plus pendant les vacances?
4. Qu'est-ce que tu vas lire pendant ces vacances?
5. Quels aspects du cours de français te plaisent le plus? (Lesquels . . . le moins?)
6. Quel événement récent à l'école reste le plus mémorable?
7. Qu'est-ce qui t'a plu à l'école cette semaine? Qu'est-ce qui t'a déplu?
8. Que feras-tu à l'école après les vacances que tu n'as pas fait avant?
9. Quel est le moment récent que tu as le plus aimé?
10. Que dirais-tu au directeur de l'école s'il te demandait de suggérer des innovations?
11. Je te souhaite de bonnes vacances. J'attends avec impatience le plaisir de te revoir.

Recyclage

1. Demande-lui s'il/si elle a eu beaucoup à faire juste avant les vacances.
2. Interroge-le/la sur ce qui lui manquera le plus pendant les vacances.
3. Tu veux savoir qui lui manquera le plus pendant les vacances. Demande-le-lui.
4. Tu cherches à savoir ce qu'il/elle va lire pendant les vacances. Pose-lui la question.
5. Demande-lui quels aspects du cours de français lui plaisent le plus et le moins.
6. Interroge-le/la sur l'événement récent à l'école qui reste le plus mémorable.
7. Tu aimerais savoir ce qui lui a plu et déplu à l'école cette semaine. Pose-lui ces questions.
8. Demande-lui ce qu'il/elle fera à l'école après les vacances qu'il/elle n'a pas fait avant.
9. Tu voudrais savoir quel est le moment récent qu'il/elle a le plus aimé. Pose-lui la question.
10. Demande-lui ce qu'il/elle dirait au directeur de l'école s'il lui demandait de suggérer des innovations.
11. Dis-lui que tu lui souhaites de bonnes vacances et que tu attends avec impatience le plaisir de le/la revoir.

Le Mél d'aujourd'hui

Courriel reçu

| de: | louis-marie@enparlant.fr |
| à: | toi@enparlant.fr |

Incroyable – c'est déjà les vacances! L'école me manquera, pas toi? Qu'est-ce qui te manquera le plus?

Réponse

| de: | toi@enparlant.fr |
| à: | louis-marie@enparlant.fr |

réponse:

_____

_____

_____

_____

_____

Vocabulaire: Avant les vacances

compréhension

juste avant (adv.) just before

te (pron.) to you

manquer (v.) to be missing

lire (v.) to read

plaire (v.) to please

le moins (adv.) the least

un événement (n.m.) an event

rester (v.) to stay, remain

plu (v. plaire) pleased

déplu (v. déplaire) displeased

avant (prép.) before

après (prép.) after

dirais-tu (v. dire) would you say

le directeur (n.m.) the principal

une innovation (n.f.) a change, something new

souhaiter (v.) to desire, wish

attendre (v.) to wait

le plaisir (n.m.) the pleasure

revoir (v.) to see again

suggestions

Mes cours me manqueront. I will miss my classes.

Le sport me manquera. I will miss sports.

Mes ami(e)s me manqueront. I will miss my friends.

_____ me manquera. I will miss _____. (singular item/person)

Je recevrai de bonnes notes. I will get good grades.

Je ferai attention. I will pay attention.

Je ferai tout mon travail. I will do all my work.

autres possibilités

_____

_____

_____

_____

_____

_____

_____

_____

_____

_____

_____

_____

_____

_____

_____

_____

Grammaire orale

Prépositions / *vocabulaire* / *exemples*

La date est **en haut de** la page.
La rivière est **au fond de** la vallée.
Le salon est **à l'intérieur de** la maison.
Le jardin est **à l'extérieur de** la maison.
Elle rentre chez elle **après** l'école.
Les fleurs sont **au centre de** la table.
On est au bureau **depuis** neuf heures.
On part **à la fin de** la classe.
Une personne sauvée est **hors de** danger.
Assieds-toi **à côté de** moi.
L'entr'acte est **entre** les actes au théâtre.
Les paquets voyagent vite **par** avion.
On se prépare **avant** la classe.
On parle français **pendant** la classe.
Nous quittons l'école **vers** trois heures.

La signature est **en bas de** la page.
Mon assistant travaille **auprès de** moi.
Le miroir est **en face de** moi.
La secrétaire travaille **jusqu'à** cinq heures.
Le feu rouge est **au coin de** la rue.
L'entr'acte est **au milieu de** la comédie.
L'enfant du roi est prince **dès** sa naissance.
L'armée se bat **contre** l'ennemi.
Les ôtages sont toujours **en** danger.
Il habite **au bout de** la rue, un cul-de-sac.
Le ballon de baseball est tombé **parmi** les spectateurs.
Il se promène **le long de** la Seine.
On se repose **après** la classe.
On range les chaises **autour de** la table.
Les prépositions sont faciles **pour** moi.

Paris, France

Les cours *(conversation à deux)*

1. Quel est ton cours préféré?
2. Pourquoi étudies-tu sérieusement la matière de ce cours?
3. À quoi sert ce cours? Qui en est le professeur?
4. Pourquoi ce cours te plaît-il? Pourquoi t'intéresse-t-il?
5. Travailles-tu pour toi ou pour faire plaisir à quelqu'un d'autre?
6. Quel cours t'aide le plus à penser, à réfléchir et à développer tes idées personnelles?
7. Dans lequel de tes cours exprimes-tu le plus d'idées personnelles? À qui?
8. Dans quel cours faut-il mémoriser le plus?
9. Pour quel cours apprends-tu le plus de définitions?
10. Dans quel cours fais-tu le plus d'effort?
11. Dans quel cours est-ce que tu es le plus à l'aise? Pourquoi?

Recyclage

1. Demande à ton/ta partenaire quel est son cours préféré.
2. Tu es curieux(-euse) de savoir pourquoi il/elle étudie sérieusement la matière de ce cours. Demande-le-lui.
3. Tu veux savoir à quoi sert ce cours et qui en est le professeur. Pose-lui ces deux questions.
4. Interroge-le/la sur les raisons pour lesquelles ce cours lui plaît et l'intéresse.
5. Demande-lui s'il/si elle travaille pour lui-même/elle-même ou s'il/si elle travaille pour faire plaisir à quelqu'un d'autre.
6. Tu aimerais savoir quel cours l'aide le plus à penser, à réfléchir et à développer ses idées personnelles. Demande-le-lui.
7. Interroge-le/la sur le cours dans lequel il/elle exprime le plus d'idées personnelles et à qui il/elle exprime ses idées.
8. Demande-lui dans quel cours il faut mémoriser le plus.
9. En forme de question, dis-lui de te dire dans quel cours il apprend le plus de définitions.
10. Tu voudrais savoir dans quel cours il/elle fait le plus d'effort. Pose-lui ces questions.
11. Demande-lui dans quel cours il/elle est le plus à l'aise et pourquoi.

Le Texto d'aujourd'hui

de: Sabrina 06.77.29.74.49

Quel est ton cours préféré ce semestre et pourquoi? Je suis curieuse car je connais tous les cours et tous les profs de ton école!

réponse:

_____

_____

_____

_____

_____

_____

Vocabulaire: Les cours

compréhension

le cours (n.m.) the course, the class (in school)

étudier (v.) to study

la matière (n.f.) the subject matter, the material, the content

servir à (v.) to be good for, to serve to

plaire (v.) to please (+objet indirect)
Cela me plaît. = That pleases me. I like that.

faire plaisir à (exp.) to please someone

quelqu'un (pron.) someone

quelqu'un d'autre (exp.) someone else

réfléchir à (v.) to think about, reflect

le plus (de) (adv.) the most

il faut (v. falloir) it is necessary
Il me faut (+infinitif) = I have to (+verb).

apprendre (v.) to learn, to teach (à + infinitif)

à l'aise (exp.) at ease, comfortable

suggestions

suivre un cours (v.) to take a course/class ("to follow") (je suis, nous suivons)

l'allemand (n.m.) German

l'anglais (n.m.) English

l'art (n.m.) art

l'histoire de l'art (n.f.) art history

la biologie (n.f.) biology

la chimie (n.f.) chemistry

l'éducation physique (n.f.) P.E.

l'espagnol (n.m.) Spanish

le français (n.m.) French

la géographie (n.f.) geography

le grec (n.m.) Greek

l'histoire (n.f.) history

l'informatique (n.f.) computer science

le latin (n.m.) Latin

les mathématiques (n.m.pl.) math
 l'algèbre (n.m.) algebra
 le calcul (n.m.) calculus
 la géométrie (n.f.) geometry

la musique (n.f.) music

la physique (n.f.) physics

la psychologie (n.f.) psychology

le russe (n.m.) Russian

les sports (n.m.pl.) sports

le théâtre (n.m.pl.) theater, drama

autres possibilités

_____
_____
_____
_____
_____
_____
_____
_____
_____
_____
_____
_____
_____
_____
_____
_____
_____
_____
_____
_____

Grammaire orale ?

Préposition + infinitif	**après** + infinitif passé (after having_____)	**en** + participe présent (while, by _____-ing)
à danser	**après avoir dansé**	en dansant
pour finir	après avoir fini	**en finissant**
de vendre	**après avoir vendu**	en vendant
à arriver	après être arrivé_	**en arrivant**
sans se laver	**après s'être lavé_**	en se lavant
avant de partir	après être parti_	**en partant**
sans savoir	**après avoir su**	en sachant*
pour avoir	après avoir eu	**en ayant***
sans être	**après avoir été**	en étant*
	((e)(s) selon le genre et le nombre)	(*irréguliers)

Les cours *(conversation à deux)*

1. Pour quel cours as-tu le plus de travail à faire?
2. Pour lequel en as-tu le moins?
3. Dans quel cours y a-t-il la possibilité de faire des sorties de classe?
4. À qui t'intéresses-tu le plus dans un cours, au professeur ou aux autres élèves?
5. Dans quel cours es-tu le moins à l'aise? Pourquoi?
6. Quelle est la responsabilité principale du professeur?
7. Quelle est l'obligation principale de l'élève?
8. À quoi servent les notes? Es-tu satisfait(e) des tiennes?
9. Dans quels cours comprends-tu exactement ce que veut le professeur? Pourquoi?
10. Pourquoi est-ce que l'on devient professeur?
11. Seras-tu professeur un jour? Pourquoi? Professeur de quoi?

Recyclage

1. Demande à ton/ta partenaire pour quel cours il/elle a le plus de travail à faire.
2. Demande-lui pour lequel il/elle en a le moins.
3. Tu veux savoir dans quel cours il y a la possibilité de faire des sorties de classe. Demande-le-lui.
4. Interroge-le/la sur la/les personne(s) qui l'intéresse(nt) le plus dans un cours, le professeur ou les autres élèves.
5. En forme de question, dis-lui de t'expliquer dans quel cours il/elle est le moins à l'aise et pourquoi.
6. Demande-lui quelle est la responsabilité principale du professeur.
7. Tu aimerais savoir quelle est l'obligation principale de l'élève. Pose-lui la question.
8. Demande-lui à quoi servent les notes et s'il/si elle est satisfait(e) des ses notes.
9. Tu voudrais savoir dans quel cours il/elle comprend exactement ce que veut le professeur et pourquoi.
10. Interroge-le/la sur les raisons pour lesquelles on devient professeur.
11. Demande-lui s'il/si elle sera professeur un jour, pourquoi et dans quelle matière.

Montréal, Québec, Canada

Vocabulaire: Les cours

compréhension

lequel (pron.) which one

en (pron.) of it (travail)

le moins (adv.) the least

une sortie (n.f.) an outing

s'intéresser (à) (v.) to be interested (in)

servir (à + infinitif) to be good for, to serve to

une note (n.f.) a grade

satisfait(e) (de) (adj.) satisfied (with)

les tiennes (pron.) yours (grades)

vouloir (v.) to want (je veux, nous voulons)

devenir (v.) to become

seras-tu (v. être) will you be

suggestions

encourager (v.) to encourage

décourager (v.) to discourage

récompenser (v.) to reward

punir (v.) to punish

évaluer (v.) to évaluate

autres possibilités

_____
_____
_____
_____
_____
_____
_____
_____
_____
_____
_____
_____

Grammaire orale ↓ ? 🕐 _____

Adjectifs *Un alphabet géographique pour les xénophiles. (pluriels + "s")*

étranger / étrangère
américain / américaine
brésilien / brésilienne
chinois / chinoise
danois / danoise
espagnol / espagnole
finlandais / finlandaise
grec / grecque
hondurien / hondurienne

italien / italienne
japonais / japonaise
kenyan / kenyanne
libanais / libanaise
marocain / marocaine
norvégien / norvégienne
ontarien / ontarienne
polonais / polonaise
québecois / québecoise

russe / russe
suisse / suisse
tunisien / tunisienne
uruguayen /uruguayenne
vénézuélien/vénézuélienne
wallon / wallonne
xénien / xénienne ;-)
yougoslave / yougoslave
zambien / zambienne

Le Mél d'aujourd'hui

Courriel reçu

de: ludo@enparlant.fr
a: toi@enparlant.fr

Salut, toi! Je considère devenir prof. Peux-tu me dire quelles qualités tu apprécies le plus dans un bon prof et/ou dans un bon cours? Merci!

Réponse

de: toi@enparlant.fr
à: ludo@enparlant.fr

réponse:

_____
_____
_____
_____
_____

L'école *(conversation à deux)*

1. Dans quelle classe es-tu maintenant?
2. Es-tu content(e) d'être élève?
3. Lequel de tes professeurs est chargé de communiquer tes notes à tes parents?
4. Combien de cours suis-tu?
5. Quels cours trouves-tu le plus facile? Et le plus difficile?
6. As-tu beaucoup d'amis dans cette école? As-tu des amis dans d'autres écoles aussi?
7. Que penses-tu des nouveaux élèves?
8. Quelle est ton opinion sur la nourriture servie à la cantine?
9. À quelle heure est-ce que tu arrives à l'école et à quelle heure quittes-tu l'école?
10. Déjeunes-tu à la cantine?
11. Que penses-tu des règles de l'école?

Recyclage

1. Demande-lui dans quelle classe il/elle est maintenant.
2. Tu voudrais savoir s'il/si elle aime être élève. Pose-lui la question.
3. Tu cherches à savoir lequel de ses professeurs est chargé de communiquer ses notes à ses parents.
4. Interroge-le/la sur le nombre de cours qu'il/elle suit.
5. Demande-lui quels cours il/elle trouve le plus facile et le plus difficile.
6. Tu cherches à savoir s'il/si elle a beaucoup d'amis dans cette école et s'il/si elle a aussi des amis dans d'autres écoles.
7. Tu aimerais savoir ce qu'il/elle pense des nouveaux élèves.
8. Demande-lui son opinion sur la nourriture servie à la cantine.
9. Demande-lui à quelle heure il/elle arrive à l'école et à quelle heure il/elle quitte l'école.
10. Tu veux savoir s'il/si elle déjeune à la cantine. Demande-le-lui.
11. Demande-lui ce qu'il/elle pense des règles de l'école.

Le Texto d'aujourd'hui

de: Théo 06.85.73.26.15

Salut! Déjà la rentrée – ouf! Tu as quels cours ce semestre? On se voit à la cantine à midi?

réponse:

_____

_____

_____

_____

_____

_____

Vocabulaire: L'école

compréhension	*suggestions*	*autres possibilités*

compréhension

la classe (n.f.) grade level, classroom, class (of students)

chargé(e) (adj.) responsible for, charged with

la note (n.f.) the grade

le cours (n.m.) the course, subject

suis (v. suivre) to take, follow (je suis, nous suivons)

le plus (adv.) the most

facile (adj.) easy

le plus facile (exp.) the easiest

autre (adj.) other

nouveau/nouvelle (adj.) new

la nourriture (n.f.) the food

quitter (v.) to leave (+ objet direct)

déjeuner (v.) to eat lunch

la cantine (n.f.) the lunchroom, cafeteria

une règle (n.f.) a rule

suggestions

(en) sixième (exp.) (in) sixth grade

en cinquième (exp.) in seventh grade

en quatrième (exp.) in eighth grade

en troisième (exp.) in ninth grade, freshman

en seconde (exp.) in tenth grade, sophomore

en première (exp.) in eleventh grade, junior

en terminale (exp.) in twelfth grade, senior

(à) l'université (n.f.) (in) college

intéressant (adj.) interesting

acceptable (adj.) acceptable

tolérable (adj.) bearable

délicieux(-euse) (adj.) delicious

horrible (adj.) horrible

moyen/moyenne (adj.) average

sévère (adj.) harsh

strict (adj.) strict

juste (adj.) fair

raisonnable (adj.) reasonable

nécessaire (adj.) necessary

Grammaire orale

Adjectifs féminins *(Continuez en changeant d'adjectifs et en suivant l'alphabet.)*

L'alphabet pour elle.
Elle est active.
Elle est belle.
Elle est curieuse.
Elle est directe.
Elle est élégante.
Elle est furieuse.
Elle est gaie.
Elle est honnête.

Elle est intelligente.
Elle est joyeuse.
Elle est kenyanne.
Elle est loyale.
Elle est mignonne.
Elle est naïve.
Elle est originale.
Elle est pauvre.
Elle est québecoise.

Elle est raisonnable.
Elle est sympathique.
Elle est talentueuse.
Elle est unique.
Elle est variable.
Elle est wallonne.
Elle est xénophobe.
Elle est yougoslave.
Elle est zaïrienne.

En Tunisie

L'école *(conversation à deux)*

1. Qu'est-ce que tu fais après les cours?
2. Quelle partie de la journée est-ce que tu préfères?
3. Quel est ton sport préféré ou ton activité préférée à l'école?
4. À quel moment est-ce que tu as l'occasion de parler avec tes amis?
5. Est-ce que les professeurs parlent de toi? Que disent-ils?
6. Aimerais-tu jouer dans une pièce de théâtre présentée par l'école?
7. Est-ce que tu fais des activités uniques à l'école? Lesquelles?
8. Y a-t-il assez à faire (ou trop à faire) à l'école?
9. Es-tu amoureux(-euse) de quelqu'un à l'école?
10. Est-ce que tu seras ici à l'école l'année prochaine?
11. Qu'est-ce que tu aimerais accomplir pendant cette année scolaire?

Recyclage

1. Demande à ton/ta partenaire ce qu'il/elle fait après les cours.
2. Interroge-le/la sur la partie de la journée qu'il/elle préfère.
3. En forme de question, demande-lui de te dire quel est son sport ou son activité préféré(e) à l'école.
4. Tu aimerais savoir quand il/elle a l'occasion de parler avec ses amis. Demande-le-lui.
5. Demande-lui si les professeurs parlent de lui/d'elle et ce qu'ils disent.
6. Tu cherches à savoir s'il/si elle aimerait jouer dans une pièce de théâtre présentée par l'école. Demande-le-lui.
7. Tu veux savoir s'il/si elle fait des activités uniques à l'école. Demande-lui des détails.
8. Demande-lui s'il y a assez à faire ou trop à faire à l'école.
9. Tu voudrais savoir s'il/si elle est amoureux(-euse) de quelqu'un à l'école. Pose-lui la question.
10. Tu aimerais savoir s'il/si elle sera ici à l'école l'année prochaine. Pose-lui la question.
11. Demande-lui ce qu'il/elle aimerait accomplir pendant cette année scolaire.

Le Mél d'aujourd'hui

Courriel reçu

de:	pilou@enparlant.fr
à:	toi@enparlant.fr

Salut! Tu comptes participer à quelles activités cette année après les cours? Je veux faire les mêmes!

Réponse

de:	toi@enparlant.fr
à:	pilou@enparlant.fr

réponse:

_____

_____

_____

_____

_____

_____

Vocabulaire: L'école

compréhension	*suggestions*	*autres possibilités*

après (adv.) after

la partie (n.f.) the part

la journée (n.f.) the day

préféré(e) (adj.) favorite

avoir l'occasion de (exp.) to have a chance to

disent (v. dire) say (je dis, nous disons)

aimerais-tu (v. aimer) would you like

jouer (v.) to act, to play

une pièce (n.f.) a play (theater)

par (prép.) by

assez (adv.) enough

trop (adv.) too much

amoureux(-euse) (de) (adj.) in love (with)

seras-tu (v. être) will you be

l'année (n.f.) the year

prochain (adj.) next

accomplir (v.) to accomplish

pendant (prép.) during

scolaire (adj.) school

le matin (n.m.) the morning

l'après-midi (n.m.) the afternoon

le soir (n.m.) the evening

la nuit (n.f.) the night

le football (n.m.) soccer

le football américain (n.m.) football

le hockey sur gazon (n.m.) field hockey

le hockey sur glace (n.m.) ice hockey

le baseball, le basketball, le cross-country, le softball, le tennis

la lutte (n.f.) wrestling

la natation (n.f.) swimming

l'athlétisme (n.m.) track

la chorale (n.f.) choir, chorus

l'orchestre (n.m.) orchestra, band

l'aviron (n.m.) crew (the oar)

jouer d'un instrument (exp.) to play an instrument

apprendre à parler français (exp.) to learn to speak French

recevoir de bonnes notes (exp.) to get good grades

Grammaire orale

Adjectifs irréguliers *à prononcer*

actif / active	**épais / épaisse**	jaloux / jalouse
ancien / ancienne	faux / fausse	**léger / légère**
attentif / attentive	**favori / favorite**	long / longue
bas / basse	fin / fine	**mou / molle**
beau / belle	**flatteur / flatteuse**	muet / muette
blanc / blanche	fou / folle	**naïf / naïve**
bon / bonne	**frais / fraîche**	nerveux / nerveuse
complet / complète	franc / franche	**neuf / neuve**
conservateur / conservatrice	**furieux / furieuse**	premier / première
dangereux / dangereuse	gras / grasse	**roux / rousse**
destructif / destructive	**gros / grosse**	sec / sèche
discret / discrète	idiot / idiote	**vieux / vieille**
doux / douce	**inquiet / inquiète**	vif / vive

L'université *(conversation à deux)*

1. Penses-tu faire des études à l'université?
2. Qu'est-ce que tu comptes étudier? Pourquoi?
3. As-tu beaucoup de membres de ta famille qui ont déjà fait des études universitaires? Combien?
4. Si tu ne fais pas d'études universitaires, qu'est-ce que tu peux faire?
5. Quel genre de diplôme t'intéresse le plus maintenant?
6. Si tu fais des études dans une université, choisiras-tu un établissement près ou loin de chez toi?
7. Si tu fais des études universitaires, préfères-tu une grande université publique ou une petite université privée? Pourquoi?
8. Penses-tu participer à des activités sur le campus en dehors des cours? Lesquelles?
9. Comment paierais-tu tes études?
10. Quand est-ce qu'il faut que tu décides si tu vas faire des études à l'université?
11. À ton avis, faut-il faire des études à l'université pour réussir dans la vie?

Recyclage

1. Demande-lui s'il/si elle pense faire des études à l'université.
2. Tu veux savoir ce qu'il/elle compte étudier à l'université.
3. Interroge-le/la sur le nombre de personnes dans sa famille qui ont fait des études à l'université.
4. Demande-lui ce qu'il/elle peut faire s'il/si elle ne fait pas d'études universitaires.
5. Tu cherches à savoir quel genre de diplôme l'intéresse maintenant. Pose-lui la question.
6. Demande-lui s'il/si elle choisira un établissement près ou loin de chez lui/elle s'il/si elle fait des études universitaires.
7. Tu voudrais savoir s'il/si elle préfère une grande université publique ou une petite université privée s'il/si elle fait des études universitaires et pourquoi. Demande-le-lui.
8. Interroge-le/la sur les activités auxquelles il/elle pense participer sur le campus en dehors des cours.
9. Demande-lui comment il/elle paierait ses études.
10. Tu aimerais savoir quand il faut qu'il/elle décide s'il/si elle va faire des études universitaires.
11. Demande-lui si, à son avis, il faut faire des études universitaires pour réussir dans la vie.

Le Texto d'aujourd'hui

de: Thierry 06.63.59.94.37

Salut! Ça y est! J'ai reçu ma lettre d'acceptation et je vais aller à l'université privée! Maintenant il faut que je voie comment je vais payer. . . Et toi – tu vas faire tes études où? Et comment comptes-tu payer?

réponse:

_____

_____

_____

_____

Vocabulaire: L'université

compréhension

faire des études (exp.) to pursue studies

compter (v.) to count on, to aim to

universitaire (adj.) university/college

un diplôme (n.m.) a diploma, a degree

intéresser (v.) to interest

une université (n.f.) a university, a college

un établissement (n.m.) an institution (university)

près (prép.) near

loin (prép.) far

public/publique (adj.) public

privé(e) (adj.) private

en dehors de (exp.) outside of, apart from

paierais (v. payer) would pay

réussir (v.) succeed

dans la vie (exp.) in life

suggestions

le français (n.m.) French

les langues (n.f.) languages

les mathématiques (n.f.pl.) math

les sciences (n.f.pl.) science

les sciences sociales (n.f.pl.) social sciences

la musique (n.f.) music

l'histoire (n.f.) history

l'art (n.m.) art

les lettres et sciences humaines (n.m.pl.) liberal arts

travailler (v.) to work

trouver un emploi (exp.) to find a job

je choisirai (v. choisir) I will choose

participer aux sports (exp.) to participate in sports

faire partie d'un groupe de musique (exp.) to be in a musical group

adhérer à un groupe bénévole (exp.) to join a volunteer group

je paierais (v. payer) I would pay

mes parents paieraient (v. payer) my parents would pay

autres possibilités

_____

_____

_____

_____

_____

_____

_____

_____

_____

_____

_____

_____

_____

_____

_____

_____

_____

Grammaire orale

Adjectif (m. / f.)	Adverbe	Adjectif (m. / f.)	Adverbe
actif / active	activement	facile / facile	facilement
doux / douce	**doucement**	**clair / claire**	**clairement**
bas / basse	bassement	intelligent/intelligente	intelligemment
constant / constante	**constamment**	**élégant / élégante**	**élégamment**
vif / vive	vivement	pauvre / pauvre	pauvrement
complet / complète	**complètement**	**jaloux / jalouse**	**jalousement**
franc / franche	franchement	bête / bête	bêtement
naïf / naïve	**naïvement**	**premier / première**	**premièrement**
nerveux / nerveuse	nerveusement	fou / folle	follement

Lyon, France

L'université *(conversation à deux)*

1. Combien de temps penses-tu passer à l'université avant la fin de tes études?
2. Sais-tu combien de temps il faut pour obtenir un premier diplôme universitaire?
3. Sais-tu combien de temps il faut pour faire une maîtrise dans une université?
4. Connais-tu quelqu'un qui a passé plus de temps que d'habitude pour obtenir son diplôme? Combien de temps? Pourquoi?
5. Connais-tu quelqu'un qui a quitté l'université avant de obtenir son diplôme? Pourquoi?
6. Quels sont les bâtiments typiques dans une université américaine?
7. Quelles sont les activités typiques auxquelles les étudiants participent le soir ou le week-end dans une université américaine?
8. Penses-tu faire des études à l'étranger? Où? Pendant combien de temps?
9. Quelles sont les bonnes raisons pour partir à l'étranger quand on est jeune?
10. Quels en sont les inconvénients?
11. Qui est la personne dans ta vie qui a eu le plus de succès? Pourquoi et comment a-t-elle eu du succès?

Recyclage

1. Demande à ton/ta partenaire combien de temps il/elle pense passer à l'université avant la fin de ses études.
2. Interroge-le/la sur le nombre d'années qu'il faut en général pour obtenir un premier diplôme universitaire.
3. Interroge-le/la sur le nombre d'années qu'il faut en général pour faire une maîtrise dans une université.
4. Tu voudrais savoir s'il/si elle connaît quelqu'un qui a pris plus de temps que d'habitude pour obtenir son diplôme et quelle a été la raison pour le retard. Pose-lui ces questions.
5. Tu cherches à savoir s'il/si elle connaît quelqu'un qui a quitté l'université avant d'obtenir instead of de obtenir son diplôme et la raison pour laquelle il/elle l'a fait. Demande-le-lui.
6. Demande-lui quels sont les bâtiments typiques dans une université américaine.
7. Interroge-le/la sur les activités typiques auxquelles les étudiants participent le soir ou le week-end dans une université américaine.
8. Demande-lui s'il/si elle pense faire des études à l'étranger. Si c'est le cas, demande-lui où et pendant combien de temps.
9. Tu aimerais savoir quelles sont les bonnes raisons pour partir à l'étranger quand on est jeune. Pose-lui la question.
10. Tu veux savoir quels en sont les inconvénients. Demande-les-lui.
11. Demande-lui qui est la personne dans sa vie qui a eu le plus de succès et pourquoi ou comment elle a eu du succès.

Le Mél d'aujourd'hui

Courriel reçu

de:	patrick@enparlant.fr
à:	toi@enparlant.fr

Salut! Bonne nouvelle — ma soeur est acceptée à l'université qu'elle voulait! Ça me fait réfléchir à mon avenir . . . Que penses-tu faire après tes études au lycée et pourquoi?

Réponse

de:	toi@enparlant.fr
à:	patrick@enparlant.fr

réponse:

_____

_____

_____

Vocabulaire: L'université

compréhension	suggestions	autres possibilités

compréhension

passer (v.) to spend

terminer (v.) to finish

les études (n.f.pl.) studies

un premier diplôme (exp.) one's first diploma/degree

d'habitude (adv.) usually

quitter (v.) to leave, to drop out

un bâtiment (n.m.) a building

typique (adj.) typical

à l'étranger (exp.) abroad

une raison (n.f.) a reason

jeune (adj.) young

un inconvénient (n.m.) inconvenience, disadvantage

avoir du succès (n.m.) to have success, to be successful

suggestions

_____ **ans** = _____ years

quatre ans
(premier diplôme)

deux ans
(deuxième diplôme)

le bâtiment administratif (n.m.) the administrative building

la bibliothèque (n.f.) the library

la résidence (n.f.) the dormitory/ residence hall

un club (n.m.) a club

un groupe bénévole (n.m.) a volunteer group

un groupe musical (n.m.) a musical group

une équipe sportive (n.f.) a sports team

apprendre une autre culture (exp.) learn another culture

améliorer son français (exp.) to improve one's French

connaître des membres d'une autre culture (exp.) to know members of another culture

avoir le mal du pays (exp.) to be homesick

rater des événements chez moi (exp.) to miss events at (my) home

ma famille me manque (exp.) I miss my family

travailler dur (exp.) to work hard

être passionné(e) par quelque chose (exp.) to have a passion for something

---

Grammaire orale

*Adverbe de **qualité***	*(comparaisons / superlatifs)*	*Adverbe de **quantité***

- O Les filles dansent bien.
- = Les filles dansent aussi bien que les garçons.
- ≠ Les filles ne dansent pas si bien que les garçons.
- + Les filles dansent **mieux** que les garçons.
- - Les filles dansent **plus mal** que les garçons.
- +! Les filles dansent **le mieux** des élèves!
- -! Les filles dansent **le plus mal** des élèves!

Michel mange beaucoup.
Michel mange **autant** que moi.
Michel ne mange pas autant que moi.
Michel mange plus que moi.
Michel mange moins que moi.
Michel mange le plus de la famille!
Michel mange le moins de la famille!

(Continuez: O = ≠ + - +! -!)

(Elle joue mal	son amie	les filles)	(J'étudie peu	Marie	la classe)
(Il va bien	moi	la famille)	(Elle lit beaucoup	Paul	le groupe)
(Elle danse mal	Jean	les enfants)	(Je dis peu	mon père	la famille)

année
déguster
jouer
achat
journée
marché
souvenir
souhaiter
gagner
avancer
mois
s'amuser
manger
trinquer
heure

week-end
porter
retarder
temps
travailler
vacances
choix
flocon
acheter
veille
sentiments
parfum
geste
pressé
oreiller
semaine

chez toi
boire
neige
repas
connaître
luxe
campagne
avenir
amoureux
naissance
début
embrasser
nuit
siècle
se marier
tempête

soif
vie
fleur
pluie
rêve
feuille
santé
faim
sens
fin de semaine

LA VIE DE TOUS LES JOURS

Paris, France

QUESTIONS ESSENTIELLES

1. Quels aspects de la vie quotidienne apprécies-tu le plus?

2. Quels aspects de la vie quotidienne trouves-tu plus pénibles?

3. Le temps a-t-il un effet sur toi dans la vie quotidienne?

4. Quelles sont tes habitudes en ce qui concerne les dépenses et la consommation dans la vie de tous les jours?

5. Es-tu plutôt du matin ou du soir et comment le sais-tu?

6. Quelles sont tes habitudes en semaine et pendant le week-end?

Les achats *(conversation à deux)*

1. Dans ta famille qui fait le plus souvent les achats au marché? Y fais-tu des achats?
2. Dans quels magasins est-ce que tu vas régulièrement pour faire des achats?
3. Y a-t-il un super-marché près de chez toi? Quelle marque de céréales y achètes-tu?
4. Est-ce que tu achètes du café à moudre, du café moulu ou du café instantané?
5. Achètes-tu du jus d'orange en concentré surgelé ou en bouteille?
6. Va-t-on à la poissonerie ou à la boucherie pour acheter du poisson? Et de la viande?
7. Où est-ce que tu achètes les légumes et les fruits? Et le fromage?
8. Achètes-tu du dentifrice dans une pharmacie ou dans un supermarché?
9. Où peut-on acheter un appareil-photo?
10. Peut-on acheter de la bière ou du vin dans un supermarché? Sinon où faut-il aller?
11. Quels fruits aimes-tu acheter? Quelle viande? Quels légumes? Quelles épices?

Recyclage

1. Demande à ton/ta partenaire qui fait le plus souvent les achats au marché et s'il/si elle y fait des achats.
2. Tu cherches à savoir dans quels magasins il/elle va régulièrement pour faire ses achats. Pose-lui la question.
3. En forme de question, dis-lui de te dire s'il y a un supermarché près de chez lui/elle.
4. Interroge-le/la sur le type de café qu'il/elle achète: le café à moudre, le café moulu ou le café instantané.
5. Demande-lui s'il/si elle achète du jus d'orange en concentré surgelé ou en bouteille.
6. Tu voudrais savoir si on va à la poissonerie ou à la boucherie pour acheter du poisson et de la viande. Demande-le-lui.
7. Tu es curieux(-euse) de savoir où il/elle achète les légumes, les fruits et le fromage. Pose-lui ces questions.
8. Demande-lui s'il/si elle achète du dentifrice dans une pharmacie ou dans un supermarché.
9. Tu aimerais savoir où on peut acheter un appareil-photo. Pose-lui la question.
10. Tu veux savoir si on peut acheter de la bière ou du vin dans un supermarché ou dans une grande surface. Si sa réponse est «non», demande-lui où il faut aller.
11. Demande-lui quels fruits, quelle viande, quels légumes et quelles épices il/elle aime acheter.

Le Texto d'aujourd'hui

de: Cécile 06.77.90.59.32

Ça y est! On a déménagé dans ton quartier! Ma mère veut savoir où vous faites vos courses – qu'est-ce que vous achetez et dans quels magasins?

réponse:

_____

_____

_____

_____

Vocabulaire: Les achats

compréhension	suggestions	autres possibilités

compréhension

un achat (n.m.) a purchase

le marché (n.m.) the market (usually open-air)

la marque (n.f.) the brand

moudre (v.) to mill, grind

moulu (adj.) ground, milled

surgelé (adj.) frozen

la bouteille (n.f.) the bottle

la poissonerie (n.f.) the fish shop

la viande (n.f.) meat

la boucherie (n.f.) the meat/butcher shop

le poisson (n.m.) fish

le légume (n.m.) vegetable

le fromage (n.m.) cheese

du dentifrice (n.m.) toothpaste

un appareil-photo (n.m.) a camera

la bière (n.m.) beer

le vin (n.m.) wine

suggestions

à la boulangerie (exp.) at the bakery

à la pâtisserie (exp.) at the pastry shop

au supermarché (exp.) at the grocery store/supermarket

une épicerie (n.f.) a small grocery store

la pharmacie (n.f.) the pharmacy

le marché aux fleurs (n.m.) the flower shop/stand/market

le marché aux _____ (n.m.) the _____ market

le marché aux oiseaux (n.m.) the bird market

chez le photographe (exp.) at the photographer's

chez le marchand de vins (exp.) at the wine merchant's

autres possibilités

_____

_____

_____

_____

_____

_____

_____

_____

_____

_____

_____

_____

_____

_____

_____

Grammaire orale

Adjectifs réguliers (comparaisons / superlatifs)	Adjectif irrégulier: **bon**
O Anne est belle.	Cette classe est bonne.
= Anne est aussi belle que sa soeur.	Cette classe est aussi bonne que l'autre classe.
≠ Anne n'est pas aussi belle que sa soeur.	Cette classe n'est pas aussi bonne que l'autre classe.
+ Anne est plus belle que sa soeur.	Cette classe est **meilleure** que l'autre classe.
- Anne est moins belle que sa soeur.	Cette classe est **pire** que l'autre classe.
+! Anne est la plus belle des enfants!	Cette classe est la **meilleure** des classes!
-! Anne est la moins belle des enfants!	Cette classe est la **pire** des classes!

(Continuez: O = ≠ + - +! -!)

(Paul est fort / son frère / la famille)   *(Louise est bonne / sa soeur / les amies)*
(Le livre est petit / l'autre / les livres)   *(Les fils sont bons / les filles / la famille)*
(Ils sont gros / elles / les enfants)   *(Jean est bon / son ami / les élèves)*

Les achats *(conversation à deux)*

1. Dans quoi est-ce que tu transportes ce que tu achètes?
2. Qu'est-ce qui est plus difficile à porter, une boîte de jus ou une boîte de biscuits?
3. Combien coûte une livre de bifteck haché aux États-Unis? Et un kilo en France?
4. Aimes-tu la charcuterie? (les saucisses, le pâté, etc.)
5. Qu'est-ce que c'est qu'une boucherie chevaline?
6. Préfères-tu les légumes frais ou les légumes en boîte de conserve?
7. Préfères-tu le pain français ou le pain américain? Pourquoi?
8. Quel est ton fromage favori et où est-ce que tu l'achètes?
9. Quels sont les produits français que tu trouves sur les marchés américains?
10. Qu'est-ce que tu aimes acheter que tes parents n'aiment pas te voir acheter?
11. Si tu allais au marché dans une heure, qu'est-ce que tu achèterais aujourd'hui?

Recyclage

1. Demande à ton/ta partenaire dans quoi il/elle transporte ce qu'il/elle achète.
2. Interroge-le/la sur ce qui est plus difficile à porter, une bouteille de jus ou une boîte de biscuits.
3. Tu veux savoir combien coûte une livre de bifteck haché aux États-Unis et un kilo en France. Pose-lui ces questions.
4. Tu aimerais savoir s'il/si elle aime la charcuterie (les saucisses, le pâté, etc.). Demande-le-lui.
5. Interroge-le/la sur ce que c'est qu'une boucherie chevaline.
6. Demande-lui s'il/si elle préfère les légumes frais ou les légumes en boîte de conserve.
7. Tu voudrais savoir s'il/si elle préfère le pain français ou le pain américain et pourquoi. Pose-lui ces deux questions.
8. Interroge-le/la sur son fromage favori et demande-lui où il/elle l'achète.
9. Tu cherches à savoir quels sont les produits français qu'il/elle trouve sur les marchés américains. Demande-le-lui.
10. Interroge-le/la sur ce qu'il aime acheter que ses parents n'aiment pas le/la voir acheter. Pose-lui la question.
11. Demande-lui ce qu'il/elle achèterait aujourd'hui s'il/si elle allait au marché dans une heure.

Le Mél d'aujourd'hui

Courriel reçu

| de: | latifah@enparlant.fr |
| à: | toi@enparlant.fr |

Salut! J'essaie d'être économe, mais je trouve que la vie dans une grande ville est bien chère. Pour toi, quels sont les achats absolument nécessaires pour profiter d'une visite à la grande ville, New York ou Paris, par exemple?

Réponse

| de: | toi@enparlant.fr |
| à: | latifah@enparlant.fr |

réponse:

_____

_____

_____

_____

_____

Vocabulaire: Les achats

compréhension	*suggestions*	*autres possibilités*

compréhension

dans quoi (exp.) in what

transporter (v.) to carry

la bouteille (n.f.) the bottle

la boîte (n.f.) the can, box

une épice (n.f.) a spice

le bifteck (n.m.) the beef/steak

chevaline (adj.) for horsemeat

haché (adj.) chopped, ground

le bifteck haché = le hamburger

une livre (n.f.) a pound
  (= 454 grammes)

un kilo (n.m.) a kilogram
  (= 2.2 pounds)

la charcuterie (n.f.) the deli meat
  or deli shop

une saucisse (n.f.) a sausage

le pâté (n.m.) the paté
  (meat spread)

en boîte de conserve (exp.) canned

tu achèterais (v. acheter) you
  would buy

suggestions

un panier (n.m.) a basket

un filet (à provisions) (n.m.) a string
  bag, net

un sac en papier (n.m.) a paper bag

un sac en plastique (n.m.) a plastic
  bag

un sac à dos (n.m.) a backpack/
  knapsack

le goût (n.m.) the taste

la croûte (n.f.) the crust

croustillant(e) (adj.) crunchy, crisp

la fraîcheur (n.f.) the freshness

frais/fraîche (adj.) fresh

la saveur (n.f.) the flavor

savoureux(-euse) (adj.) tasty,
  flavorful

autres possibilités

_____

_____

_____

_____

_____

_____

_____

_____

_____

_____

_____

_____

_____

_____

Grammaire orale

Adjectifs – *comparatifs et superlatifs*

Anne est grande.
Anne est aussi grande que moi.
Anne n'est pas aussi grande que moi.
Anne est plus grande que moi.
Anne est moins grande que moi.
Anne est la plus grande de la classe!
Anne est la moins grande de la classe!
(Paul / petit / Pierre / la famille)
(Lili / intelligente / Élise / la classe)
(Le livre / lourd / le cahier / les papiers)

O Les fils sont jeunes.
= Les fils sont aussi jeunes que les filles.
≠ Les fils ne sont pas aussi jeunes que les filles.
+ Les fils sont plus jeunes que les filles.
- Les fils sont moins jeunes que les filles.
+! Les fils sont les plus jeunes de la famille!
 -! Les fils sont les moins jeunes de la famille!
(Les garçons / rapides / les filles / la classe)
(Les uns / grands / les autres / tous)
(Les lions / féroces / tigres / les animaux)

L'automne *(conversation à deux)*

1. Quand est-ce que l'automne commence?
2. Quel temps fait-il au début de l'automne? Et à la fin?
3. De quelles couleurs sont les feuilles des arbres en automne?
4. Que font les feuilles mortes quand il fait du vent?
5. Aimes-tu râtisser le jardin avec un râteau en automne?
6. À quel sport joues-tu en automne?
7. Aimes-tu sauter dans un tas de feuilles?
8. Préfères-tu jouer au football américain ou regarder un match de football?
9. Préfères-tu suivre les matchs à la télévision ou au stade?
10. As-tu une équipe de football professionnel préférée? Laquelle?
11. Quel membre de ta famille regarde le plus de football à la télé?

Recyclage

1. Demande à ton/ta partenaire quand l'automne commence.
2. Tu aimerais savoir quel temps il fait au début de l'automne. Pose-lui la question.
3. Interroge-le/la sur les couleurs des feuilles des arbres en automne.
4. Tu cherches à savoir ce que font les feuilles mortes quand il fait du vent. Demande-le-lui.
5. Demande-lui s'il/si elle aime râtisser le jardin avec un râteau en automne.
6. Tu es curieux(-euse) de savoir à quel sport il/elle joue en automne. Pose-lui la question.
7. Tu voudrais savoir s'il/si elle aime sauter dans un tas de feuilles. Pose-lui la question.
8. Demande-lui s'il/si elle préfère jouer au football américain ou regarder un match de football.
9. Tu veux savoir s'il/si elle préfère suivre les matchs à la télé ou au stade. Demande-le-lui.
10. Interroge-le/la sur son équipe de football professionnel préférée.
11. Demande-lui quel membre de sa famille regarde le plus de football à la télé.

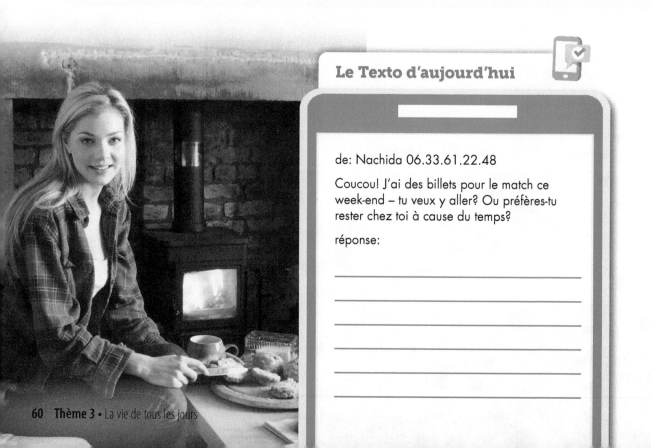

Le Texto d'aujourd'hui

de: Nachida 06.33.61.22.48

Coucou! J'ai des billets pour le match ce week-end – tu veux y aller? Ou préfères-tu rester chez toi à cause du temps?

réponse:

_____

_____

_____

_____

_____

_____

Vocabulaire: L'automne

compréhension

l'automne (n.m.) autumn/fall

le temps (n.m.) the weather

le début (n.m.) the beginning

la feuille (n.f.) the leaf

mort(e) (n.f.) dead

il fait du vent (exp.) it's windy (weather)

râtisser (v.) to rake

un râteau (n.m.) a rake

sauter (v.) to jump

un tas (n.m.) a pile

jouer (v.) to play (à + sport)

un match (n.m.) a game

au stade (exp.) at the stadium

une équipe (n.f.) a team

préféré(e) (adj.) favorite

lequel/laquelle (pron.) which one

le plus (adv.) the most

suggestions

en septembre = au mois de septembre

le football (n.m.) (américain) football

le football (n.m.) (européen) soccer

jouer au football (v.) to play football/soccer

jouer au tennis (v.) to play tennis

le cross(-country) (n.m.) cross country (faire du cross)

ni l'un ni l'autre (exp.) neither

autres possibilités

_____

_____

_____

_____

_____

_____

_____

_____

_____

_____

_____

_____

_____

Grammaire orale ⬇ ➡ ?

Adjectifs prénominaux

beau + bel / belle
beaux /belles
ce + cet / cette
ces /ces

nouveau + nouvel / nouvelle
nouveaux / nouvelles
vieux + vieil / vieille
vieux / vieilles

mon / ma
mes / mes
ton / ta
tes/tes

Singulier:
un bel homme, un nouvel avion

Pluriel:
de beaux hommes, de belles chaises

m.s.	m.s. / voyelle	f.s. / voyelle	f.s.
chapeau	**arbre**	**affiche**	**chaise**
garage	anniversaire	action	chemise
lit	**avion**	**école**	**fourchette**
pantalon	endroit	éducation	montre
piano	**étage**	**expérience**	**place**
sac	homme	idée	serviette
veston	**insecte**	**image**	**table**

Montréal, Canada

L'automne (conversation à deux)

1. Préfères-tu le football américain ou le football (européen)? Pourquoi?
2. Qu'est-ce que tu aimes manger surtout en automne?
3. Aimes-tu les marrons chauds (rôtis)? (Quand en manges-tu?)
4. Où peut-on acheter du cidre en automne? Que manges-tu quand tu en bois?
5. À quel moment en automne aimes-tu le mieux un feu de bois?
6. Où peut-on voir un feu de joie?
7. Aimes-tu couper du bois? Montre-moi un geste que l'on fait lorsqu'on coupe du bois.
8. Que font les enfants la veille de la Toussaint aux États-Unis?
9. Préfères-tu recevoir des bonbons ou jouer de mauvais tours?
10. "La Fête de l'Action de Grâce" est la traduction française de quelle fête américaine? Aimes-tu le Thanksgiving?
11. Quelle est ton activité favorite en automne? Aimes-tu l'automne?

Recyclage

1. Demande à ton/ta partenaire s'il/si elle préfère le football américain ou le football européen et pourquoi.
2. Interroge-le/la sur ce qu'il aime manger surtout en automne.
3. Tu cherches à savoir s'il/si elle aime les marrons chauds et quand il/elle en mange. Pose-lui ces deux questions.
4. Demande-lui où on peut acheter du cidre et ce que l'on mange quand on en boit.
5. Tu aimerais savoir à quel moment en automne il/elle aime le mieux un feu de bois. Demande-le-lui.
6. Interroge-le/la sur les endroits où on peut voir un feu de joie.
7. Demande-lui s'il/elle aime couper du bois et de te montrer le geste que l'on fait lorsqu'on coupe du bois.
8. Tu voudrais savoir ce que les enfants américains font la veille de la Toussait aux État-Unis. Pose-lui la question.
9. Tu veux savoir s'il/si elle préfère recevoir des bonbons ou jouer de mauvais tours. Demande-le-lui.
10. En forme de question, dis-lui de te donner la traduction en anglais de l'expression «la fête de l'action de grâce» et demande-lui s'il/si elle aime le Thanksgiving.
11. Demande-lui quelle est son activité préférée en automne et s'il/si elle aime l'automne.

Paris, France

Vocabulaire: L'automne

compréhension	suggestions	autres possibilités
le marron (n.m.) the chestnut	**la rue** (n.f.) the street (dans la rue)	_____
rôti (adj.) roasted	**le parc** (n.m.) the park (dans le parc)	_____
le cidre (n.m.) cider	**le jardin** (n.m.) the garden (au jardin)	_____
boire (v.) to drink (je bois, nous buvons)	**le beignet** (n.m.) the doughnut	_____
un feu de joie (n.m.) a bonfire	**le petit gâteau** (n.m.) the cookie	_____
couper (v.) to cut	**la pâtisserie** (n.f.) the pastry	_____
un geste (n.m.) a gesture	**une crêpe** (n.f.) a thin pancake	_____
la veille (n.f.) the eve	**se déguiser** (v.) to put on a costume, disguise oneself	_____
la Toussaint (n.f.) All Saints Day (le premier novembre)	**se maquiller** (v.) to put on make-up	_____
un bonbon (n.m.) candy	Thanksgiving = la fête de l'action de grâce	_____
mauvais (adj.) bad		
un tour (n.m.) trick		

Grammaire orale ⬇ ➡ ?

Les impératifs (commands)

Infinitif	(tu)	(nous)	(vous)	("conclusion")
parler	parle	parlons	parlez	français
finir	**finis**	**finissons**	**finissez**	**le travail**
attendre	attends	attendons	attendez	le train
aller	**va**	**allons**	**allez**	**en ville**
avoir	aie	ayons	ayez	de la patience
dire	**dis**	**disons**	**dites**	**la vérité**
être	sois	soyons	soyez	raisonnable(s)
faire	**fais**	**faisons**	**faites**	**le devoir**
savoir	sache	sachons	sachez	les impératifs!

Le Mél d'aujourd'hui

Courriel reçu

de:	meilleurecousine@enparlant.fr
a:	toi@enparlant.fr

Bonjour! Si je peux visiter ta région cet automne, quelles visites touristiques est-ce que tu me recommandes? Que fais-tu d'intéressant en automne?

Réponse

de:	toi@enparlant.fr
à:	meilleurecousine@enparlant.fr

réponse:

_____

_____

_____

_____

_____

Les boissons *(conversation à deux)*

1. Quand tu étais tout(e) petit(e), qu'est-ce que tu buvais?
2. Que boivent les bébés?
3. Maintenant, préfères-tu un verre de lait ou un verre d'eau avec un repas?
4. Le matin que bois-tu au petit déjeuner?
5. Aimes-tu le café? Qu'est-ce que tu mets dans ton café?
6. Bois-tu du thé? Qu'est-ce que tu mets dans ton thé?
7. Que boivent les Français en général avant un grand dîner et après un grand dîner?
8. Qu'est-ce que les Français boivent avec un grand repas?
9. De quelles couleurs sont les vins?
10. Avec quoi est-ce que l'on tire le bouchon d'une bouteille de vin?
11. Avec quoi est-ce que l'on ouvre une canette de coca? Une bouteille de bière?

Recyclage

1. Demande à ton/ta partenaire ce qu'il/elle buvait quand il/elle était tout(e) petit(e).
2. Interroge-le/la sur ce que boivent les bébés.
3. Tu veux savoir s'il/si elle préfère un verre de lait ou un verre d'eau avec un repas maintenant. Pose-lui la question.
4. Tu cherches à savoir ce qu'il/elle boit au petit déjeuner. Demande-le-lui.
5. Demande-lui s'il/si elle aime le café et ce qu'il/elle met dans son café.
6. Demande-lui s'il/si elle aime le thé et ce qu'il/elle met dans son thé.
7. Tu aimerais savoir ce que boivent les Français en général avant et après un grand dîner. Pose-lui les questions.
8. Tu es curieux(-euse) de savoir ce que les Français boivent avec un grand repas. Demande-le-lui.
9. Interroge-le/la sur les couleurs de vins qui existent.
10. Tu voudrais savoir avec quoi on tire le bouchon d'une bouteille de vin. Pose-lui la question.
11. Demande-lui avec quoi on ouvre une canette de coca et une bouteille de bière.

Le Texto d'aujourd'hui

de: Marcheline 06.38.77.73

Salut! J'ai hâte de dîner avec toi et ta famille ce soir. Quel type de vin buvez-vous en famille? Et qu'est-ce que les enfants aiment boire? Je vais apporter quelque chose pour tout le monde.

réponse:

_____
_____
_____
_____
_____
_____

Vocabulaire: Les boissons

compréhension	*suggestions*	*autres possibilités*

compréhension

tout (adv.) very (**toute** before f. sing. adj.)

boire (v.) to drink (Je buvais = I used to drink.)

le bébé (n.m.) the baby

un verre (n.m.) a glass

un repas (n.m.) a meal

mettre (v.) to put (je mets, nous mettons)

avant (prép.) before (in time)

après (prép.) after

tirer (v.) to pull

le bouchon (n.m.) the cork

une bouteille (n.f.) a bottle

ouvrir (v.) to open (j'ouvre, nous ouvrons)

une canette (n.f.) a can

suggestions

du lait (n.m.) some milk

du jus de pomme (n.m.) some apple juice

du jus d'orange (n.m.) orange juice

du sucre (n.m.) some sugar

du citron (n.m.) some lemon

un apéritif (n.m.) before dinner drink, cocktail

un digestif (n.m.) after dinner drink, dessert liqueur, cordial

du vin (n.m.) some wine

rouge (adj.) red

blanc/blanche (adj.) white

rosé (adj.) rose (pink)

un tire-bouchon (n.m.) a corkscrew

un ouvre-boîte (n.m.) a can opener

un décapsuleur (n.m.) a bottle opener (for metal caps)

autres possibilités

_____

_____

_____

_____

_____

_____

_____

_____

_____

_____

_____

_____

_____

Grammaire orale

Les impératifs – affirmatifs et négatifs

mange	**ne mange pas**	**couche-toi**	**ne te couche pas**
danse	ne danse pas	lave-toi	ne te lave pas
bois	**ne bois pas**	**assieds-toi**	**ne t'assieds pas**
parlons	ne parlons pas	levons-nous	ne nous levons pas
marchons	**ne marchons pas**	**reposons-nous**	**ne nous reposons pas**
allons	n'allons pas	calmons-nous	ne nous calmons pas
finissez	**ne finissez pas**	**amusez-vous**	**ne vous amusez pas**
partez	ne partez pas	pressez-vous	ne vous presses pas
criez	**ne criez pas**	**réveillez-vous**	**ne vous réveillez pas**

Les boissons *(conversation à deux)*

1. Préfères-tu un coca ou un jus de fruits?
2. Avec quoi est-ce que l'on fait un citron pressé?
3. Quelle est la couleur d'un diabolo menthe? Un diabolo framboise? Un diabolo fraise?
4. Qu'est-ce qu'il y a dans un café au lait? Et dans un café crème?
5. Aimes-tu la bière? En bois-tu souvent?
6. Aimes-tu le champagne? Quand en bois-tu?
7. Qu'est-ce que tu aimerais boire maintenant?
8. Comment dit-on *bar* en francais? En japonais?
9. À quel age les jeunes devraient-ils avoir le droit de boire des boissons alcoolisées?
10. Dans quels pays y a-t-il beaucoup d'alcoolisme?
11. À quelle boisson pense-t-on quand on a très soif? (la boisson la plus désaltérante?)

Recyclage

1. Demande à ton/ta partenaire s'il/si elle préfère un coca ou un jus de fruits.
2. Tu aimerais savoir avec quoi on fait un citron pressé. Pose-lui la question.
3. Tu cherches à savoir de quelle couleur est un diabolo menthe, un diabolo framboise et un diabolo fraise. Pose-lui ces questions.
4. Interroge-le/la sur ce qu'il y a dans un café au lait et dans un café crème.
5. Demande-lui s'il/si elle aime la bière et s'il/si elle en boit souvent.
6. Tu veux savoir s'il/si elle aime le champagne et quand il/elle en boit.
7. Interroge-le/la sur ce qu'il aimerait boire maintenant.
8. Demande-lui comment on dit *bar* en français et en japonais.
9. Tu voudrais savoir son avis sur l'âge où les jeunes devraient avoir le droit de boire des boissons alcoolisées. Pose-lui la question.
10. Interroge-le/la sur les pays où il y a beaucoup d'alcoolisme.
11. Demande-lui à quelle boisson on pense quand on a très soif et quelle boisson est la plus désaltérante.

Le Mél d'aujourd'hui

Courriel reçu

| de: | tonton@enparlant.fr |
| à: | toi@enparlant.fr |

J'aimerais inviter toute ta famille chez nous pour passer le week-end. Il me faut savoir ce que vous aimeriez boire. Avez-vous chacun des préférences différentes? Que me conseilles-tu?

Réponse

| de: | toi@enparlant.fr |
| à: | tonton@enparlant.fr |

réponse:

_____

_____

_____

_____

_____

_____

Vocabulaire: Les boissons

compréhension	*suggestions*	*autres possibilités*

un jus (n.m.) a juice

un citron (n.m.) a lemon

pressé (v. presser) squeezed

un diabolo (n.m.) mixed soda,
  limonade + fruit syrup

la limonade (n.f.) lemon soda

la menthe (n.f.) the mint

une framboise (n.f.) a raspberry

une fraise (n.f.) a strawberry

un café au lait (n.m.)
  coffee with milk
  40% café, 60% lait

un café crème (n.m.)
  coffee with cream
  70% café, 30% lait

la bière (n.f.) the beer

en (adv.) of it (champagne)

souvent (adv.) often

devoir (v.) to have to, to owe

devraient (v. devoir) should have

le droit (n.m.) the right

une boisson alcoolisée (n.f.)
  an alcoholic beverage
  a drink with alcohol

On a soif. = One is thirsty.

désaltérant(e) (adj.) thirst
  quenching, satisfying

suggestions

l'eau (n.f.) water

le sucre (n.m.) the sugar

La menthe est verte.

Les framboises et les fraises sont
  rouges.

une fête (n.f.) a party, a holiday

un anniversaire (n.m.) a birthday,
  an anniversary

la veille du Jour de L'An /
  La Saint Sylvestre
  New Year's Eve

bar (n.m.) bar, in all languages

 Grammaire orale ➡ **?**

Impératifs – verbes réfléchis ("dispute et résolution")

infinitif	*affirmatif*	*(à répéter)*	*négatif*	*"résolution –* *fin de dispute""*
se laver	**lave-toi**		**ne te lave pas**	je me lave
se coucher	couche-toi		ne te couche pas	je me couche
s'asseoir	**assieds-toi**		**ne t'assieds pas**	je m'assieds
se lever	levons-nous		ne nous levons pas	nous nous levons
se préparer	**préparons-nous**		**ne nous préparons pas**	nous nous préparons
se calmer	calmons-nous		ne nous calmons pas	nous nous calmons
s'amuser	**amusez-vous**		**ne vous amusez pas**	vous vous amusez
se presser	pressez-vous		ne vous pressez pas	vous vous pressez
s'endormir	**endormez-vous**		**ne vous endormez pas**	vous vous endormez

Les chiffres *(conversation à deux)*

1. Quel est le code postal de chez toi?
2. Quel est ton numéro de téléphone? Quel en est l'indicatif?
3. Quel est ton numéro favori?
4. Quel est ton numéro de ton permis de conduire? Connais-tu ton numéro de sécurité sociale par coeur?
5. Combien de jours y a-t-il dans une semaine? Combien y en a-t-il dans une année?
6. Combien font seize et seize? Combien font seize moins quinze?
7. Combien font seize fois seize? Combien font seize divisé par seize?
8. Combien fait seize divisé par zéro?
9. Combien de cigarettes y a-t-il dans un paquet de cigarettes?
10. Combien de cartes y a-t-il dans un paquet de cartes?
11. Dans un paquet de cartes, il y a quatre couleurs. Combien de coeurs y a-t-il? De carreaux? De trèfles? De piques?

Recyclage

1. Demande à ton/ta partenaire son code postal.
2. Tu veux savoir son numéro de téléphone avec l'indicatif. Demande-le-lui.
3. Tu aimerais savoir quel est son numéro favori. Pose-lui la question.
4. Demande-lui son numéro de permis de conduire. Ensuite demande-lui s'il/si elle connaît son numéro de sécurité sociale par coeur.
5. Demande-lui combien de jours il y a dans une semaine et dans une année.
6. Tu as besoin d'aide en maths! Demande-lui combien font seize et seize et puis seize moins quinze.
7. Tu voudrais savoir combien font seize fois seize et puis seize divisé par seize. Demande-le-lui.
8. Demande-lui combien font seize divisé par zéro.
9. Tu te demandes si ton/ta partenaire fume. Interroge-le/la sur le nombre de cigarettes dans un paquet de cigarettes.
10. Tu cherches à savoir combien de cartes il y a dans un paquet de cartes.
11. Demande-lui combien de cartes il y a de chaque couleur: de coeurs, de carreaux, de trèfles et de piques.

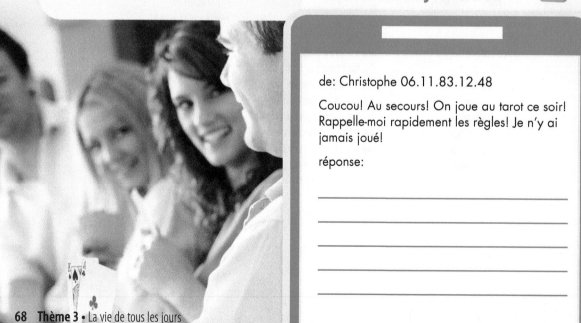

Le Texto d'aujourd'hui

de: Christophe 06.11.83.12.48

Coucou! Au secours! On joue au tarot ce soir! Rappelle-moi rapidement les règles! Je n'y ai jamais joué!

réponse:

_____

_____

_____

_____

_____

Vocabulaire: Les chiffres

compréhension

le code postal (n.m.) the zip code

chez toi (exp.) at your house

l'indicatif (n.m.) the area code

en (pron.) of it (le numéro)

le permis de conduire (n.m.) driver's license

la sécurité sociale (n.f.) social security

par coeur (exp.) by heart

une année (n.f.) a year (= un an)

moins (adv.) less (subtract)

fois (adv.) times (multiplication)

par (prép.) by

un paquet (n.m.) a pack

une carte (n.m.) a playing card

une couleur (n.f.) a suit (for playing cards)

un coeur (n.m.) a heart (for playing cards)

un carreau (n.m.) a diamond (for playing cards)

un trèfle (n.m.) a club (for playing cards)

un pique (n.m.) a spade (for playing cards)

jouer au tarot (exp.) to play tarot cards

suggestions

Il y a trois cent soixante-cinq jours dans une année.

Seize divisé par zéro est indéfini.

20 cigarettes

52 cartes

13 coeurs

autres possibilités

_____
_____
_____
_____
_____
_____
_____
_____
_____
_____
_____
_____
_____
_____
_____
_____
_____
_____

Grammaire orale

Le passé récent (venir + de + infinitif) (I have just eaten)	le présent	le futur proche (aller + infinitif) (I am going to eat.)
Je viens de manger.	**Je mange.**	Je vais manger.
Tu viens de manger.	Tu manges.	**Tu vas manger.**
Il vient de manger.	**Il mange.**	Il va manger.
Elle vient de manger.	Elle mange.	**Elle va manger.**
On vient de manger.	**On mange.**	On va manger.
Nous venons de manger.	Nous mangeons.	**Nous allons manger.**
Vous venez de manger.	**Vous mangez.**	Vous allez manger.
Ils viennent de manger.	Ils mangent.	**Ils vont manger.**
Elles viennent de manger.	**Elles mangent.**	Elles vont manger.

(Variations: négatif, interrogatif, négatif-interrogatif)

Les chiffres *(conversation à deux)*

1. Quel est le numéro de ton passeport?
2. Quel est le numéro de la plaque d'immatriculation de l'une des voitures de ta famille?
3. Quelle est la date de la Révolution Française?
4. Combien de jours y a-t-il au mois de septembre?
5. Combien de centimes y a-t-il dans un euro?
6. Combien de lettres y a-t-il dans l'alphabet?
7. Combien de canettes y a-t-il dans un casier de bière?
8. Combien de grammes y a-t-il dans un kilo(gramme)?
9. En quelle année sommes-nous maintenant?
10. Quelle est la date de ta naissance?
11. Quel âge auras-tu l'année prochaine?

Recyclage

1. Demande à ton/ta partenaire le numéro de son passeport.
2. Tu veux savoir quel est le numéro de la plaque d'immatriculation de l'une des voitures de sa famille. Pose-lui la question.
3. Demande-lui la date de la Révolution Française.
4. Tu oublies toujours combien de jours il y a dans chaque mois. Tu cherches à savoir combien de jours il y a dans le mois de septembre. Demande-le-lui.
5. Demande-lui combien de centimes il y a dans un euro.
6. Tu voudrais qu'il te dise combien de lettres il y a dans l'alphabet. Pose-lui la question.
7. En forme de question, dis-lui de te dire combien de boîtes ou de canettes il y a dans an casier de bière.
8. Demande-lui combien de grammes il y a dans un kilogramme.
9. Tu aimerais que ton/ta partenaire te dise en quelle année nous sommes maintenant. Demande-le-lui.
10. Demande-lui sa date de naissance.
11. Demande-lui quel âge il/elle aura l'année prochaine.

Saint-Pierre, Martinique

Vocabulaire: Les chiffres

compréhension	*suggestions*	*autres possibilités*

compréhension

la plaque d'immatriculation (n.f.)
  the license plate

une voiture (n.f.) a car

un centime (n.m.) = 1/100 Euro

une boîte (n.f.) a can, box

une canette (n.f.) a can

un casier (n.m.) a case, large box

la bière (n.f.) the beer

une gramme (n.f.) = 1/1000
  kilo(gramme)

la naissance (n.f.) the birth

auras-tu (v. avoir) will you have

prochain (adj.) next

suggestions

1789

dix-sept cent quatre-vingt-neuf

24 canettes

Nous sommes en deux mille

_____ .

J'aurai _____ **ans.** I will be (have)
_____ (years).

autres possibilités

_____
_____
_____
_____
_____
_____
_____
_____
_____

Grammaire orale

L'imparfait – *temps du passé, une action de durée indéfinie (I was talking)*

parler	finir	vendre	avoir	être
je parlais	je finissais	**je vendais**	j'avais	**j'étais**
tu parlais	**tu finissais**	tu vendais	**tu avais**	tu étais
il parlait	il finissait	**il vendait**	il avait	**il était**
elle parlait	**elle finissait**	elle vendait	**elle avait**	elle était
on parlait	on finissait	**on vendait**	on avait	**on était**
nous parlions	**nous finissions**	nous vendions	**nous avions**	nous étions
vous parliez	vous finissiez	**vous vendiez**	vous aviez	**vous étiez**
ils parlaient	**ils finissaient**	ils vendaient	**ils avaient**	ils étaient
elles parlaient	**elles finissaient**	**elles vendaient**	elles avaient	**elles étaient**

(Variations: négatif, interrogatif, négatif-interrogatif)

Le Mél d'aujourd'hui

Courriel reçu

de:	dominique@enparlant.fr
a:	toi@enparlant.fr

Mon prof de maths insiste que je mémorise le
nombre 3,14159. Est-ce que tu sais pourquoi?
Quels nombres connais-tu par coeur?

Réponse

de:	toi@enparlant.fr
à:	dominique@enparlant.fr

réponse:

_____
_____
_____
_____
_____

Un dîner mémorable *(conversation à deux)*

1. Où étais-tu le jour de ce repas mémorable?
2. Que faisais-tu pendant la journée?
3. Combien de personnes y avait-il? Qui étaient-elles?
4. A-t-on mangé à la maison ou dans un autre endroit? (Quel endroit?)
5. Est-ce que l'on a pris un apéritif avant le repas? (Quel apéritif?)
6. Y a-t-il eu des hors-d'oeuvre? (Lesquels?)
7. Par quel plat a-t-on commencé le repas? Comment était ce plat?
8. A-t-on mangé de la salade avant le repas, avec le repas ou après le repas?
9. Qu'a-t-on bu en mangeant?
10. Comment étaient la table et l'argenterie? Comment était la décoration?
11. Y a-t-il eu des carafes sur la table? (Qu'y avait-il dans les carafes?)

Recyclage

1. Demande à ton/ta partenaire le jour de ce repas mémorable.
2. Tu voudrais savoir ce qu'il/elle faisait pendant la journée. Pose-lui la question.
3. Interroge-le/la sur le nombre de personnes qu'il y avait et qui elles étaient.
4. Tu es curieux(-euse) de savoir si on a mangé à la maison ou dans un autre endroit. Pose-lui la question.
5. Demande-lui si on a pris un apéritif avant le repas et quel apéritif c'était.
6. Tu aimerais savoir s'il y a eu des hors-d'oeuvre (une entrée) et lesquels (laquelle).
7. Tu veux savoir par quel plat on a commencé le repas et comment était ce plat. Pose-lui ces deux questions.
8. Demande-lui si on a mangé de la salade avant, avec ou après le repas.
9. Tu cherches à savoir ce que l'on a bu en mangeant. Demande-le-lui.
10. Interroge-le/la sur la table, l'argenterie, et la décoration.
11. Demande-lui s'il y a eu des carafes sur la table et ce qu'il y avait dans les carafes.

Le Texto d'aujourd'hui

de: Laurent 06.99.47.75.34

Salut! Dis-moi, quelles sont les différences principales entre un dîner français et un dîner américain?

réponse:

_____

_____

_____

_____

_____

_____

Vocabulaire: Un dîner mémorable

compréhension

le repas (n.m.) the meal

pendant (prép.) during

la journée (n.f.) the day

étaient (v. être) were

un endroit (n.m.) a place, location

un apéritif (n.m.) before dinner drink

un hors d'oeuvre (n.m.) an appetizer, small introductory dish

une entrée (n.f.) an appetizer, small introductory dish

le plat (n.m.) the dish

avant (prép.) before

avec (prép.) with

après (prép.) after

en mangeant (v. manger) while eating (participe présent)

l'argenterie (n.f.) the silver(ware), cutlery

suggestions

chez moi = à la maison (ma maison)

un apéritif (exemples)
  Dubonnet
  Campari
  Porto
  Ricard
  champagne

délicieux(-euse) (adj.) delicious

succulent(e) (adj.) tasty, juicy

exquis(e) (adj.) exquisite

savoureux(-euse) (adj.) savory

délicat (adj.) delicate

la nappe (n.f.) the tablecloth

une bougie (n.f.) a candle

la fleur (n.f.) the flower

luisant (v. luire) shining

brillant(e) (adj.) brilliant, shining

original (adj.) original

unique (adj.) unique

beau/belle (adj.) beautiful

autres possibilités

_____
_____
_____
_____
_____
_____
_____
_____
_____
_____
_____
_____
_____

Grammaire orale

L'imparfait (-er, -ir, -re) Quand j'étais petit(e)… je jouais, je choisissais, j'attendais…

je jouais	**je choisissais**	j'attendais
tu jouais	tu choisissais	**tu attendais**
il jouait	**il choisissait**	il attendait
elle jouait	elle choisissait	**elle attendait**
on jouait	on choisissait	on attendait
nous jouions	nous choisissions	**nous attendions**
vous jouiez	**vous choisissiez**	vous attendiez
ils jouaient	ils choisissaient	**ils attendaient**
elles jouaient	**elles choisissaient**	elles attendaient
(parler, danser, marcher)	*(finir, applaudir, bénir)*	*(vendre, rendre, descendre)*

Annecy, France

Un dîner mémorable *(conversation à deux)*

1. Quels légumes a-t-on mangés?
2. Y a-t-il eu des fruits? Y a-t-il eu des fromages?
3. Qu'est-ce que l'on a mangé comme dessert?
4. Est-ce que la lumière était vive ou douce? De quelle source provenait-elle?
5. Y a-t-il eu de la musique? Quels bruits pouvait-on entendre?
6. A-t-on trinqué en l'honneur ou bu à la santé de quelqu'un? (Qu'a-t-on bu alors?)
7. Que pouvait-on voir pendant le repas? De quoi a-t-on parlé?
8. De quel détail de ce repas te souviens-tu le plus clairement? De quel goût?
9. Comment te sentais-tu à la fin de ce repas?
10. Que dit-on souvent avant un repas en France? Et après?
11. À quelle occasion future vas-tu avoir un repas spécial?

Recyclage

1. Demande à ton/ta partenaire quels légumes on a mangés au dîner mémorable.
2. Tu cherches à savoir s'il y a eu des fruits et des fromages. Pose-lui ces questions.
3. Interroge-le/la sur le dessert que l'on a mangé.
4. En forme de question, dis-lui de te décrire la lumière et si c'était vive ou douce. Demande-lui également de quelle source elle provenait.
5. Demande-lui s'il y a eu de la musique et quels bruits on pouvait entendre.
6. Tu voudrais savoir si on a trinqué en l'honneur ou bu à la santé de quelqu'un. Si oui, demande-lui ce que l'on a bu.
7. Tu aimerais savoir ce que l'on pouvait voir pendant le repas et de quoi on a parlé. Pose-lui ces questions.
8. Demande-lui de quel détail de ce repas il/elle se souvient le plus clairement et de quel goût. Pose-lui ces deux questions.
9. Tu veux savoir comment il/elle se sentait à la fin du repas. Demande-le-lui.
10. Interroge-le/la sur ce que l'on dit en France avant et après un repas.
11. Demande-lui à quelle occasion future il/elle va avoir un repas spécial.

Le Mél d'aujourd'hui

Courriel reçu

de:	marieclaire@enparlant.fr
à:	toi@enparlant.fr

Je prépare un dîner pour fêter le seizième anniversaire des jumeaux, Jules et Julie, mes petits-enfants. Nous invitons une douzaine de leurs amis. Aide-moi en suggérant comment organiser un dîner mémorable qui leur fera plaisir.

Réponse

de:	toi@enparlant.fr
à:	marieclaire@enparlant.fr

réponse:

_____

_____

_____

_____

_____

Vocabulaire: Un dîner mémorable

compréhension

un légume (n.m.) a vegetable

un fromage (n.m.) a cheese

vif/vive (adj.) bright, lively

doux/douce (adj.) soft, low

provenir (v.) to come from
(je proviens, nous provenons)

le bruit (n.m.) the noise

entendre (v.) to hear

trinquer (v.) to touch or clink
glasses

en l'honneur de (exp.) in honor of

bu (v. boire) drank
(participe passé)

la santé (n.f.) the health

quelqu'un (pron.) someone

se souvenir de (v.) to remember

le goût (n.m.) the taste

se sentir (v.) to feel

souvent (adv.) often

suggestions

les haricots verts (n.m.pl.)
green beans

les champignons (n.m.pl.)
mushrooms

les pommes de terre (n.f.pl.)
potatoes

le fromage (exemples)
Camembert
Brie
Pont l'Évêque
Port Salut
chèvre

avant: «Bon appétit.»

après: «Que j'ai bien mangé!»
«C'était délicieux!»
«Qu'est-ce que j'ai bien mangé!»

autres possibilités

_____
_____
_____
_____
_____
_____
_____
_____
_____
_____
_____
_____
_____
_____

Grammaire orale ➡ 👤 👤 ? 🕐 _____

L'imparfait – _terminaisons –ais, -ais, -ait, -ions, iez, -aient_
_Formation: nous _____ au présent sans "-ons" + terminaisons (sauf être)_

	(je)		(je)		(je)
parler	**parlais**	être	**étais**	préparer	**préparais**
finir	**finissais**	faire	**faisais**	savoir	**savais**
vendre	**vendais**	lire	**lisais**	sortir	**sortais**
aller	**allais**	mettre	**mettais**	venir	**venais**
avoir	**avais**	offrir	**offrais**	voir	**voyais**
connaître	**connaissais**	ouvrir	**ouvrais**	vouloir	**voulais**
dire	**disais**	partir	**partais**	mourir	**mourais**
devoir	**devais**	pouvoir	**pouvais**	courir	**courais**
écrire	**écrivais**	prendre	**prenais**	envoyer	**envoyais**

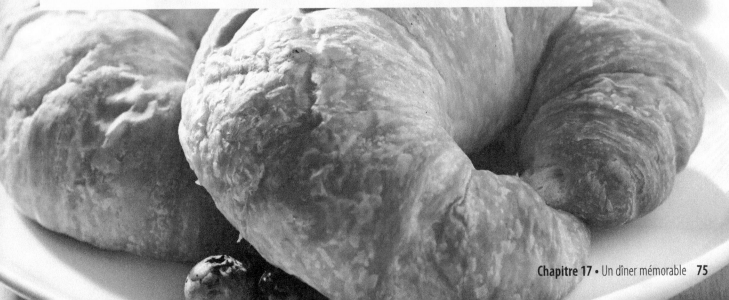

L'été *(conversation à deux)*

1. Est-ce que tu suis un cours de français pendant l'été?
2. Est-ce que tu parles français pendant l'été? Avec qui?
3. Quel temps fait-il en été? Quand est-ce que le soleil se couche en été?
4. Est-ce que tu travailles en été? Qu'est-ce que tu fais?
5. Est-ce que tu t'amuses en été? Que fais-tu pour t'amuser?
6. Où est-ce que tu nages en été?
7. Que fais-tu quand tu passes une journée à la plage?
8. Aimes-tu travailler dans un jardin? Dans un potager (un jardin de légumes)?
9. Préfères-tu travailler dans un jardin de fleurs ou dans un potager?
10. Y a-t-il une pelouse chez toi en été? Qui tond l'herbe de la pelouse?
11. Préfères-tu une tondeuse électrique, une tondeuse à essence ou une tondeuse mécanique (que l'on pousse pour tondre l'herbe)?

Recyclage

1. Demande à ton/ta partenaire s'il/si elle suit un cours de français pendant l'été.
2. Tu aimerais savoir s'il/si elle parle français pendant l'été et avec qui. Pose-lui la question.
3. Interroge-le/la sur le temps qu'il fait en été et demande-lui quand le soleil se couche.
4. Tu cherches à savoir s'il/si elle travaille en été et ce qu'il/elle fait comme travail. Pose-lui ces questions.
5. Demande-lui s'il/si elle s'amuse en été et ce qu'il/elle fait pour s'amuser.
6. Interroge-le/la sur les endroits où il/elle nage en été.
7. Tu voudrais savoir ce qu'il/elle fait quand il/elle passe la journée à la plage. Demande-le-lui.
8. Demande-lui s'il/si elle aime travailler dans un jardin et dans un jardin potager.
9. Tu veux savoir s'il/si elle préfère travailler dans un jardin de fleurs ou dans un jardin potager. Pose-lui la question.
10. Tu es curieux(-euse) de savoir s'il y a une pelouse chez lui/elle en été et qui tond l'herbe de la pelouse. Demande-le-lui.
11. Demande-lui s'il/si elle préfère une tondeuse électrique, une tondeuse à essence ou une tondeuse mécanique (que l'on pousse pour tondre l'herbe).

Le Texto d'aujourd'hui

de: Béa 06.99.27.84.45

Bonjour! Je compte te rendre visite cet été. Quel moment serait le meilleur – plutôt au début de l'été ou plutôt vers la fin? On fera quoi pour profiter le mieux du temps?

réponse:

_____
_____
_____
_____
_____

en Algérie

Vocabulaire: L'été

compréhension

suivre (v.) to follow
  (je suis, tu suis, nous suivons)

un cours (n.m.) a course

pendant (prép.) during

le temps (n.m.) the weather

le soleil (n.m.) the sun

se coucher (v.) to set (for the sun),
  to go to bed

travailler (v.) to work

s'amuser (v.) to have a good time

nager (v.) to swim

la plage (n.f.) the beach

la journée (n.f.) the day

la fleur (n.f.) the flower

le légume (n.m.) the vegetable

la pelouse (n.f.) the lawn

tondre (v.) to cut, trim

l'herbe (n.f.) the grass

la tondeuse (n.f.) the mower

l'essence (n.f.) gasoline

pousser (v.) to push

suggestions

il fait beau (exp.) it's nice out

il fait chaud (exp.) it's hot out

tôt (adv.) early

tard (adv.) late

discuter (v.) to discuss, to chat

boire (v.) to drink

manger (v.) to eat

faire de la voile (exp.) to go sailing

nager (v.) to swim

jouer (v.) to play

se reposer (v.) to rest

se faire bronzer (v.) to tan

se faire dorer au soleil (v.) to tan

prendre un bain de soleil (v.)
  to sunbathe

Cela m'est égal./ Ça m'est égal.
  (exp.) It's all the same to me.
  (I don't care.)

autres possibilités

_____

_____

_____

_____

_____

_____

_____

_____

_____

_____

_____

_____

_____

_____

_____

_____

Grammaire orale → 👤 👤 ?

Le temps futur *(terminaisons (toujours après "r") –ai, -as, -a, -ons, -ez, -ont)*

	(je)(will talk)		*(je)(will be)*		*(je)(will prepare)*
parler	**parlerai**	être	**serai**	préparer	**préparerai**
finir	**finirai**	faire	**ferai**	savoir	**saurai**
vendre	**vendrai**	lire	**lirai**	sortir	**sortirai**
aller	**irai**	mettre	**mettrai**	venir	**viendrai**
avoir	**aurai**	offrir	**offrirai**	voir	**verrai**
connaître	**connaîtrai**	ouvrir	**ouvrirai**	vouloir	**voudrai**
dire	**dirai**	partir	**partirai**	mourir	**mourrai**
devoir	**devrai**	pouvoir	**pourrai**	courir	**courrai**
écrire	**écrirai**	prendre	**prendrai**	envoyer	**enverrai**

en Suisse

L'été *(conversation à deux)*

1. Aimes-tu l'odeur de l'herbe coupée?
2. Montre-moi comment on met en marche une tondeuse à essence.
3. Est-ce que les membres de ta famille vont en vacances ensemble? Où?
4. Préfères-tu passer l'été dans une maison de campagne ou près de la mer? Où?
5. Où passeras-tu tes vacances cet été?
6. Est-ce que tu nages bien? Quelle est ta plage préférée?
7. De quelle couleur est ton maillot de bain préféré?
8. Quelle est ton activité favorite en été? Que fais-tu le soir en été?
9. Comment sais-tu que l'été est fini?
10. Quels sont tes sentiments à la fin de l'été?
11. Comment te sens-tu alors?

Recyclage

1. Demande à ton/ta partenaire s'il/si elle aime l'odeur de l'herbe coupée.
2. Dis-lui de te montrer comment on met en marche une tondeuse à essence.
3. Tu veux savoir si les membres de sa famille vont en vacances ensemble et où ils vont. Pose-lui ces deux questions.
4. Tu cherches à savoir s'il/si elle préfère passer l'été dans une maison de campagne ou près de la mer et où. Demande-le-lui.
5. Demande-lui où il/elle passera ses vacances cet été.
6. Interroge-le/la sur sa capacité de nager et sa plage préférée.
7. Tu aimerais savoir de quelle couleur est son maillot de bain préféré. Pose-lui la question.
8. Demande-lui quelle est son activité favorite en été et ce qu'il/elle fait le soir en été.
9. Tu es curieux(-euse) de savoir comment il/elle sait que l'été est fini. Pose-lui la question.
10. Tu voudrais savoir quels sont ses sentiments à la fin de l'été. Demande-le-lui.
11. Demande-lui comment il/elle se sent alors.

À Québec, Canada

Vocabulaire: L'été

compréhension	suggestions	autres possibilités
mettre en marche (exp.) to start up	**le bouton** (n.m.) the knob	_____
les vacances (n.f.pl.) vacation	**le starter** (n.m.) the choke	_____
ensemble (adv.) together	**le manche** (n.m.) the handle	_____
passer (v.) to spend (time)	**le démarreur** (n.m.) the starter	_____
la campagne (n.f.) the country	**tirer** (v.) to pull	_____
près de (prép.) near	**le cinéma en plein air** (n.m.) outdoor movies	_____
le maillot de bain (n.m.) bathing suit	**triste** (adj.) sad	_____
se sentir (v.) to feel (+ adjectif)	**mélancolique** (adj.) sad	_____
	bien (adv.) fine, well	

Grammaire orale ?

Le temps conditionnel (terminaisons (après "r") -ais, -ais, -ait, -ions, -iez, -aient

	(je) (would talk)		(je)(would be)		(je)(would prepare)
parler	**parlerais**	être	**serais**	préparer	**préparerais**
finir	**finirais**	faire	**ferais**	savoir	**saurais**
vendre	**vendrais**	lire	**lirais**	sortir	**sortirais**
aller	**irais**	mettre	**mettrais**	venir	**viendrais**
avoir	**aurais**	offrir	**offrirais**	voir	**verrais**
connaître	**connaîtrais**	ouvrir	**ouvrirais**	vouloir	**voudrais**
dire	**dirais**	partir	**partirais**	mourir	**mourrais**
devoir	**devrais**	pouvoir	**pourrais**	courir	**courrais**
écrire	**écrirais**	prendre	**prendrais**	envoyer	**enverrais**

Le Mél d'aujourd'hui

Courriel reçu

Réponse

de:	lili@enparlant.fr
a:	toi@enparlant.fr

Salut! Dis-moi ce que tu comptes faire cet été. J'aimerais bien que nous passions quelques jours ensemble mais je ne sais ni où ni quand ce serait possible. Suggestions?

de:	toi@enparlant.fr
à:	lili@enparlant.fr

réponse:

_____

_____

_____

_____

_____

_____

L'heure *(conversation à deux)*

1. Quelle heure est-il? Comment le sais-tu?
2. Quelle heure est-il précisément, aussi exactement que possible?
3. À quelle heure commence le cours aujourd'hui? À quelle heure finit-il?
4. As-tu une montre? A-t-elle des aiguilles ou montre-t-elle des chiffres?
5. Ta montre est-elle toujours à l'heure? (Sinon, avance-t-elle ou retarde-t-elle?)
6. Lorsque tu te réveilles, comment sais-tu quelle heure il est?
7. Y a-t-il une horloge accrochée au mur dans l'école?
8. Y a-t-il une horloge à l'école visible de l'extérieur?
9. Est-ce qu'il y a une pendule chez toi?
10. Comment s'appelle une grande horloge qui emploie un balancier?
11. Combien de secondes y a-t-il dans une minute? Et dans une heure?

Recyclage

1. Demande-lui quelle heure il est et comment il/elle le sait?
2. Tu voudrais savoir quelle heure il est précisément, aussi exactement que possible. Pose-lui la question précise.
3. Demande-lui l'heure où commence le cours aujourd'hui et à quelle heure il finit.
4. Tu cherches à savoir s'il/si elle a une montre et si elle a des aiguilles ou si elle montre des chiffres. Pose-lui ces deux questions.
5. Demande-lui si sa montre est toujours à l'heure et sinon, si elle avance ou retarde.
6. Tu aimerais savoir comment il/elle sait quelle heure il est lorsqu'il/elle se réveille. Demande-le lui.
7. Tu veux savoir s'il y a une horloge accrochée au mur dans l'école. Pose-lui la question.
8. Demande-lui s'il y a une horloge à l'école visible de l'extérieur.
9. Interroge-le/la sur le nombre de pendules qu'il y a chez lui/elle.
10. Tu veux bien savoir comment s'appelle une grande horloge qui emploie un balancier. Pose-lui la question.
11. Demande-lui combien de secondes il y a dans une minute et dans une heure.

Le Texto d'aujourd'hui

de: Virginie 06.88.42.40.95

Coucou! J'ai un nouveau téléphone – j'ai perdu mon calendrier. Peux-tu m'envoyer les heures des cours aujourd'hui? Et à quelle heure va-t-on se réunir ce soir pour étudier? Panique! Merci d'avance!

réponse:

_____

_____

_____

_____

Vocabulaire: L'heure

compréhension

une heure (n.f.) an hour

Quelle heure est-il? = What time is it?

Il est quelle heure? = What time is it?

le (pron.) it (the time)

précisément (adv.) precisely

aussi _____ **que possible** (exp.) as _____ as possible

exactement (adv.) exactly

une montre (n.f.) a watch

une aiguille (n.f.) a hand (of watch), needle

un chiffre (n.m.) a figure, digit

à l'heure (exp.) on time

avancer (v.) to run fast, advance

retarder (v.) to run slow

se réveiller (v.) to wake up

une horloge (n.f.) a clock

accroché(e) (adj.) hooked, hung

contre (prép.) against

le mur (n.m.) the wall

une pendule (n.f.) a pendulum clock

le balancier (n.m.) a pendulum

suggestions

Il est _____ **heures,**
_____ (minutes)
_____ (secondes)

un réveil-matin (n.m.) an alarm clock

60 secondes = une minute

3.600 secondes = une heure

autres possibilités

_____
_____
_____
_____
_____
_____
_____
_____
_____
_____
_____
_____
_____
_____

Grammaire orale

Pronoms **Accentués et sujets**	**objets directs**	**objets indirects**
_____, _____ parle.	Il _____ voit.	Il _____ parle.
_____, _____ danse.	Il _____ regarde.	Il _____ téléphone.

Moi, je parle.	**Il me voit.**	Il me parle.
Toi, tu parles.	Il te voit.	**Il te parle.**
Lui, il parle.	**Il le voit.**	Il lui parle.
Elle, elle parle.	Il la voit.	**Il lui parle.**
On parle.	**Il voit quelqu'un.**	Il parle à quelqu'un.
Nous, nous parlons.	Il nous voit.	**Il nous parle.**
Vous, vous parlez.	**Il vous voit.**	Il vous parle.
Eux, ils parlent.	Il les voit.	**Il leur parle.**
Elles. elles parlent.	**Il les voit.**	Il leur parle.

L'heure *(conversation à deux)*

1. Combien de minutes y a-t-il dans une heure? Et dans un jour?
2. Combien d'heures y a-t-il dans un jour? Et dans une semaine?
3. Combien de jours y a-t-il dans une semaine? Et dans un mois? Et dans une année?
4. Combien de semaines y a-t-il dans un mois? Et dans une année?
5. Combien de mois y a-t-il dans une saison? Et dans une année?
6. Combien d'années y a-t-il dans un siècle?
7. Que veut dire vingt heures? (20h00)
8. Que veut dire treize heures? (13h00)
9. Quand est-ce que le temps passe rapidement?
10. Quand passe-t-il le plus lentement?
11. Que ferais-tu si tu "avais le temps"?

Recyclage

1. Demande-lui combien de minutes il y a dans une heure et dans un jour.
2. Tu veux savoir combien d'heures il y a dans un jour et dans une semaine. Pose-lui ces questions.
3. Interroge-le/la sur le nombre de jours dans une semaine, dans un mois et dans une année.
4. Tu aimerais savoir combien de semaines il y a dans un mois et dans une année. Demande-le-lui.
5. Demande-lui combien de mois il y a dans une saison et dans une année.
6. Tu cherches à savoir combien d'années il y a dans un siècle.
7. Tu voudrais savoir ce que veut dire vingt heures (20h00). Demande-le-lui.
8. Tu aimerais savoir ce que veut dire treize heures (13h00). Pose-lui la question.
9. Demande-lui quand le temps passe rapidement.
10. Interroge-le/la sur les moments où le temps passe lentement.
11. Demande-lui ce qu'il/elle ferait s'il/si elle "avait le temps."

Le Mél d'aujourd'hui

Courriel reçu

de:	florian@enparlant.fr
à:	toi@enparlant.fr

On dit que les jeunes passent beaucoup de temps à ne rien faire. Est-ce que ta journée est pleine d'activités? As-tu du temps libre? Que fais-tu pendant ce temps-là?

Réponse

de:	toi@enparlant.fr
à:	florian@enparlant.fr

réponse:

_____

_____

_____

_____

_____

_____

Vocabulaire: L'heure

compréhension	*suggestions*	*autres possibilités*

compréhension

une semaine (n.m.) a week
un mois (n.m.) a month
une année (n.f.) a year
un siècle (n.m.) a century
veut dire (v. vouloir dire) means
le temps (n.m.) time
le plus (adv.) the most
lentement (adv.) slowly
ferais-tu (v. faire) would you do
avais (v. avoir) had

suggestions

60 minutes = une heure
1.440 minutes = un jour
24 heures = un jour
168 heures = une semaine
7 jours = une semaine
30 (31) jours = un mois
365 jours = une année
3 mois = une saison
12 mois = une année
100 ans = un siècle
20h00 = huit heures du soir
13h00 = une heure de l'après- midi
s'amuser (v.) to have fun
chez des amis (exp.) at friends'
chez le dentiste (exp.) at the
    dentist's

autres possibilités

_____
_____
_____
_____
_____
_____
_____
_____
_____
_____
_____
_____
_____
_____

Grammaire orale

Deux pronoms objets avant le verbe

Il _____ _____ donne.
Ne _____ _____ donne pas.
Elle _____ _____ dit.

Elle _____ _____ passe.
Il _____ _____ envoie.
Je ne _____ _____ dis pas.

On _____ _____ envoie.
Tu _____ _____ passes.
Elle ne _____ _____ donne pas.

me le	**te le**	le lui
me la	**te la**	la lui
me les	**te les**	les lui
nous le	vous le	**le leur**
nous la	vous la	**la leur**
nous les	vous les	**les leur**

Versailles, France

L'hiver (conversation à deux)

1. Quel temps fait-il en hiver? Est-ce que tu aimes la neige?
2. Est-ce que tu fais du ski? De piste ou de fond ?
3. Quelle station de ski est-ce que tu préfères?
4. As-tu jamais fait un bonhomme de neige?
5. Le Carnaval d'hiver de Québec est-il en février ou en juin?
6. Comment sont les sculptures de glace au Carnaval d'hiver de Québec?
7. Quelles sont les activités d'un carnaval d'hiver?
8. As-tu jamais mangé de la neige fraîche arrosée de sirop d'érable?
9. Préfères-tu patiner ou skier? (Joues-tu au hockey sur glace?)
10. T'es-tu jamais blessé(e) en faisant un sport d'hiver?
11. Aimes-tu les batailles de boules de neige? (As-tu le bras fort pour bien les lancer?)

Recyclage

1. Demande à ton/ta partenaire quel temps il fait en hiver et s'il/si elle aime la neige.
2. Tu aimerais savoir s'il/si elle fait du ski et quel type de ski (de piste ou de fond). Demande-le-lui.
3. Interroge-le/la sur sa station de ski préférée.
4. Tu cherches à savoir s'il/si elle a jamais fait un bonhomme de neige. Pose-lui la question.
5. Demande-lui si Le Carnaval d'hiver de Québec est en février ou en juin.
6. Tu veux savoir comment sont les sculptures de glace au Carnaval d'hiver de Québec.
7. Interroge-le/la sur les activités d'un carnaval d'hiver.
8. Demande-lui s'il/si elle a jamais mangé de la neige fraîche arrosée de sirop d'érable.
9. Tu voudrais savoir s'il/si elle préfère patiner ou skier et s'il/si elle joue au hockey sur glace.
10. Tu aimerais savoir s'il/si elle s'est jamais blessé(e) en faisant un sport d'hiver.
11. Demande-lui s'il/si elle aime les batailles de boules de neige et s'il/si elle a le bras fort pour bien les lancer.

Le Carnaval de Québec

Le Texto d'aujourd'hui

de: Edwige 06.57.29.49.44

Coucou! C'est officiel – je vais au Carnaval de Québec cet hiver pour la première fois. Je sais que tu y es allé(e) l'année dernière. Décris-moi les activités!

réponse:

_____

_____

_____

_____

_____

_____

Vocabulaire: L'hiver

compréhension	*suggestions*	*autres possibilités*

le temps (n.m.) the weather

en hiver (exp.) in winter

la neige (n.f.) the snow

faire du ski (exp.) to go skiing

de piste (exp.) downhill

de fond (exp.) cross-country
(skiing)

la station (n.f.) resort

le bonhomme de neige (n.m.)
snowman

frais/fraîche (adj.) fresh

arrosé(e) (adj.) sprinkled (covered
with liquid)

le sirop d'érable (n.m.) maple syrup

patiner (v.) to skate

se blesser (v.) to hurt oneself

en faisant (exp.) while doing

la boule (n.f.) the ball

fort(e) (adj.) strong

lancer (v.) to throw

il fait froid (exp.) it's cold (weather)

superbe (adj.) superb

impressionnant(e) (adj.) impressive

splendide (adj.) splendid

artistique (adj.) artistic

compliqué(e) (adj.) complicated

le bal (n.m.) the dance

le concours (n.m.) the competition

le repas (n.m.) the meal

la course (n.f.) the race

le défilé (n.m.) the parade

_____

_____

_____

_____

_____

_____

_____

_____

_____

_____

Grammaire orale

Pronoms "en cercle" + en (some) **ou y** (there)

	(I give you some. You give him…)	(I send you there. You send him…)
	Je t'en donne.	Je t'y envoie.
	Tu lui en donnes.	**Tu l'y envoies.**
je	Il lui en donne.	Il l'y envoie.
elles tu	**Elle en donne à quelqu'un**	**Elle y envoie quelqu'un.**
ils il	On nous en donne.	On nous y envoie.
vous elle	**Nous vous en donnons.**	**Nous vous y envoyons.**
nous on=	Vous leur en donnez.	Vous les y envoyez.
(quelqu'un)	**Ils leur en donnent.**	**Ils les y envoient.**
	Elles m'endonnent.	Elles m'y envoient.

La vieille ville
à Luxembourg

L'hiver *(conversation à deux)*

1. As-tu jamais cassé une vitre avec une boule de neige?
2. Aimes-tu faire de la luge? Préfères-tu une luge ou un toboggan? Pourquoi?
3. Quelle est la plus grande tempête de neige que tu aies jamais vue?
4. Quelles ont été les conséquences de cette tempête?
5. As-tu vu de la neige au mois d'octobre? Au mois de mai?
6. Combien de côtés a un flocon de neige?
7. Aimes-tu attraper des flocons sur la langue?
8. Que portes-tu quand il neige?
9. Combien coûte une bonne paire de patins? De skis alpins? De skis nordiques?
10. Quels sont les avantages et les inconvénients de la neige en hiver?
11. Quand est-ce que nous avons le plus de neige? Neigera-t-il beaucoup cet hiver?

Recyclage

1. Demande à ton/ta partenaire s'il/si elle a jamais cassé une vitre avec une boule de neige.
2. Tu voudrais savoir s'il/si elle aime faire de la luge, s'il/si elle préfère une luge ou un toboggan et pourquoi. Pose-lui ces questions.
3. Interroge-le/la sur la plus grande tempête qu'il/elle ait jamais vue.
4. Tu cherches à savoir quels étaient les conséquences de cette tempête. Pose-lui la question.
5. Demande-lui s'il/si elle a vu de la neige au mois d'octobre et au mois de mai.
6. Tu veux savoir combien de côtés a un flocon de neige. Demande-le-lui.
7. Tu aimerais savoir s'il/si elle aime attraper des flocons sur la langue. Pose-lui la question.
8. Demande-lui ce qu'il/elle porte quand il neige.
9. Interroge-le/la sur le prix d'une bonne paire de patins, de skis alpins et de skis nordiques.
10. Interroge-le/la sur les inconvénients de la neige en hiver.
11. Demande-lui quand nous avons le plus de neige et s'il neigera beaucoup cet hiver.

Vocabulaire: L'hiver

compréhension

la vitre (n.f.) the pane (of a window)

la luge (n.f.) the sled

la tempête (n.f.) the storm

que tu aies jamais vue (exp.)
 which you have ever seen

le côté (n.m.) the side

le flocon (n.m.) (snow)flake

attraper (v.) to catch

la langue (n.f.) the tongue

porter (v.) to wear

coûter (v.) to cost

le patin (n.m.) the skate

suggestions

la vitesse (n.f.) the speed

le danger (n.m.) the danger

le confort (n.m.) the comfort

aies (v. avoir) have (subjonctif)

la botte (n.f.) the boot

le gant (n.m.) the glove

le manteau (n.m.) the coat

un anorak (n.m.) a parka

un chapeau (n.m.) a hat

un bonnet (n.m.) a stocking cap

une écharpe (n.f.) a scarf

un cache-nez (n.m.) a muffler

de laine (exp.) of wool

de duvet (exp.) of down (feathers)

autres possibilités

_____

_____

_____

_____

_____

_____

_____

_____

_____

_____

Grammaire orale

Pronoms accentués + pronoms sujet s + adjectif possessif + _____-même(s)
(Me, I do my homework myself.)

Moi, je fais mon devoir moi-même. (n'est-ce pas)
Toi, tu fais ton devoir toi-même.
Lui, il fait son devoir lui-même.
Elle, elle fait son devoir elle-même.
       On fait son devoir soi-même.
Nous, nous faisons notre devoir nous-mêmes.
Vous, vous faites votre devoir vous-même(s).
Eux, ils font leur devoir eux-mêmes.
Elles, elles font leur devoir elles-mêmes.

Le Mél d'aujourd'hui

Courriel reçu

de: virginie@enparlant.fr
a: toi@enparlant.fr

Que fait-on dans ta région pour s'amuser pendant l'hiver? Et toi, tu t'amuses à l'intérieur ou dehors? L'hiver te plaît?

Réponse

de: toi@enparlant.fr
à: virginie@enparlant.fr

réponse:

_____

_____

_____

_____

_____

Le jour *(conversation à deux)*

1. Quand est-ce qu'il a fait jour aujourd'hui?
2. À quelle heure est-ce que le soleil s'est levé?
3. À quelle heure est-ce que tu te lèves normalement?
4. À quelle heure prends-tu le petit déjeuner?
5. Quelle partie de la journée est-ce que tu préfères?
6. Préfères-tu le lever du soleil ou le coucher du soleil?
7. As-tu vu un lever du soleil récemment?
8. Est-ce que tu préfères l'atmosphère de l'aube ou celle du crépuscule?
9. Lequel des deux moments de la journée, le crépuscule ou l'aube, est le plus poétique?
10. Est-ce que tu travailles mieux le matin ou l'après-midi? Travailles-tu bien le soir?
11. À quelle heure est-ce que tu prends ton déjeuner le plus souvent?

Recyclage

1. Demande à ton/ta partenaire quand il a fait jour aujourd'hui.
2. Tu veux savoir à quelle heure le soleil s'est levé. Pose-lui la question.
3. Tu aimerais savoir à quelle heure il/elle se lève normalement.
4. Interroge-le/la sur l'heure où il/elle prend le petit déjeuner.
5. Tu cherches à savoir quelle partie de la journée il/elle préfère. Pose-lui la question.
6. Demande-lui s'il/si elle préfère le lever du soleil ou le coucher du soleil.
7. Tu voudrais savoir s'il/si elle a vu un lever du soleil récemment. Demande-le-lui.
8. Demande-lui s'il/si elle préfère l'atmosphère de l'aube ou celle du crépuscule.
9. Interroge-le/la sur lequel des deux est le plus poétique: le crépuscule ou l'aube.
10. Tu veux savoir s'il/si elle travaille mieux le matin ou l'après-midi et s'il/si elle travaille bien le soir.
11. Demande-lui à quelle heure il/elle prend son déjeuner le plus souvent.

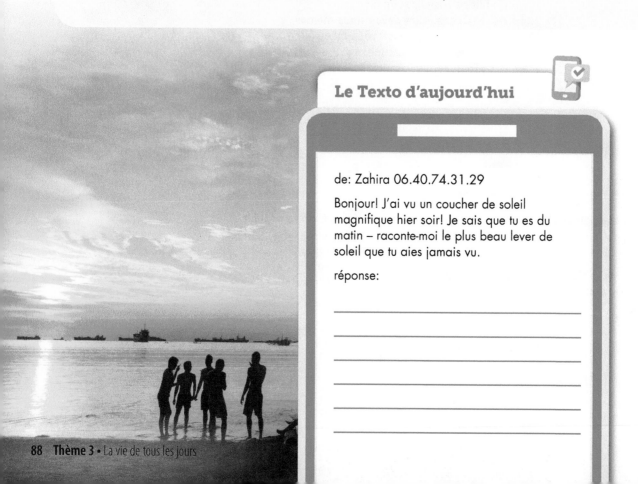

Le Texto d'aujourd'hui

de: Zahira 06.40.74.31.29

Bonjour! J'ai vu un coucher de soleil magnifique hier soir! Je sais que tu es du matin – raconte-moi le plus beau lever de soleil que tu aies jamais vu.

réponse:

_____

_____

_____

_____

_____

_____

Vocabulaire: Le jour

compréhension

faire jour (exp.) "to make day,"
 it is daylight

le soleil (n.m.) the sun

se lever (v.) to get up, rise

normalement (adv.) normally

prendre (v.) to take (a meal)
 (je prends, nous prenons)

la journée (n.f.) the day (the day
 long, the day full)

le jour (n.m.) the day (a unit of time)

le lever du soleil (n.m.) the sunrise

le coucher du soleil (n.m.) the
 sunset

récemment (adv.) recently

l'aube (n.f.) the dawn

le crépuscule (n.m.) the twilight,
 dusk

celle (pron.) that (atmosphère)

lequel (pron.) which one

mieux (adv.) better

le soir (n.m.) in the evening

le déjeuner (n.m.) lunch

le plus (adv.) the most

suggestions

à (cinq) heures du matin (exp.) at
 (five o'clock in the morning)

je me lève (v.) I get up

nous nous levons (v.) we get up

le matin (n.m.) the morning

l'après-midi (n.m.) the afternoon

le soir (n.m.) the evening

la nuit (n.f.) the night

à midi (exp.) at noon

autres possibilités

_____

_____

_____

_____

_____

_____

_____

_____

_____

_____

_____

_____

_____

_____

_____

_____

_____

Grammaire orale

Pronoms "en cercle" (directs) (I see you.)	(indirects) (I talk to you.)	(accentués) (I dance with you.)
Je te vois.	**Je te parle.**	**Je danse avec toi.**
Tu le vois.	Tu lui parles.	Tu danses avec lui.
Il la voit	**Il lui parle.**	**Il danse avec elle.**
Elle voit quelqu'un.	Elle lui parle.	Elle danse avec quelqu'un.
On nous voit.	**On nous parle.**	**On danse avec nous.**
Nous vous voyons.	Nous vous parlons.	Nous dansons avec vous.
Vous les voyez.	**Vous leur parlez.**	**Vous dansez avec eux.**
Ils les voient.	Ils leur parlent.	Ils dansent avec elles.
Elles me voient.	**Elles me parlent.**	**Elles dansent avec moi.**

je
elles   tu
ils   il
vous   elle
  nous   on

Paris, France

Le jour *(conversation à deux)*

1. Y a-t-il un "plat du jour" là où tu prends le déjeuner?
2. Quelle est la "soupe du jour" que tu choisirais?
3. Est-ce que les jours sont plus longs en été ou en hiver?
4. Quel est le contraire de "nuit"? Que dit-on en français quand on rencontre un ami à ce moment-là?
5. Quel est le contraire de "la veille" et de "l'avant-veille"?
6. Où est-ce que l'on lit les nouvelles du jour?
7. Comment s'appelle une visite de plusieurs jours?
8. À quelle heure est-ce que tu aimes prendre ton dîner?
9. À quelle heure les Français dînent-ils en général?
10. Qu'est-ce qui fait une bonne journée pour toi? Et une mauvaise journée?
11. Et aujourd'hui pour toi? C'est une bonne ou une mauvaise journée? Pourquoi?

Recyclage

1. Demande à ton/ta partenaire s'il y a un "plat du jour" là où il/elle prend le déjeuner.
2. Interroge-le/la sur la "soupe du jour" qu'il/elle choisirait.
3. Tu cherches à savoir si les jours sont plus longs en été ou en hiver. Pose-lui la question.
4. Tu veux savoir quel est le contraire de "nuit" et ce que l'on dit quand on rencontre un ami pendant la journée.
5. Demande-lui quel est le contraire de "la veille" et de "l'avant-veille".
6. Tu aimerais savoir où on lit les nouvelles du jour. Demande-le lui.
7. Demande-lui comment s'appelle une visite de plusieurs jours.
8. Tu voudrais savoir à quelle heure il/elle aime prendre son dîner. Pose-lui la question.
9. Interroge-le/la sur l'heure où les Français dînent en général.
10. Tu cherches à savoir ce qui fait une bonne journée et une mauvaise journée.
11. Demande-lui si c'est une bonne ou une mauvaise journée pour lui/elle aujourd'hui.

Le Mél d'aujourd'hui

Courriel reçu

de:	christophe@enparlant.fr
à:	toi@enparlant.fr

Je suis bien triste. Je viens de passer une journée pleine d'accidents et de petits ennuis. Raconte-moi une de tes journées heureuses pour aider à ce que je change d'humeur. Merci.

Réponse

de:	toi@enparlant.fr
à:	christophe@enparlant.fr

réponse:

_____

_____

_____

_____

_____

_____

Vocabulaire: Le jour

compréhension

la soupe du jour (n.f.) the soup of
  the day

le contraire (n.m.) the opposite

la veille (n.f.) the eve, the day
  before

l'avant-veille (n.f.) two days before

lit (v. lire) reads
  (je lis, nous lisons)

les nouvelles (n.f.pl.) the news

plusieurs (adj.) several

le dîner (n.m.) the dinner

dîner (v.) to dine

aujourd'hui (adv.) today

suggestions

la soupe de légumes (n.f.) vegetable
  soup

la soupe de poisson (n.f.) fish soup

la soupe de champignons (n.f.)
  mushroom soup

Bonjour (exp.) hello

le lendemain (n.m.) the next day

le surlendemain (n.m.) two days
  hence, two days later

le journal (n.m.) the newspaper

un séjour (n.m.) a stay, a visit

Les Français dînent souvent à huit
  heures du soir.

autres possibilités

_____

_____

_____

_____

_____

_____

_____

_____

_____

Grammaire orale

Pronoms: accentués + sujets + réfléchis + accentués

Moi, je me repose chez moi. (n'est-ce pas)
Toi, tu te reposes chez toi.
Lui, il se repose chez lui.
Elle, elle se repose chez elle.
   On se repose chez soi.
Nous, nous nous reposons chez nous.
Vous, vous vous reposez chez vous.
Eux, ils se reposent chez eux.
Elles, elles se reposent chez elles.

La neige *(conversation à deux)*

1. Quand est-ce qu'il neige?
2. Neige-t-il beaucoup dans cette région-ci?
3. De quelle couleur est la neige récemment tombée? Et la neige d'il y a une semaine?
4. As-tu jamais fait un bonhomme de neige?
5. Combien de boules de neige sont nécessaires pour faire un bonhomme de neige?
6. Quelle boule est à la base du bonhomme, la plus grande ou la plus petite?
7. Avec quoi peut-on faire les yeux d'un bonhomme de neige? Et son nez?
8. Qu'est-ce que tu aimerais sculpter ou construire s'il y avait beaucoup de neige?
9. Pour quels sports est-ce que la neige est nécessaire?
10. Est-ce que tu fais du ski de piste ou du ski de fond?
11. As-tu déjà sauté avec des skis?

Recyclage

1. Demande à ton/ta partenaire quand il neige.
2. Tu cherches à savoir s'il neige souvent dans cette région-ci. Demande-le-lui.
3. Interroge-le/la sur la couleur de la neige récemment tombée et aussi sur la couleur de la neige qui est tombée il y a une semaine.
4. Tu voudrais savoir s'il/si elle a jamais fait un bonhomme de neige. Pose-lui la question.
5. Demande-lui combien de boules de neige sont nécessaires pour faire un bonhomme de neige.
6. Tu veux savoir quelle boule est à la base du bonhomme, la plus grande ou la plus petite. Demande-le-lui.
7. Interroge-le/la sur les matériaux pour faire les yeux et le nez d'un bonhomme de neige.
8. Demande-lui ce qu'il/elle aimerait sculpter ou construire s'il y avait beaucoup de neige.
9. Tu es curieux(-euse) de savoir pour quels sports la neige est nécessaire. Pose-lui la question.
10. Tu cherches à savoir s'il/si elle fait du ski de piste ou du ski de fond. Demande-le-lui.
11. Demande-lui s'il/si elle a déjà sauté avec des skis.

Le Texto d'aujourd'hui

de: lamairie 06.93.48.58.48

Concours de bonhommes de neige! Venez participer samedi matin à 9h00 au parc central de la ville. Inscrivez-vous par texto: expliquez ce que vous proposez pour votre bonhomme de neige par texto ici au 06.93.48.58.48. A samedi!

réponse:

_____

_____

_____

_____

_____

Vocabulaire: La neige

compréhension	suggestions	autres possibilités

compréhension

neiger (v.) to snow

récemment (adv.) recently

tomber (v.) to fall

Il y a une semaine (exp.) a week ago

un bonhomme de neige (n.m.) a snowman

la boule (n.f.) the ball

les yeux (n.m.pl.) the eyes

le nez (n.m.) the nose

aimerais (v. aimer) would like

faire du ski (exp.) to ski

le ski de piste (n.m.) downhill skiing

le ski de fond (n.m.) cross-country skiing

sauter (v.) to jump

suggestions

en hiver (exp.) in winter

blanc/blanche (adj.) white

gris(e) (adj.) grey

jaune (adj.) yellow

une pierre (n.f.) a stone

un morceau (n.m.) a piece

le charbon (n.m.) coal

une carotte (n.f.) a carrot

un rameau (n.m.) a stick

un château (n.m.) a castle

un igloo (n.m.) an igloo

une forteresse (n.f.) a fort

autres possibilités

Grammaire orale

Pronoms accentués et possession (à moi)

moi	La machine est à moi.	Les machines sont à moi.	moi
toi	**Le train est à toi.**	**Les trains sont à toi.**	**toi**
lui	Le livre est à lui.	Les livres sont à lui.	lui
elle	**L'école est à elle.**	**Les écoles sont à elle.**	**elle**
soi	On a un objet à soi.	On a des objets à soi.	soi
nous	**Le numéro est à nous.**	**Les numéros sont à nous.**	**nous**
vous	Le violon est à vous.	Les violins sont à vous.	vous
eux	**L'épée est à eux.**	**Les épees sont à eux.**	**eux**
elles	L'écharpe est à elles.	Les écharpes sont à elles.	elles

Louvain, Belgique

La neige *(conversation à deux)*

1. As-tu jamais descendu une colline sur une luge ou sur un toboggan?
2. Comment préfères-tu descendre une montagne couverte de neige?
3. Laquelle est plus légère: la neige sèche ou la neige mouillée?
4. À quelle temperature fait-il assez froid pour que la neige se forme?
5. Quand est-ce que la neige est dangereuse?
6. T'es-tu jamais blessé(e) dans la neige?
7. Pourquoi est-il dangereux de sauter dedans?
8. Que portes-tu lorsqu'il neige pour te protéger du froid?
9. Où est-ce qu'il y a de la neige toute l'année?
10. Y a-t-il plus de neige et de glace au Pôle Nord ou au Pôle Sud?
11. Quelle est ton activité préférée dans la neige?

Recyclage

1. Demande à ton/ta partenaire s'il/si elle a jamais descendu une colline sur une luge ou un toboggan.
2. Tu cherches à savoir comment il/elle préfère descendre une montagne couverte de neige. Demande-le-lui.
3. Demande-lui laquelle est la plus légère: la neige sèche ou la neige mouillée.
4. Tu voudrais savoir à quelle température il fait assez froid pour que la neige se forme. Pose-lui la question.
5. Demande-lui quand la neige est dangereuse.
6. Tu veux savoir s'il/si elle s'est jamais blessé(e) dans la neige.
7. Interroge-le/la sur les raisons pour lesquelles il est dangereux de sauter dedans.
8. Demande-lui ce qu'il porte lorsqu'il neige pour se protéger du froid.
9. Tu aimerais savoir où il y a de la neige toute l'année. Demande-le-lui.
10. Tu cherches à savoir s'il y a plus de neige et de glace au Pôle Nord ou au Pôle Sud. Pose-lui la question.
11. Demande-lui quelle est son activité préférée dans la neige.

Vocabulaire: La neige

compréhension	suggestions	autres possibilités

compréhension

une colline (n.f.) a hill
une luge (n.f.) a sled
léger/légère (adj.) light, not heavy
sec/sèche (adj.) dry
mouillé(e) wet
se former (v.) to form
dangereux(-euse) (adj.) dangerous
se blesser (v.) to hurt oneself
se protéger (v.) to protect oneself
toute l'année (exp.) all year long
le pôle (n.m.) the pole
le nord (n.m.) the north
le sud (n.m.) the south

suggestions

32 degrés Fahrenheit = 0 degrés Celsius
le givre (n.m.) the frost
le verglas (n.m.) skim ice (on road)
une tempête (n.f.) a storm
la botte (n.f.) the boot
le gant (n.m.) the glove
le manteau (n.m.) the coat
un anorak (n.m.) a parka
un chapeau (n.m.) a hat
un bonnet (n.m.) a stocking cap
une écharpe (n.f.) a scarf
un cache-nez (n.m.) a muffler
de laine (exp.) of wool
de duvet (exp.) of down (feathers)

autres possibilités

_____
_____
_____
_____
_____
_____
_____
_____
_____
_____
_____

Grammaire orale ?

Possession (un objet singulier)

à et pronom accentué	adjectif possessif	pronom possessif
Le machin est à moi.	C'est mon machin.	C'est le mien.
La tarte est à toi.	**C'est ta tarte.**	**C'est la tienne.**
La lampe est à lui.	C'est sa lampe.	C'est la sienne.
L'écran est à elle	**C'est son écran.**	**C'est le sien.**
(On n'a rien.	C'est son rien. ;-)	C'est le sien.)
La note est à nous.	**C'est notre note.**	**C'est la nôtre.**
La veste est à vous.	C'est votre veste.	C'est la vôtre.
L'éléphant est a eux.	**C'est leur éléphant.**	**C'est le leur.**
L'église est à elles.	C'est leur église.	C'est la leur.

Le Mél d'aujourd'hui

Courriel reçu

de: tristan@enparlant.fr
a: toi@enparlant.fr

Quand nous étions jeunes nous nous amusions constamment dehors dans la neige. Toi et tes amis, sortez-vous dans la neige? Pour faire quoi?

Réponse

de: toi@enparlant.fr
à: tristan@enparlant.fr

réponse:

_____
_____
_____
_____
_____
_____

La nuit *(conversation à deux)*

1. Est-ce que tu aimes dormir? As-tu un lit confortable?
2. De quelle couleur sont tes draps?
3. Combien de couvertures est-ce que tu utilises en hiver? De quelle couleur sont-elles?
4. Y a-t-il un motif sur ton oreiller? Combien d'oreillers préfères-tu?
5. À quelle heure est-ce que tu te couches normalement?
6. Combien d'heures dors-tu par nuit?
7. À quelle heure est-ce que tu te réveilles d'habitude?
8. Comment est-ce que tu te réveilles?
9. Quelle est la première chose que tu vois en te réveillant?
10. Te lèves-tu immédiatement après t'être réveillé(e)? (Combien de temps après?)
11. Ronfles-tu lorsque tu dors? As-tu le sommeil agité ou calme?

Recyclage

1. Demande à ton/ta partenaire s'il/si elle aime dormir et si son lit est confortable.
2. Tu aimerais savoir de quelle couleur sont ses draps. Demande-le-lui.
3. Interroge-le/la sur le nombre de couvertures il/elle utilise en hiver et de quelle couleur elles sont.
4. Tu veux savoir s'il y a un motif sur son oreiller et combien d'oreillers il/elle préfère. Pose-lui ces questions.
5. Demande-lui à quelle heure il/elle se couche normalement.
6. Interroge-le/la sur le nombre d'heures il/elle dort par nuit.
7. Tu voudrais savoir à quelle heure il/elle se réveille d'habitude. Pose-lui la question.
8. Demande-lui comment il/elle se réveille.
9. Tu veux savoir quelle est la première chose qu'il/elle voit en se réveillant.
10. Tu voudrais savoir s'il/si elle se lève immédiatement après s'être réveillé(e) ou combien de temps après. Pose-lui ces questions.
11. Demande-lui s'il/si elle ronfle lorsqu'il/elle dort et s'il/si elle a le sommeil agité ou calme.

Le Texto d'aujourd'hui

de: Marcel 06.22.73.70.52

Salut! Qu'est-ce que j'ai mal dormi cette nuit! Ouf! Dis-moi, qu'est-ce que tu fais pour que tu puisses bien dormir la nuit? Au secours!

réponse:

_____

_____

_____

_____

_____

_____

Vocabulaire: La nuit

compréhension

dormir (v.) to sleep

le lit (n.m.) the bed

le drap (n.m.) the sheet

la couverture (n.f.) the blanket

le motif (n.m.) the design, pattern

un oreiller (n.m.) a pillow

un traversin (n.m.) a bolster, pillow across the bed

se coucher (v.) to go to bed

la nuit (n.f.) the night

par (prép.) by, at

d'habitude (adv.) usually

se réveiller (v.) to wake up

après t'être réveillé(e) (exp.) after having woken up

se lever (v.) to get up

ronfler (v.) to snore

le sommeil (n.m.) the sleep

agité(e) (adj.) agitated, not calm

suggestions

dur (adj.) hard

mou/molle (adj.) soft

un duvet (n.m.) a down comforter, quilt

un réveil-matin (n.m.) an alarm clock

quelqu'un m'appelle (exp.) someone calls me

le mur (n.m.) the wall

la fenêtre (n.f.) the window

la porte (n.f.) the door

tourner (v.) to turn

bouger (v.) to move

autres possibilités

_____

_____

_____

_____

_____

_____

_____

_____

_____

_____

_____

_____

_____

_____

_____

_____

Grammaire orale ?

Possession (des objets pluriels)

à et pronom accentué	*adjectif possessif*	*pronom possessif*
Les machines sont à moi.	Ce sont mes machines.	Ce sont les miennes.
Les tickets sont à toi.	**Ce sont tes tickets.**	**Ce sont les tiens.**
Les lampes sont à lui.	Ce sont ses lampes.	Ce sont les siennes.
Les écharpes sont à elle.	**Ce sont ses écharpes.**	**Ce sont les siennes.**
(On a les objets.	Ce sont ses objets.	Ce sont les siens.)
Les noix sont à nous.	**Ce sont nos noix.**	**Ce sont les nôtres.**
Les vaches sont à vous.	Ce sont vos vaches.	Ce sont les vôtres.
Les écrans sont à eux.	**Ce sont leurs écrans.**	**Ce sont les leurs.**
Les entrées sont à elles.	Ce sont leurs entrées.	Ce sont les leurs.

Aix-en-Provence, France

La nuit *(conversation à deux)*

1. Rêves-tu en dormant? Quel a été un de tes rêves les plus récents?
2. Fais-tu des cauchemars? (Quel a été ton cauchemar le plus horrible?)
3. As-tu jamais quitté ton lit tout en dormant? (fait du somnambulisme?)
4. Est-il facile de te réveiller pendant la nuit?
5. Depuis quand est-ce que ta mère ne te borde plus?
6. Fais-tu ton lit immédiatement après t'être levé(e)?
7. Est-ce que tu fais souvent un somme (une sieste)?
8. As-tu jamais trouvé quelque chose de désagréable dans ton lit?
9. Te sens-tu bien en te levant le matin ou est-ce que tu souffres?
10. À quelle heure te lèverais-tu si tu avais le choix?
11. Je te remercie de ces révélations … veux-tu me poser ces questions?

Recyclage

1. Demande à ton/ta partenaire s'il/si elle rêve en dormant et quel a été un de ses rêves les plus récents.
2. Tu veux savoir s'il/si elle fait des cauchemars et quel a été son cauchemar le plus horrible. Pose-lui ces questions.
3. Tu cherches à savoir s'il/si elle a jamais quitté son lit tout en dormant et s'il/si elle fait du somnambulisme. Demande-le-lui.
4. Tu voudrais savoir s'il est facile de le/la réveiller pendant la nuit. Pose-lui la question.
5. Demande-lui depuis quand sa mère ne le/la borde plus.
6. Tu aimerais savoir s'il/si elle fait son lit immédiatement après s'être levé(e). Demande-le-lui.
7. Tu veux savoir s'il/si elle fait souvent un somme (une sieste).
8. Demande-lui s'il/si elle a jamais trouvé quelque chose de désagréable dans son lit.
9. Tu cherches à savoir s'il/si elle se sent bien en se levant le matin ou s'il/si elle souffre.
10. Interroge-le/la sur l'heure à laquelle il/elle se réveillerait s'il/si elle avait le choix.
11. Remercie-le/la de ces révélations et demande-lui de te poser les mêmes questions.

Le Mél d'aujourd'hui

Courriel reçu

de:	delphine@enparlant.fr
à:	toi@enparlant.fr

J'ai entendu dire que les jeunes ne dorment pas suffisamment pendant la nuit. Qu'est-ce qui les empêche de dormir alors? Et toi, tu dors assez bien et surtout assez?

Réponse

de:	toi@enparlant.fr
à:	delphine@enparlant.fr

réponse:

_____

_____

_____

_____

_____

_____

Vocabulaire: La nuit

compréhension

rêver (v.) to dream

en dormant (exp.) while sleeping

un rêve (n.m.) a dream

récemment (adv.) recently

un cauchemar (n.m.) a nightmare

tout en dormant (exp.) even while
sleeping

du somnambulisme (n.m.)
sleepwalking

le plus (adv.) the most

pendant (prép.) during

border (v.) to tuck in

ne ... plus (exp.) no longer

immédiatement (adv.) immediately

un somme (n.m.) a nap = la sieste

jamais (adv.) ever (without ne)

quelque chose (pron.) something

désagréable (adj.) unpleasant

se sentir bien (v.) to feel well

souffrir (v.) to suffer

le choix (n.m.) the choice

te lèverais-tu (v. se lever) would
you get up

suggestions

un(e) somnambule (n.)
a sleepwalker

une sorcière (n.f.) a witch

un monstre (n.m.) a monster

un voleur (n.m.) a robber

un examen (n.m.) a test

un loup (n.m.) a wolf

toujours (adv.) still, always

se rendormir (v.) to fall asleep
again

autres possibilités

_____

_____

_____

_____

_____

_____

_____

_____

_____

_____

_____

_____

_____

_____

_____

_____

Grammaire orale  ⬇ ➡ ? 🕐 _____

Pronoms possessifs – à faire quatre fois selon l'objet / les objets possedé(s)

le livre (m.s.)	*la carte (f.s.)*	*les crayons (m.pl.)*	*les cartes (f.pl.)*
J'ai le mien.	**J'ai la mienne.**	**J'ai les miens.**	**J'ai les miennes.**
Tu as le tien.	Tu as la tienne.	Tu as les tiens.	Tu as les tiennes.
Il a le sien.	**Il a la sienne.**	**Il a les siens.**	**Il a les siennes.**
Elle a le sien.	Elle a la sienne.	Elle a les siens.	Elle a les siennes.
On a le sien.	**On a la sienne.**	**On a les siens.**	**On a les siennes.**
Nous avons le nôtre.	Nous avons la nôtre.	Nous avons les nôtres.	Nous avons les nôtres.
Vous avez le vôtre.	**Vous avez la vôtre.**	**Vous avez les vôtres.**	**Vous avez les vôtres.**
Ils ont le leur.	Ils ont la leur.	Ils ont les leurs.	Ils ont les leurs.
Elles ont le leur.	Elles ont la leur.	Elles ont les leurs.	Elles ont les leurs.
le texte	*la chemise*	*les souliers*	*les chaussettes*
le chapeau	*la chaise*	*les gants*	*les bottes*
le pantalon	*l'écharpe*	*les papiers*	*les photos*

La pluie (conversation à deux)

1. Est-ce que tu aimes la pluie?
2. Qu'est-ce que tu portes quand il pleut?
3. Où préfères-tu aller quand il pleut?
4. Qu'est-ce que tu préfères ne pas faire quand il pleut?
5. Marches-tu dans les flaques ou autour des flaques?
6. Peux-tu entendre le son de la pluie sur le toit de ta maison?
7. Changes-tu d'humeur quand il pleut? Quand préfères-tu qu'il pleuve?
8. As-tu jamais nagé sous la pluie?
9. Pourquoi est-ce que la pluie est importante? (Aimes-tu les jardins?)
10. Préfères-tu les jardins de légumes ou les jardins de fleurs?
11. Par quels signes voit-on qu'un jardin manque d'eau (de pluie)?

Recyclage

1. Demande à ton/ta partenaire s'il/si elle aime la pluie.
2. Tu cherches à savoir ce qu'il/elle porte quand il pleut. Pose-lui la question.
3. Interroge-le/la sur les endroits où il/elle préfère aller quand il pleut.
4. Tu voudrais savoir ce qu'il/elle préfère ne pas faire quand il pleut. Demande-le-lui.
5. Demande-lui s'il/si elle marche dans les flaques ou autour des flaques.
6. Tu veux savoir s'il/si elle peut entendre le son de la pluie sur le toit de sa maison. Pose-lui la question.
7. Tu aimerais savoir s'il/si elle change d'humeur quand il pleut et quand il/elle préfère qu'il pleuve.
8. Demande-lui s'il/si elle a jamais nagé sous la pluie.
9. Tu cherches à savoir pourquoi la pluie est importante et s'il/si elle aime les jardins. Pose-lui ces deux questions.
10. Tu voudrais savoir s'il/si elle préfère les jardins de légumes ou les jardins de fleurs. Demande-le-lui.
11. Demande-lui par quels signes on voit qu'un jardin manque d'eau (de pluie).

Le Texto d'aujourd'hui

de: Didier 06.99.38.72.39

Salut! Il pleut encore – incroyable! Mais, c'est bien quand on fait des études. Qu'est-ce que tu fais aujourd'hui sous la pluie?

réponse:

_____

_____

_____

_____

_____

_____

Vocabulaire: La pluie

compréhension	suggestions	autres possibilités
la pluie (n.f.) the rain	**des bottes** (n.f.pl.) boots	_____
porter (v.) to wear, carry	**un imperméable** (n.m.) a raincoat	_____
ne pas faire (exp.) not to do	**un parapluie** (n.m.) an umbrella	_____
une flaque (n.f.) puddle	**un chapeau de pluie** (n.m.) a rainhat	_____
le son (n.m.) the sound, noise	**un anorak** (n.m.) a parka	_____
le toit (n.m.) the roof	**faire un pique-nique** (n.m.) to have	_____
changer d'humeur (v.) to change	a picnic	_____
moods	**changer un pneu** (v.) to change	_____
pleuve (v. pleuvoir) rain	a tire	_____
(subjonctif)	**défiler** (v.) to parade	_____
nager (v.) to swim	**arroser** (v.) to water	_____
le jardin (n.m.) the garden	**faire pousser** (v.) to make grow	_____
le légume (n.m.) the vegetable	**remplir** (v.) to fill up	_____
la fleur (n.f.) the flower	**se faner** (v.) to dry out	_____
le signe (n.m.) sign, evidence	**dessécher** (v.) to dry up	_____
manquer (de) (v.) to be lacking	**se flétrir** (v.) to fade	_____
	la poussière (n.f.) the dust	

Grammaire orale   _____ *3 verbes*

Le passé composé – *avec* **avoir** *et avec* **être** *("les seize verbes" et les verbes réfléchis)*

j'ai mangé	je suis parti(e)	je me suis lavé(e)
tu as mangé	tu es parti(e)	tu t'es lavé(e)
il a mangé	il est parti	il s'est lavé
elle a mangé	elle est parti(e)	elle s'est lavée
on a mangé	on est parti	on s'est lavé
nous avons mangé	nous sommes parti(e)s	nous nous sommes lavé(e)s
vous avez mangé	vous êtes parti(e)(s)	vous vous êtes lavé(e)(s)
ils ont mangé	ils sont partis	ils se sont lavés
elles ont mangé	elles sont parties	elles se sont lavées
(danser, parler, finir)	*(aller, entrer, sortir)*	*(se coucher, se brosser)*

Toulouse, France

La pluie *(conversation à deux)*

1. Comment voit-on qu'un jardin a reçu trop de pluie?
2. A-t-il jamais plu à un moment où tu ne le souhaitais pas?
3. Aimes-tu faire du sport sous la pluie?
4. Crois-tu que l'on puisse attraper un rhume en restant sous la pluie?
5. Quels sentiments est-ce que la pluie inspire?
6. Aimes-tu avoir les cheveux mouillés? Comment te sèches-tu les cheveux?
7. Est-ce qu'il pleut en ce moment? (Pleut-il doucement ou pleut-il à verse?)
8. En quelle saison marche-t-on pieds nus sous la pluie?
9. Lorsqu'il pleut trop, quelles en sont les conséquences?
10. Combien de jours a-t-il plu pour faire flotter l'arche de Noé?
11. Qu'est-ce qui vient après la pluie?

Recyclage

1. Demande à ton/ta partenaire comment on voit qu'un jardin a reçu trop de pluie.
2. Tu veux savoir s'il a jamais plu à un moment où il/elle ne le souhaitait pas. Pose-lui la question.
3. Tu aimerais savoir s'il/si elle aime faire du sport sous la pluie. Demande-le-lui.
4. Tu es curieux(-euse) de savoir s'il/si elle croit que l'on puisse attraper un rhume en restant sous la pluie. Pose-lui la question.
5. Interroge-le/la sur les sentiments que la pluie inspire.
6. Demande-lui s'il/si elle aime avoir les cheveux mouillés et comment il/elle se sèche les cheveux.
7. En forme de question, dis-lui de te dire s'il pleut maintenant. Si oui, demande-lui s'il pleut doucement ou à verse.
8. Interroge-le/la sur la saison pendant laquelle on marche pieds nus sous la pluie.
9. Demande-lui quelles sont les conséquences lorsqu'il pleut trop.
10. Tu cherches à savoir combien de jours il a plu pour faire flotter l'arche de Noé. Pose-lui la question.
11. Demande-lui ce qui vient après la pluie.

Le Mél d'aujourd'hui

Courriel reçu

de:	meilleuretata@enparlant.fr
à:	toi@enparlant.fr

Que voudras-tu faire ce week-end s'il pleut samedi et dimanche comme prévoit la météo? Quelles sont les bonnes activités d'une journée de pluie?

Réponse

de:	toi@enparlant.fr
à:	meilleuretata@enparlant.fr

réponse:

_____

_____

_____

_____

_____

Vocabulaire: La pluie

compréhension	suggestions	autres possibilités
trop (de) (adv.) too much	**pourrir** (v.) to rot	_____
plu (v. pleuvoir) rained	**flotter** (v.) to float	_____
à un moment où (exp.) when	**la mousse** (n.f.) the moss	_____
souhaiter (v.) to want, wish, desire	**le sentiment de renouveau** (exp.) the feeling of renewal	_____
le (pron.) it (to rain)	**la mélancolie** (n.f.) melancholy	_____
puisse (v. pouvoir) can (subjonctif)	**la tristesse** (n.f.) sadness	_____
attraper (v.) to catch	**la serviette** (n.f.) a towel	_____
un rhume (n.m.) a cold	**un séchoir** (n.m.) a dryer	_____
en restant (exp.) by staying	**un sèche-cheveux** (n.m.) a hairdryer	_____
mouillé(e) (adj.) wet	**sec/sèche** (adj.) dry	_____
sécher (v.) to dry (je sèche, nous séchons)	**une inondation** (n.f.) flood	_____
doucement (adv.) gently	**Proverbe:** «Après la pluie, le beau temps.»	_____
il pleut à verse (exp.) it's pouring		_____
verser (v.) to pour		_____
le pied (n.m.) the foot		_____
nu(e) (adj.) bare, naked		_____
l'arche de Noé (n.f.) Noah's ark		_____

Grammaire orale

**Le passé composé avec être** ("les 16 verbes") Changez de pronom sujet et répétez.

Je suis venu(e) en classe.
Je suis allé(e) en vacances.
Je suis entré(e) dans la salle de classe.
Je suis sorti(e) de la salle de classe.
Je suis arrivé(e) à l'aéroport.
Je suis parti(e) du parking.
Je suis monté(e) dans le taxi.
Je suis descendu(e) du taxi.
J'ai mémorisé "les seize verbes."

Je suis né(e) à l'hôpital.
Je ne suis pas encore mort(e).
Je suis resté(e) dans la salle d'attente.
Je suis retourné(e) à mon école primaire.
Je suis revenu(e) à cet endroit.
Je suis rentré(e) chez moi.
Je suis devenu(e) très fatigué(e).
Je suis tombé(e) de la lune!
J'ai répété tous "les seize verbes."

Le printemps *(conversation à deux)*

1. Comment sais-tu que le printemps est arrivé?
2. Est-ce que le printemps est ta saison préférée?
3. Qu'est-ce que tu peux faire au printemps que tu ne peux pas faire en hiver?
4. Au printemps quelle est ta fleur préférée? Et ton parfum préféré?
5. Au printemps à quel sport joues-tu? Quel sport regardes-tu?
6. Peux-tu étudier quand il fait très beau? (Où?)
7. Préfères-tu faire tes devoirs scolaires quand il fait froid ou quand il fait chaud?
8. Quand est-ce que les lilas sont en fleur?
9. As-tu jamais embrassé quelqu'un sous les lilas?
10. Est-ce qu'une personne de l'autre sexe est une distraction pour toi au printemps?
11. As-tu envie de tomber amoureux(-euse) au printemps? (L'es-tu déjà?)

Recyclage

1. Demande à ton/ta partenaire comment il/elle sait que le printemps est arrivé?
2. Tu veux savoir si le printemps est sa saison préférée. Pose-lui la question.
3. Interroge-le/la sur ce qu'il/elle peut faire au printemps qu'il/elle ne peut pas faire en hiver.
4. Tu cherches à savoir quelle est sa fleur préférée et son parfum préféré. Demande-le-lui.
5. Demande-lui à quel sport il/elle joue et quel sport il/elle regarde au printemps.
6. Tu voudrais savoir s'il/si elle peut étudier quand il fait très beau et où il/elle étudie.
7. Tu aimerais savoir s'il/si elle préfère faire ses devoirs scolaires quand il fait froid ou quand il fait chaud. Pose-lui la question.
8. Demande-lui quand les lilas sont en fleur.
9. Tu veux savoir s'il/si elle a jamais embrassé quelqu'un sous les lilas. Pose-lui la question.
10. Tu es curieux(-euse) de savoir si une personne de l'autre sexe est une distraction pour lui/elle au printemps.
11. Demande-lui s'il/si elle a envie de tomber amoureux(-euse) au printemps et s'il/si elle l'est déjà.

Le Texto d'aujourd'hui

de: Édith 06.74.59.38.92

Enfin, le printemps! Plus de neige! Qu'est-ce que tu veux faire cet après-midi, DEHORS?! =)

réponse:

_____

_____

_____

_____

_____

_____

_____

Vocabulaire: Le printemps

compréhension	suggestions	autres possibilités
le printemps (n.m.) the spring	la feuille (n.f.) the leaf	_____
préféré(e) (adj.) favorite	l'herbe (n.f.) the grass	_____
tu peux (v. pouvoir) you can	un oiseau (n.m.) a bird	_____
en hiver (exp.) in the winter	le rouge-gorge (n.m.) the robin	_____
la fleur (n.f.) the flower	le ciel (n.m.) the sky	_____
le parfum (n.m.) the perfume, smell	une tulipe (n.f.) a tulip	_____
étudier (v.) to study	une jonquille (n.f.) a daffodil	_____
il fait beau (exp.) it's nice out (weather)	un crocus (n.m.) a crocus	_____
le devoir (n.m.) the homework	la terre (n.f.) the earth	_____
les lilas (n.m.pl.) the lilacs	l'herbe (n.f.) the grass	_____
jamais (adv.) ever (without ne)	la boue (n.f.) the mud	_____
embrasser (v.) to kiss	le baseball (n.m.) baseball	_____
avoir envie de (exp.) to feel like (+infinitive)	le tennis, le softball	_____
tomber amoureux(-euse) (de) (exp.) to fall in love (with)	l'aviron (n.m.) crew (the oar)	_____
amoureux/amoureuse (adj.) in love		_____
l'es-tu (exp.) are you (it) (amoureux)		_____
déjà (adv.) already		_____

Grammaire orale

Le passé composé du verbe réfléchi (lavé, lavée, lavés, lavées – *une* prononciation)
  (*Le participe passé s'accorde avec un objet direct précédent = le pronom réfléchi.*)

je me suis lavé(e)	me suis-je lavé(e)	**je ne me suis pas lavé(e)**
tu t'es lavé(e)	**t'es-tu lavé(e)**	tu ne t'es pas lavé(e)
il s'est lavé	s'est-il lavé	**il ne s'est pas lavé**
elle s'est lavée	**s'est-elle lavée**	elle ne s'est pas lavée
on s'est lavé	s'est-on lavé	**on ne s'est pas lavé**
nous nous sommes lavé(e)s	**nous sommes-nous lavé(e)s**	nous ne nous sommes pas lavé(e)s
vous vous êtes lavé(e)(s)	vous êtes-vous lavé(e)(s)	**vous ne vous êtes pas lavé(e)(s)**
ils se sont lavés	**se sont-ils lavés**	ils ne se sont pas lavés
elles se sont lavées	se sont-elle lavées	**elles ne se sont pas lavées**

Chapitre 25 | LE PRINTEMPS (SUITE)

Le printemps *(conversation à deux)*

1. Est-ce que tu fais de la musique au printemps?
2. Quelle est ta musique favorite de la saison?
3. Iras-tu à un bal spécial au printemps? (Vas-tu inviter quelqu'un à ce bal?)
4. Si quelqu'un t'offrais des fleurs, quelles fleurs préférerais-tu?
5. As-tu déjà donné une fleur à quelqu'un ce printemps? (À qui?) (Quelle fleur?)
6. Que font les oiseaux au printemps?
7. Comment est-ce que la nature change au printemps?
8. Aimes-tu te baigner dans un lac au printemps ou marcher pieds nus?
9. Si nous pouvions aller n'importe où aujourd'hui, où irions-nous?
10. Quel est ton souvenir de printemps le plus heureux ?
11. Je te remercie de m'avoir parlé à coeur ouvert. Je ne t'oublierai jamais.

Recyclage

1. Demande à ton/ta partenaire s'il/si elle fait de la musique au printemps.
2. Interroge-le/la sur sa musique favorite de la saison.
3. Tu cherches à savoir s'il/si elle ira à un bal spécial au printemps et s'il/si elle va inviter quelqu'un au bal. Pose-lui ces questions.
4. Demande-lui quelles fleurs il/elle préférerait si quelu'un lui offrait des fleurs.
5. Tu veux savoir s'il/si elle a déjà donné une fleur à quelqu'un ce printemps, quelle fleur et à qui. Pose-lui ces trois questions.
6. Interroge-le/la sur ce que font les oiseaux au printemps.
7. Tu voudrais savoir comment la nature change au printemps. Demande-le-lui.
8. Demande-lui s'il aime se baigner dans un lac ou marcher pieds nus au printemps.
9. Tu aimerais savoir ou vous iriez si vous pouviez aller n'importe où aujourd'hui. Pose-lui la question.
10. Demande-lui quel est son souvenir de printemps le plus heureux.
11. Remercie-le/la et dis-lui que tu ne l'oublieras jamais.

Le Mél d'aujourd'hui

Courriel reçu

Réponse

de:	amadou@enparlant.fr
à:	toi@enparlant.fr

Décris-moi un peu le printemps dans ta région.
Serait-ce un bon moment pour te rendre visite?
Que pourrions-nous faire pour profiter de la saison?

de:	toi@enparlant.fr
à:	amadou@enparlant.fr

réponse:

_____

_____

_____

_____

_____

_____

Vocabulaire: Le printemps

compréhension

iras-tu (v. aller) will you go?
 (futur simple)

un bal (n.m.) a dance

quelqu'un (pron.) someone

offrir (v.) to offer

offrais (v. offrir) offered
 (imparfait)

préférerais (v. préférer)
 would prefer
 (conditionnel)

un oiseau (n.m.) a bird

se baigner (v.) to swim

un lac (n.m.) a lake, pond

le pied (n.m.) the foot

nu(e) (adj.) bare, naked

irions-nous (v. aller) would we go?
 (conditionnel)

le souvenir (n.m.) the memory

heureux(-euse) (adj.) happy

à coeur ouvert (exp.) sincerely

suggestions

la rose (n.f.) the rose

un oeillet (n.m.) a carnation

une fleur des champs (n.f.)
 a wildflower

une violette (n.f.) a violet

un muguet (n.m.) a lily of the valley

un nid (n.m.) a nest

chanter (v.) to sing

gazouiller (v.) to twitter

verdir (v.) to turn green

fleurir (v.) to flower

pousser (v.) to grow

froid (adj.) cold

sale (adj.) dirty

la grenouille (n.f.) the frog

autres possibilités

_____

_____

_____

_____

_____

_____

_____

_____

_____

_____

_____

_____

_____

_____

Grammaire orale

__Imparfait et passé composé__ – contrastes
une action (plus longue) continuée au passé et une interruption (plus courte)

Il se baignait   quand son ami(e) est arrivé(e) à la porte.
Il regardait son émission favorite   **quand la télévision est tombée en panne.**
Il conduisait sur l'autoroute   quand un pneu a crevé.
Il dormait profondément   **quand le réveil-matin a sonné.**
Il marchait pieds nus   quand il a marché sur un clou.
Il essayait de terminer l'examen   **quand la cloche a sonné.**
Il imaginait le mieux   quand le pire est arrivé,
Il cherchait le gaz avec un briquet   **quand il y a eu une explosion.**
Il l'embrassait pour la première fois   quand elle a éternué très fort!

en Tunisie

Le restaurant *(conversation à deux)*

1. Aimes-tu dîner dans un restaurant? Y dînes-tu souvent?
2. Est-ce que tu préfères un grand restaurant de luxe ou un petit restaurant?
3. Quand tu vas au restaurant, qui paie le repas?
4. Quelle cuisine préfères-tu, européenne, américaine, ou orientale?
5. Qu'est-ce que c'est que "la nouvelle cuisine"?
6. Qu'est-ce que l'on trouve affiché sur la vitrine ou devant un restaurant français?
7. Sur la carte il y a souvent des "menus" ou des "formules." Qu'est-ce que c'est qu'un menu ou une formule?
8. Comment commande-t-on un plat qui ne fait pas partie d'un dîner ni d'un menu?
9. Qu'est-ce qu'il y a sur la carte? Et sur la carte des vins?
10. Si l'on trouve "le couvert" sur l'addition, qu'est-ce que l'on paie?
11. Généralement dans un restaurant français combien coûte le service?

Recyclage

1. Demande à ton/ta partenaire s'il/si elle aime dîner dans un restaurant et s'il/si elle y dîne souvent.
2. Tu cherches à savoir s'il/si elle préfère un grand restaurant de luxe ou un petit restaurant. Demande-le-lui.
3. Tu aimerais savoir qui paie le repas quand il/elle va au restaurant. Pose-lui la question.
4. Interroge-le/la sur le genre de restaurant a qu'il/elle préfère: européenne, américaine ou orientale.
5. Demande-lui ce que c'est que la "nouvelle cuisine."
6. Tu veux savoir ce que l'on trouve affiché sur la vitrine ou devant un restaurant français. Demande-le-lui.
7. Tu es curieux(-euse) de savoir ce que c'est qu'un menu ou une formule. Pose-lui la question.
8. Demande-lui comment on commande un plat qui ne fait partie ni d'un dîner ni d'un menu.
9. Interroge-le/la sur ce qu'il y a sur la carte et sur la carte des vins.
10. Tu voudrais savoir ce que l'on paie si l'on trouve "le couvert" sur l'addition. Pose-lui la question.
11. Demande-lui combien coûte le service dans un restaurant français en général.

Le Texto d'aujourd'hui

de: Mégane 06.83.46.39.49

Coucou! Tu sais que mon papa ouvre un resto? Il me laisse créer ma propre formule — ça va s'appeler la formule Mégane! Aide-moi à la créer, stp! ;)

réponse:

_____

_____

_____

_____

Vocabulaire: Le restaurant

compréhension

y (adv.) there

le luxe (n.m.) luxury

de luxe (exp.) expensive, sumptuous

payer (+ objet direct) (v.) to pay for

la cuisine (n.f.) cooking, cuisine

affiché(e) (adj.) posted

la vitrine (n.f.) window (of store)

un menu (n.m.) fixed meal with limited choices

une formule (n.f.) fixed meal with limited choices

commander (v.) to order (in a restaurant)

ni (adv.) nor

la carte (n.f.) the menu

à la carte (exp.) separately

le couvert (n.m.) the place setting, a 'cover charge'

le service (n.m.) service charge

suggestions

la nouvelle cuisine (n.f.) cooking emphasizing lightness and freshness

léger/légère (adj.) light

frais/fraîche (adj.) fresh

la légèreté (n.f.) lightness

la fraîcheur (n.f.) freshness

mettre l'accent sur (exp.) to emphasize, point out

La carte est affichée.

Le menu (ou la formule) est un repas

à prix fixe avec un choix limité.

à prix fixe (exp.) at a set price

Le service est seize pour cent.

autres possibilités

_____

_____

_____

_____

_____

_____

_____

_____

_____

_____

_____

_____

Grammaire orale ?

Passé composé – sortir, monter, descendre

*auxiliaire = **avoir** + objet*

J'ai sorti ma carte de crédit.
J'ai sorti mes clefs.
J'ai sorti mon passeport.
J'ai monté les valises.
J'ai monté les paquets.
J'ai monté le vin de la cave.
J'ai descendu les valises.
J'al descendu les costumes du genier.
J'ai descendu les paquets.

*auxiliaire = **être** + préposition*

Je suis sorti(e) de la salle.
Je suis sorti(e) de la gare.
Je suis sorti(e) du cinéma.
Je suis monté(e) dans le taxi.
Je suis monté(e) au premier étage.
Je suis monté(e) au grenier.
Je suis descendu(e) du taxi.
Je suis descendu(e) du deuxième étage.
Je suis descendu(e) à la cave.

(à répéter en changeant de pronom sujet)

Menton, France

Le restaurant *(conversation à deux)*

1. Est-ce que le service est compris dans l'addition?
2. Qui reçoit le pourboire (le service)?
3. Comment s'appelle la femme qui sert dans un restaurant? Et la femme à la caisse?
4. Quelles boissons alcoolisées boit-on souvent avant, avec et après un grand dîner?
5. Dans quel restaurant as-tu dégusté ton repas le plus couteux? Qui a payé?
6. Quel est ton plat favori dans un restaurant français? Dans un restaurant chinois?
7. Quels restaurants près d'ici est-ce que tu recommandes à tes amis?
8. Aimes-tu les restaurants self-service?
9. Où est le restaurant français le plus proche? Y as-tu mangé?
10. Si tu avais le choix, ou mangerais-tu ce soir?
11. Qui inviterais-tu à diner avec toi et que mangeriez-vous?

Recyclage

1. Demande à ton/ta partenaire si le service est compris dans l'addition.
2. Tu veux savoir qui reçoit le pourboire (le service). Pose-lui la question.
3. Tu voudrais savoir comment s'appelle la femme qui sert dans un restaurant et la femme à la caisse. Demande-le-lui.
4. Interroge-le/la sur les boissons alcoolisées que l'on boit souvent avant, avec et après un grand dîner.
5. Demande-lui dans quel restaurant il/elle a dégusté le repas le plus coûteux et qui a payé.
6. Interroge-le/la sur son plat favori dans un restaurant français et dans un restaurant chinois.
7. Tu cherches à savoir quels restaurants près d'ici il/elle recommanderait à ses amis.
8. Demande-lui s'il/si elle aime les restaurants self-service.
9. Tu aimerais savoir où est le restaurant français le plus proche et s'il/si elle y a mangé.
10. Tu veux savoir où il/elle mangerait ce soir s'il/si elle avait le choix.
11. Demande-lui qui il/elle inviterait à dîner avec lui/elle et ce qu'ils mangeraient.

Le Mél d'aujourd'hui

Courriel reçu

de:	bocuse@enparlant.fr
à:	toi@enparlant.fr

Bon anniversaire! Je t'invite au restaurant samedi soir, mais c'est à toi de choisir le restaurant. Dis-moi lequel et pourquoi tu choisis ce restaurant-là. Qu'y mangerons-nous? Veux-tu inviter d'autres à venir?

Réponse

de:	toi@enparlant.fr
à:	bocuse@enparlant.fr

réponse:

_____

_____

_____

_____

_____

_____

Vocabulaire: Le restaurant

compréhension

une addition (n.f.) a bill

recevoir (v.) to receive

le pourboire (n.m.) the tip

le service (n.m.) the service charge (on a bill)

compris (adj.) included

servir (v.) to serve

la caisse (n.f.) the cash register

une boisson (n.f.) a drink

avant (prép.) before

avec (prép.) with

après (prép.) after

déguster (v.) to eat, to savor

coûteux(-euse) (adj.) expensive, costly

le plat (n.m.) the dish

chinois(e) (adj.) Chinese

près de (prép.) near

recommander (v.) to recommend

le plus (adv.) the most

proche (adj.) near

le choix (n.m.) the choice

mangeriez (v. manger) would eat (conditionnel)

suggestions

le serveur (n.m.) the waiter

la serveuse (n.f.) the waitress

la caissière (n.f.) the (female) cashier

le caissier (n.f.) the (male) cashier

un apéritif (n.m.) before dinner drink

un vin (n.m.) a wine

une liqueur (n.m.) a cordial, liqueur

un digestif (n.m.) a cordial, liqueur, after dinner drink

autres possibilités

_____

_____

_____

_____

_____

_____

_____

_____

_____

_____

_____

_____

_____

_____

_____

_____

_____

_____

_____

Grammaire orale   ⬇ ➡ 👤 👤 🕐 _____ *3 verbes*

Le plus-que-parfait (une action passée précédante)

I had read	*I had arrived*	*I had gone to bed*
j'avais lu	**j'étais arrivé(e)**	je m'étais couché(e)
tu avais lu	tu étais arrivé(e)	**tu t'étais couché(e)**
il avait lu	**il était arrivé**	il s'était couché
elle avait lu	elle était arrivée	**elle s'était couchée**
on avait lu	**on était arrivé**	on s'était couché
nous avions lu	nous étions arrive(e)s	**nous nous étions couché(e)s**
vous aviez lu	**vous étiez arrivé(e)(s)**	vous vous étiez couché(e)(s)
ils avaient lu	ils étaient arrivés	**ils s'étaient couchés**
elles avaient lu	**elles étaient arrivées**	elles s'étaient couchées

(à répéter en changeant de verbes)

Le week-end *(conversation à deux)*

1. Quels sont les jours du week-end?
2. Quel jour est-ce que tu préfères, samedi ou dimanche? Pourquoi?
3. As-tu des cours le samedi matin? (Combien en as-tu?) (Les aimes-tu?)
4. Vas-tu jouer dans un match ce week-end? (Un match de quoi? Contre qui?)
5. Verras-tu un film ce week-end?
6. Quel film peut-on voir près d'ici ce week-end? (À quelle heure commence le film?)
7. Qu'est-ce que tu aimes faire le samedi soir?
8. Chez toi à quelle heure dois-tu rentrer le samedi soir?
9. À quelle heure est-ce que tu te couches le samedi soir?
10. À quelle heure te lèves-tu le dimanche matin?
11. Qu'est-ce que tu fais immédiatement après t'être levé(e) le dimanche matin?

Recyclage

1. Demande à ton/ta partenaire quels sont les jours du week-end.
2. Tu aimerais savoir quel jour il/elle préfère entre le samedi ou le dimanche, et pourquoi. Pose-lui ces questions.
3. Tu voudrais savoir s'il/si elle a des cours le samedi matin, combien de cours et s'il/si elle les aime. Demande-le-lui.
4. Tu es curieux(-euse) de savoir s'il/si elle va jouer dans un match ce week-end, quel genre de match et contre qui. Pose-lui ces questions.
5. Demande-lui s'il/si elle verra un film ce week-end.
6. Tu cherches à savoir quel film on peut voir près d'ici ce week-end et à quelle heure commence le film. Demande-le-lui.
7. Interroge-le/la sur les activités qu'il/elle aime faire le samedi soir.
8. Demande-lui à quelle heure il/elle doit rentrer le samedi soir.
9. Tu veux savoir à quelle heure il/elle se couche le samedi soir. Pose-lui la question.
10. Interroge-le/la sur l'heure où il/elle se lève le dimanche matin.
11. Demande-lui ce qu'il/elle fait immédiatement après s'être levé(e) le dimanche matin.

Le Texto d'aujourd'hui

de: Jihane 06.86.85.28.12

Salut! Tu fais quoi ce week-end? Si on sort ce soir? Dis-moi ce que tu veux faire!

réponse:

_____

_____

_____

_____

_____

_____

_____

Vocabulaire: Le week-end

compréhension

jouer dans un match (exp.) play a game, sport

de quoi (exp.) of what

voir (v.) to see

verras (v. voir) will see

près d'ici (adv.) near here

rentrer (v.) to go home

se coucher (v.) to go to bed

se lever (v.) to get up

après t'être levé(e) (exp.) after getting up

suggestions

un match de (n.m.) a game of
football américain
football (= soccer)
baseball, basket, hockey, ski

hockey sur gazon (n.m.) field hockey

cross (n.m.) le cross country

l'aviron (n.m.) crew "the oar"

se laver la figure (v.) to wash one's face

se brosser les dents (v.) to brush one's teeth

se peigner (v.) to comb one's hair

s'habiller (v.) to dress

se raser (v.) to shave

autres possibilités

_____
_____
_____
_____
_____
_____
_____
_____
_____

Grammaire orale ↓ → 👤 👤 🕐 _____ *3 verbes*

Le futur antérieur (une action future précédante)

I will have finished.	*I will have left.*	*I will have gotten up.*
j'aurai fini	**je serai parti(e)**	je me serai levé(e)
tu auras fini	tu seras parti(e)	**tu te seras levé(e)**
il aura fini	**il sera parti**	il se sera levé
elle aura fini	elle sera partie	**elle se sera levée**
on aura fini	**on sera parti**	on se sera levé
nous aurons fini	nous serons parti(e)s	**nous nous serons levé(e)s**
vous aurez fini	**vous serez parti(e)(s)**	vous vous serez levé(e)(s)
ils auront fini	ils seront parties	**il se seront levés**
elles auront fini	**elles seront parties**	elles se seront levées

(à répéter en changeant de verbes)

Le week-end *(conversation à deux)*

1. Est-ce que le dimanche est un jour intéressant pour toi? Pourquoi?
2. Fais-tu tes devoirs le week-end?
3. Pendant quelle partie de la journée est-ce que tu travailles le dimanche?
4. Est-ce que tu quittes l'école le week-end?
5. Quelle est la meilleure partie du week-end pour toi?
6. Quelle partie du week-end est-ce que tu n'aimes pas? Pourquoi?
7. Quelle est ton activité préférée le week-end?
8. Y a-t-il assez à faire le week-end?
9. Que peux-tu faire le week-end que tu ne peux pas faire pendant les autres jours?
10. Quels sont tes sentiments le dimanche soir?
11. Enfin, vas-tu t'amuser ce week-end?

Recyclage

1. Demande-lui si le dimanche est un jour intéressant pour lui/elle et pourquoi.
2. Tu aimerais savoir s'il/si elle fait ses devoirs le week-end. Pose-lui la question.
3. Tu cherches à savoir pendant quelle partie de la journée il/elle travaille le dimanche.
4. Tu veux savoir s'il/si elle quitte l'école le week-end. Demande-le-lui.
5. Demande-lui quelle est la meilleure partie du week-end pour lui/elle.
6. Interroge-le/la sur la partie du week-end qu'il/elle n'aime pas et pourquoi.
7. En forme de question, dis-lui de te parler de son activité préférée le week-end.
8. Demande-lui s'il y a assez à faire le week-end.
9. Tu voudrais savoir ce qu'il/elle peut faire le week-end qu'il/elle ne peut pas faire pendant les autres jours.
10. Interroge-le/la sur ses sentiments le dimanche soir.
11. Demande-lui s'il/si elle va s'amuser ce week-end.

Vocabulaire: Le week-end

compréhension

quitter (v.) to leave

assez à faire (exp.) enough to do

pouvoir (v.) to be able (peux)

s'amuser (v.) to have fun, a good time

suggestions

le matin (n.m.) morning

l'après-midi (n.m.) afternoon

le soir (n.m.) evening

dormir (v.) to sleep

jouer (v.) to play

se reposer (v.) to rest

se sentir (v.) to feel

Je me sens bien. I feel fine

Je me sens mal. I feel badly.

Je suis de bonne humeur (exp.) in a good mood

heureux(-euse) (adj.) happy

de mauvaise humeur (exp.) in a bad mood

maussade (adj.) grumpy

autres possibilités

_____

_____

_____

_____

_____

_____

_____

_____

_____

_____

_____

Grammaire orale ⬇ 🕐 _____ *2 règles*

Accord du participe passé – deux règles à mémoriser (surtout pour écrire correctement)

I   Le participe passé **d'un verbe sur "la liste"*** s'accorde avec le sujet.

*"la liste" = les seize verbes conjugués avec être au passé
*Elle est **partie, sortie, morte…***

II   **Le participe passé** s'accorde avec **un objet direct précédant.**

*Exemples: Je l'ai **vue**, Marie.*
*Les règles, je les ai **dites**. Elle s'est **lavée**.*
*Elles les a **vus**. La tarte, je l'ai **faite**..*

Le Mél d'aujourd'hui ✉

Courriel reçu

de: aicha@enparlant.fr
a: toi@enparlant.fr

Salut! Je pensais te voir ce week-end. Qu'est-ce que tu comptes faire? Y aurait-il un bon moment pour passer du temps ensemble?

Réponse

de: toi@enparlant.fr
à: aicha@enparlant.fr

réponse:

_____

_____

_____

_____

_____

_____

THÈME
4

actuellement
forêt geste
campagne
souvenir
vague divertir
cinéma congé
damier mer
de quoi boire
publicité
sportif plat
marée vivre
écran
plaire
soleil
repas
trictrac
foule
recette
croisière
jeux scène
durer
réagir sable
proche herbe
équipe jouer
gagner
journée
anniversaire
risquer chaîne galet
temps voyage
intéresser
meilleur
sommeil en plein air
sentir mieux
paisible
échiquier
stade
cuisine
piscine bateau
ombre étang

vedette metteur en scène émission
oublier entr'acte dramaturge
pièce se reposer fête
se passer
actualité
réaliser un rêve
manifester
rencontrer
paraître

Provence, France

LA VIE EST BELLE

QUESTIONS ESSENTIELLES

1. Quels sont les avantages et les inconvénients de la vie en ville et la vie à la campagne?

2. Vis-tu pour manger ou manges-tu pour vivre?

3. Quels sont tes divertissements préférés dans la vie?

4. Quel moment a été le meilleur de ta vie jusqu'à présent?

5. Quelles fêtes de l'année te plaisent le plus?

6. Quels sentiments ressens-tu lorsque tu voyages?

La campagne *(conversation à deux)*

1. Aimes-tu la campagne? Préfères-tu visiter la campagne ou vivre à la campagne?
2. Préfères-tu nager dans une piscine ou nager dans un étang?
3. Quels sont les bruits de la campagne?
4. Aimes-tu les promenades à pied dans la forêt?
5. Quels sont les odeurs de la campagne?
6. À la campagne est-ce que la vie est paisible ou bruyante?
7. Aimes-tu faire du camping? Préfères-tu les terrains de camping ou la forêt ?
8. Aimes-tu les jardins de fleurs et les jardins de légumes (les potagers)?
9. Est-ce que tu dors bien à la campagne? Aimes-tu te reposer dans un hamac?
10. Est-ce que les bruits de la campagne t'empêchent de dormir?
11. Y a-t-il des insectes a la campagne? Lesquels?

Recyclage

1. Demande à ton/ta partenaire s'il/si elle aime la campagne et s'il/si elle préfère visiter la campagne ou vivre à la campagne.
2. Tu aimerais savoir s'il/si elle préfère nager dans une piscine ou dans un étang. Pose-lui la question.
3. Interroge-le/la sur les bruits de la campagne.
4. Demande-lui s'il/si elle aime les promenades à pied dans la forêt.
5. Interroge-le/la sur les odeurs de la campagne.
6. Tu cherches à savoir si la vie est paisible ou bruyante à la campagne. Pose-lui la question.
7. Tu veux savoir s'il/si elle aime faire du camping et s'il/si elle préfère les terrains de camping ou la forêt. Demande-le-lui.
8. Demande-lui s'il/si elle aime les jardins de fleurs et les jardins de légumes.
9. Tu voudrais savoir s'il/si elle dort bien à la campagne et s'il/si elle aime se reposer dans un hamac.
10. Tu aimerais savoir si les bruits de la campagne l'empêchent de dormir.
11. Demande-lui s'il y a des insectes à la campagne et lesquels il y a.

Le Texto d'aujourd'hui

Bourgogne, France

de: Flore 06.39.47.12.96

Coucou! Me voilà à la campagne pour le week-end! J'ai l'habitude de vivre en ville. Quelles sont tes activités préférées à la campagne? 3 idées, stp?

réponse:

_____

_____

_____

_____

_____

_____

Vocabulaire: La campagne

compréhension	suggestions	autres possibilités

compréhension

la campagne (n.f.) the country

une piscine (n.f.) a swimming pool

un étang (n.m.) a pond

à pied (exp.) on foot

la forêt (n.f.) the forest

une odeur (n.f.) a smell, odor

paisible (adj.) peaceful

bruyant(e) (adj.) noisy

un terrain de camping (n.m.)
 a campground

un légume (n.m.) a vegetable

dormir (v.) to sleep
 (je dors, nous dormons)

empêcher (v.) (de + infinitif) to
 prevent (from sleeping)

suggestions

le vent (n.m.) the wind

le chant des oiseaux (n.m.)
 the singing of the birds

le mugissement des vaches (n.m.)
 the mooing of the cows

le bourdonnement (n.m.) the
 buzzing (des insectes = of insects)

le ruisseau (n.m.) the brook

le foin (n.m.) the hay

l'herbe (n.f.) the grass

la bouse (n.m.) the cow manure

la fumée (n.f.) the smoke

le sapin (n.m.) the fir tree

la mouche (n.f.) the fly

le moustique (n.m.) the mosquito

une abeille (n.f.) a bee

un bourdon (n.m.) a bumblebee

une guêpe (n.f.) a wasp

autres possibilités

_____

_____

_____

_____

_____

_____

_____

_____

_____

_____

_____

_____

_____

Grammaire orale   ?

Accord du participe passé avec un objet direct précédant
(à répéter au pluriel)   *(je, tu, il, elle, etc.)*

Voici	le mot, **le texte,** le dicton	que j'ai dit.
Voilà	**la phrase,** la pensée, **la préposition**	que j'ai <u>dite</u>.
Voici	le dîner, **le dessert,** le lit	que j'ai fait
Voilà	**la tarte,** la ratatouille, **la salade**	que j'ai <u>faite</u>.
Voici	le livre, **le crayon,** le cahier	que j'ai pris.
Voilà	**la pomme,** la banane, **la pêche**	que j'ai <u>prise</u>.
Voici	le pantalon, **le chapeau,** le collier	que j'ai mis.
Voilà	**la chemise,** la ceinture, **l'écharpe**	que j'ai <u>mise</u>.
Voici	les portes, **les lettres,** les boîtes	que j'ai <u>ouvertes</u>.

Saint-Cirq-Lapopie, France

La campagne *(conversation à deux)*

1. Est-ce que tu préfères la campagne en été ou en hiver?
2. À la campagne quelles sont les activités de l'hiver? Et les activités de l'été?
3. As-tu habité à la campagne? (Où? Quand? Pendant combien de temps?)
4. À la ferme quel animal aimerais-tu élever?
5. Dans la forêt quels animaux aimes-tu regarder?
6. Que fait-on le soir à la campagne?
7. À quelle heure se couche-t-on à la campagne?
8. Est-ce que l'on se couche plus tard à la campagne qu'en ville?
9. As-tu une maison de campagne (une maison de vacances)? (Quand y vas-tu?)
10. Penses-tu t'acheter une maison de campagne?
11. Penses-tu que la campagne est un endroit agréable ou ennuyeux?

Recyclage

1. Demande à ton/ta partenaire s'il/si elle préfère la campagne en été ou en hiver.
2. Interroge-le/la sur les activités de l'hiver et de l'été à la campagne.
3. Tu cherches à savoir s'il/si elle a habité à la campagne. Si oui, demande-lui où, quand et pendant combien de temps.
4. Tu veux savoir quel animal il/elle aimerait élever à la ferme. Pose-lui la question.
5. Demande-lui quels animaux il/elle aime regarder dans la forêt.
6. Tu aimerais savoir ce que l'on fait le soir à la campagne. Pose-lui la question.
7. Interroge-le/la sur l'heure où l'on se couche à la campagne.
8. Tu voudrais savoir si on se couche plus tard à la campagne qu'en ville. Pose-lui la question.
9. Demande-lui s'il/si elle a une maison de campagne ou une maison de vacances et quand il/elle y va.
10. Tu cherches à savoir s'il/si elle pense s'acheter une maison de campagne. Pose-lui la question.
11. Demande-lui s'il/si elle pense que la campagne est un endroit agréable ou ennuyeux.

Le Mél d'aujourd'hui

Courriel reçu

de:	severine@enparlant.fr
à:	toi@enparlant.fr

J'ai des amis qui adorent la campagne, mais moi je n'y trouve rien à faire. Si nous sommes invités à la campagne, qu'est-ce que nous y ferions? Je sais que mes grands-parents veulent m'inviter et je ne veux pas y aller tout(e) seul(e)!

Réponse

de:	toi@enparlant.fr
à:	severine@enparlant.fr

réponse:

_____

_____

_____

_____

_____

_____

Vocabulaire: La campagne

compréhension	suggestions	autres possibilités
pendant (prép.) during, for	**une promenade en ski** (n.f.) a ski outing	
aimerais-tu (v. aimer) would you like	**faire du ski de fond** (exp.) to go cross country skiing	
élever (v.) to raise	**un moto-neige** (n.m.) a snowmobile	
se coucher (v.) to go to bed	**le patinage** (n.m.) ice skating	
plus tard (adv.) later	**la natation** (n.f.) swimming	
une maison de campagne (n.f.) a country house	**le jardinage** (n.m.) gardening	
une maison de vacances (n.f.) a vacation house	**une promenade en bateau** (n.f.) a boat outing	
un endroit (n.m.) a place	**un mouton** (n.m.) a sheep	
agréable (adj.) pleasant	**une vache** (n.f.) a cow	
ennuyeux(-euse) (adj.) boring	**une chèvre** (n.f.) a goat	
	un écureuil (n.m.) a squirrel	
	un lapin (n.m.) a rabbit	
	un cerf (n.m.) a deer	

Grammaire orale

L'accord du participe passé avec un objet direct précédant (-Qui est responsable? -Eux!)

m.s.	f.s.	m.pl.	f.pl.
le livre	la tarte	les biscuits	les salades
le cahier	la chemise	les gâteaux	les pâtisseries
le pain	la voiture	les fruits	les oranges etc. etc.

-Eh, <u>la tarte</u>, c'est toi qui l'as prise?   (_____ à changer)

    -Mais non, ce n'est pas moi qui l'ai prise.

-Qui l'a prise alors?

    -Je ne sais pas qui l'a prise.

-Ce sont eux qui l'ont prise, comme toujours.

Haute-Savoie, France

Le cinéma *(conversation à deux)*

1. Aimes-tu aller au cinéma voir des films?
2. Quel est le dernier film que tu as vu au cinéma? Où est-ce que tu l'as vu?
3. Est-ce que tu es allé(e) tout(e) seul(e) voir ce film? (Sinon, avec qui?)
4. Qu'est-ce que tu as pensé du film que tu as vu?
5. Dans la salle de cinéma t'es-tu assis(e) devant, au milieu ou à l'arrière?
6. Préfères-tu t'asseoir près de l'écran ou loin de l'écran dans une salle de cinéma?
7. Au théâtre aimes-tu t'asseoir au dernier rang? Pourquoi? (Qui s'y assied?)
8. Combien coûte un billet de cinéma actuellement? Où l'achète-t-on?
9. Dans un cinéma américain où achète-t-on des bonbons, des boissons et du popcorn?
10. Préfères-tu télécharger des films pour regarder à la maison ou aller au cinéma?
11. Regardes-tu tes films téléchargés sur ta tablette, sur ton ordi ou à la télé?

Recyclage

1. Demande à ton/ta partenaire s'il/si elle aime aller au cinéma voir des films.
2. Interroge-le/la sur le dernier film qu'il/elle a vu au cinéma. Demande-lui où il/elle l'a vu.
3. Tu veux savoir s'il/si elle est allé(e) tout(e) seul(e) voir ce film ou sinon, avec qui il/elle est allé(e). Pose-lui ces questions.
4. Tu aimerais savoir ce qu'il/elle a pensé du film qu'il/elle a vu. Demande-le-lui.
5. Demande-lui où il/elle s'était assis(e) dans la salle de cinéma, devant, au milieu ou à l'arrière.
6. Tu es curieux(-euse) de savoir s'il/si elle préfère s'asseoir près de l'écran ou loin de l'écran dans une salle de cinéma.
7. Tu voudrais savoir s'il/si elle aime s'asseoir au dernier rang au théâtre. Demande-lui pourquoi et qui s'y assied.
8. Tu cherches à savoir combien coûte un billet de cinéma actuellement et où on peut l'acheter. Pose-lui ces question.
9. Demande-lui où on achète des bonbons, des boissons et du popcorn dans un cinéma américain.
10. Tu veux savoir s'il/si elle préfère télécharger des films pour regarder à la maison ou aller au cinéma. Pose-lui la question.
11. Demande-lui s'il/si elle regarde ses films téléchargés sur sa tablette, sur son ordi ou à la télé.

Le Texto d'aujourd'hui

de: Amandine 06.33.53.48.84

Salut! As-tu des films téléchargés pour ce week-end? Comment et où veux-tu les regarder?

réponse:

_____

_____

_____

_____

_____

Vocabulaire: Le cinéma

compréhension

le cinéma (n.m.) the movies, the movie theater

dernier/dernière (adj.) last

seul(e) (adj.) alone

si (adv.) if

penser (v.) to think

s'asseoir (v.) to sit down

assis(e) (adj.) seated

devant (prép.) in front

le milieu (n.m.) the middle

l'arrière (n.f.) the back

près de (prép.) near (to)

loin de (prép.) far (from)

un écran (n.m.) a (movie) screen

le rang (n.m.) the row

coûter (v.) to cost

un billet (n.m.) a ticket

actuellement (adv.) now,

au present (=maintenant)

une boisson (n.f.) a drink

diriger (v.) to direct, lead

la place (n.f.) the seat

télécharger (v.) to download

la tablette (n.f.) digital tablet

l'ordi(nateur) (n.m.) the computer

la télé (n.f.) tv

suggestions

amusant (adj.) amusing

divertissant (adj.) entertaining

terrifiant(e) (adj.) terrifying

triste (adj.) sad

agréable (adj.) pleasant

passionnant(e) (adj.) exciting

bête (adj.) silly, stupid

terrible! (adj.) great! (slang)

dingue (adj.) crazy (slang)

un petit ami (n.m.) a boyfriend

une petite amie (n.f.) a girlfriend

le guichet (n.m.) the ticket window

le hall (n.m.) the entry, foyer

autres possiblités

_____
_____
_____
_____
_____
_____
_____
_____
_____
_____
_____
_____
_____
_____
_____
_____
_____
_____
_____

Grammaire orale

Verbes irréguliers au présent (alternez de gauche à droite, "racontez" de haut en bas)

	je	tu	il/elle/on	nous	vous	ils/elles
aller	vais	**vas**	va	**allons**	allez	**vont**
connaître	**connais**	connais	**connaît**	connaissons	**connaissez**	connaissent
dire	dis	**dis**	dit	**disons**	dites	**disent**
devoir	**dois**	dois	**doit**	devons	**devez**	doivent
écrire	écris	**écris**	écrit	**écrivons**	écrivez	**écrivent**
être	**suis**	es	**est**	sommes	**êtes**	sont
faire	fais	**fais**	fait	**faisons**	faites	**font**
lire	**lis**	lis	**lit**	lisons	**lisez**	lisent
mettre	mets	**mets**	met	**mettons**	mettez	**mettent**

Le cinéma *(conversation à deux)*

1. Généralement, achètes-tu à boire et à manger au cinéma? Comment sont les prix?
2. Est-il permis de fumer dans un cinéma français ou américain?
3. S'il y a un balcon, préfères tu les places à l'orchestre ou les places au balcon?
4. Est-ce que tu préfères les documentaires ou les dessins animés?
5. Dans les dessins animés quel est ton personnage favori?
6. Quel est ton acteur de cinéma préféré? Et ton actrice préférée?
7. Y a-t-il un metteur en scène que tu admires? (Pour quels films?)
8. Est-ce que les cinémas en plein air sont populaires en France?
9. Quel est le meilleur film que tu aies jamais vu? Et le plus mauvais?
10. Quels films sont au cinéma actuellement?
11. Aimerais-tu être vedette de cinéma? Pourquoi ou pourquoi pas?

Recyclage

1. Demande à ton/ta partenaire s'il/si elle achète à boire et à manger au cinéma et comment sont les prix.
2. Tu es curieux(-euse) de savoir s'il est permis de fumer dans un cinéma français ou américain. Pose-lui la question.
3. Demandez-lui où il/elle préfère s'asseoir, à l'orchestre ou au balcon.
4. Tu veux savoir s'il/si elle préfère les documentaires ou les dessins animés. Pose-lui la question.
5. Tu aimerais savoir qui est son personnage favori dans les dessins animés. Demande-le-lui.
6. Demande-lui qui sont son acteur et son actrice préférés.
7. Interroge-le/la sur le metteur en scène qu'il/elle admire et pour quels films.
8. Tu voudrais savoir si les cinémas en plein air sont populaires en France. Pose-lui la question.
9. Demande-lui quel est le meilleur film qu'il/elle ait jamais vu et quel est le plus mauvais.
10. Tu cherches à savoir quels films sont au cinéma actuellement. Pose-lui la question.
11. Demande-lui s'il/si elle aimerait être vedette de cinéma et pourquoi ou pourquoi pas.

Le Mél d'aujourd'hui

Courriel reçu

| de: | belmondo@enparlant.fr |
| à: | toi@enparlant.fr |

As-tu vu un film au cinéma récemment? Avec qui? Est-ce que l'occasion t'a plu? Tu recommandes le film? Parle-m'en.

Réponse

| de: | toi@enparlant.fr |
| à: | belmondo@enparlant.fr |

réponse:

_____

_____

_____

_____

_____

_____

Vocabulaire: Le cinéma

compréhension

de quoi manger (exp.) something
to eat

de quoi boire (exp.) something
to drink

permis (adj.) permitted

fumer (v.) to smoke

un balcon (n.m.) a balcony

un documentaire (n.m.)
a documentary

un dessin animé (n.m.) a cartoon

un personnage (n.m.) a character

préféré(e) (adj.) favorite

un metteur en scène (n.m.)
a director

le meilleur (adj.) the best

aies (v. avoir) (subjonctif) have

le plus mauvais (adj.) the worst

actuellement (adv.) now, currently,
at present

une vedette (n.f.) a movie star (man
or woman)

suggestions

le chocolat (n.m.) chocolate

un eskimo (n.m.) ice cream bar

des bonbons (n.m.pl.) candy

Bob l'éponge = Sponge Bob

Mickey

Les Schtroumpfs = Smurfs
(from Belgium)

Titeuf (a French cartoon character)

Astérix et Obélix (French cartoon
characters)

autres possibilités

_____
_____
_____
_____
_____
_____
_____
_____
_____
_____
_____
_____
_____
_____
_____

Grammaire orale ➡ ? 👤 👤

Verbes irréguliers au présent (alternez de gauche à droite, "racontez" de haut en bas)

	je	tu	il/elle/on	nous	vous	ils/elles
ouvrir	ouvre	**ouvres**	ouvre	**ouvrons**	ouvrez	**ouvrent**
partir	**pars**	pars	**part**	partons	**partez**	partent
pouvoir	peux	**peux**	peut	**pouvons**	pouvez	**peuvent**
prendre	**prends**	prends	**prend**	prenons	**prenez**	prennent
savoir	sais	**sais**	sait	**savons**	savez	**savent**
sortir	**sors**	sors	**sort**	sortons	**sortez**	sortent
venir	viens	**viens**	vient	**venons**	venez	**viennent**
voir	**vois**	vois	**voit**	voyons	**voyez**	voient
vouloir	veux	**veux**	veut	**voulons**	voulez	**veulent**

Cannes, France

La cuisine *(conversation à deux)*

1. As-tu une grande cuisine? Aimes-tu cuisiner chez toi?
2. Quel est le plat que tu prépares le mieux?
3. As-tu déjà préparé un dîner? Pour combien de personnes? Qu'as-tu préparé?
4. Y a-t-il des appareils électriques ménagers (de cuisine) chez toi? Lesquels?
5. Quel repas préfères-tu préparer?
6. As-tu déjà fait une omelette? Qu'est-ce qu'il y a dans une omelette?
7. As-tu déjà préparé un gâteau? (Pour qui? Pour quelle occasion?)
8. Est-ce que l'on peut se mettre à table dans la cuisine chez toi?
9. Préfères-tu manger dans la cuisine ou dans la salle à manger? Pourquoi?
10. Quelle est ta viande préférée? Qui la prépare le mieux?
11. Quel est ton légume préféré? Peux-tu le préparer?

Recyclage

1. Demande à ton/ta partenaire s'il/si elle a une grande cuisine et s'il/si elle aime cuisiner chez lui/elle.
2. Interroge-le/la sur le plat qu'il/elle prépare le mieux.
3. Tu cherches à savoir s'il/si elle a déjà préparé un dîner, pour combien de personnes et ce qu'il/elle a préparé. Pose-lui ces questions.
4. Tu voudrais savoir s'il y a des appareils électriques ménagers (de cuisine) chez lui/elle et lesquels. Demande-le-lui.
5. Demande-lui quel repas il/elle préfère préparer.
6. Tu aimerais savoir s'il/si elle a déjà fait une omelette et ce qu'il y a dans une omelette. Pose-lui les deux questions.
7. Tu veux savoir s'il/si elle a déjà préparé un gâteau, pour qui et pour quelle occasion. Pose-lui ces trois questions.
8. Tu es curieux(-euse) de savoir si l'on peut se mettre à table dans la cuisine. Demande-le-lui.
9. Demande-lui s'il/si elle préfère manger dans la cuisine ou dans la salle à manger et pourquoi.
10. Interroge-le/la sur sa viande préférée et qui la prépare le mieux.
11. Interroge-le/la sur son légume préféré et demande-lui s'il/si elle peut le préparer.

Le Texto d'aujourd'hui

de: Hugo 06.94.30.88.22

Salut! Dis-moi, tu sais faire un bon gâteau? Donne-moi la recette, stp!

réponse:

_____

_____

_____

_____

_____

Vocabulaire: La cuisine

compréhension

la cuisine (n.f.) kitchen, cooking

cuisiner (v.) to cook

le plat (n.m.) the dish

le mieux (adv.) the best

un appareil ménager
(n.m.) a small appliance

lesquels (pron.) which ones

le repas (n.m.) the meal

déjà (adv.) already

un gâteau (n.m.) a cake

se mettre à table (exp.) to sit
(put oneself) at the table

la salle à manger (n.f.)
the dining room

la viande (n.f.) meat

le légume (n.m.) vegetable

pouvoir (v.) to be able to
(je peux, nous pouvons)

suggestions

un grille-pain (n.m.) a toaster

un (four à) micro-ondes (n.m.)
a microwave oven

un appareil (n.m.) a food processor
(exemples) un Cuisinart, un
Robotcoupe, un Moulinex

**un réfrigérateur, un frigidaire, un
frigo** (n.m.) a refrigerator/fridge

une cuisinière (n.f.) a stove

le petit déjeuner (n.m.)
the breakfast

le déjeuner (n.m.) the lunch

le dîner (n.m.) the dinner

des oeufs (n.m.pl.) eggs

le bifteck (n.m.) the steak

le poulet (n.m.) the chicken

le mouton (n.m.) the lamb

les petis pois (n.m.pl.) the peas

les haricots verts (n.m.pl.)
the green beans

la carotte (n.f.) the carrot

autres possibilités

_____

_____

_____

_____

_____

_____

_____

_____

_____

_____

_____

_____

_____

_____

Grammaire orale → ? 🙋 🙋

Verbes irréguliers au présent (alternez de gauche à droite, "racontez" de haut en bas)

	je	tu	il/elle/on	nous	vous	ils/elles
battre	bats	**bats**	bat	**battons**	battez	**battent**
boire	**bois**	bois	**boit**	buvons	**buvez**	boivent
conduire	conduis	**conduis**	conduit	**conduisons**	conduisez	**conduisent**
couvrir	**couvre**	couvres	**couvre**	couvrons	**couvrez**	couvrent
croire	crois	**crois**	croit	**croyons**	croyez	**croient**
dormir	**dors**	dors	**dort**	dormons	**dormez**	dorment
fuir	fuis	**fuis**	fuit	**fuyons**	fuyez	**fuient**
mentir	**mens**	mens	**ment**	mentons	**mentez**	mentent
peindre	peins	**peins**	peint	**peignons**	peignez	**peignent**

La cuisine (conversation à deux)

1. Lorsque tu mets le couvert, de quel côté de l'assiette est-ce que tu mets la fourchette?
2. Préfères-tu des pommes de terre, du riz ou des pâtes avec la viande?
3. Quelle sorte de dessert est-ce que tu aimes? Peux-tu le préparer? Comment?
4. As-tu une cuisinière électrique ou une cuisinière à gaz? Laquelle préfères-tu?
5. Y a-t-il un four à micro-onde dans ta cuisine? Est-il utile?
6. As-tu un grille-pain électrique? Pour combien de tranches? (Brûles-tu le pain?)
7. Connais-tu une recette pour préparer une pâte à crêpe? (Sais-tu la préparer?)
8. Pour faire une crêpe dans une poêle, combien de fois faut-il la faire tourner?
9. Est-ce que parler de cuisine te donne faim?
10. Si tu te préparais tous les repas pour demain, quel serait le menu des trois repas?
11. Si tu ne préparais pas le dîner, de préférence que commanderais-tu?

Recyclage

1. Demande à ton/ta partenaire de quel côté de l'assiette il/elle met la fourchette lorsqu'il/elle met le couvert.
2. Interroge-le/la sur ses préférences entre les pommes de terre, le riz et les pâtes avec la viande.
3. Tu es curieux(-euse) de savoir quel genre de dessert il/elle aime, s'il/si elle peut le préparer, et comment. Pose-lui ces trois questions.
4. Tu veux savoir s'il/si elle a une cuisinière électrique ou une cuisinière à gaz et laquelle il/elle préfère. Demande-le-lui.
5. Demande-lui s'il/si elle a un four à micro-onde dans sa cuisine et s'il/si elle le trouve utile.
6. Tu voudrais savoir s'il/si elle a un grille-pain électrique, pour combien de tranches, et s'il/si elle brûle le pain. Pose-lui ces trois questions.
7. Tu aimerais savoir s'il/si elle connaît une recette pour préparer une pâte à crêpe et s'il/si elle sait la préparer. Demande-le-lui.
8. Demande-lui combien de fois il faut faire tourner une crêpe quand on fait une crêpe dans une poêle.
9. Tu cherches à savoir si parler de cuisine lui donne faim. Pose-lui la question.
10. Tu veux savoir quel serait le menu des trois repas s'il/si elle préparait tous les repas pour demain. Pose-lui la question.
11. Demande-lui ce qu'il commanderait de préférence s'il/si elle ne préparait pas le dîner.

Le Mél d'aujourd'hui

Courriel reçu

| de: | arnaud@enparlant.fr |
| à: | toi@enparlant.fr |

On dit que la cuisine se mondialise maintenant. Dans ta région, quelles sont les différentes cuisines, régionales, qu'on peut goûter? Quelles sont tes préférences personnelles?

Réponse

| de: | toi@enparlant.fr |
| à: | arnaud@enparlant.fr |

réponse:

_____

_____

_____

_____

_____

_____

Vocabulaire: La cuisine

compréhension

mettre le couvert (v.) to set the table

le côté (n.m.) the side

une assiette (n.f.) the plate

la fourchette (n.f.) the fork

une pomme de terre (n.f.) a potato

le riz (n.m.) the rice

les pâtes (n.f.pl.) the pasta

une cuisinière (n.f.) a stove

le gaz (n.m.) the (cooking) gas

un four (n.m.) an oven

une onde (n.f.) a wave

utile (adj.) useful

un grille-pain (n.m.) a toaster

une tranche (n.f.) a slice

brûler (v.) to burn

griller (v.) to cook, toast

une recette (n.f.) a recipe

une pâte à crêpe (n.f.) pancake batter

faire sauter (exp.) to cook (turn) (pancake)

une poêle (n.f.) a pan

une fois (n.f.) a time, occasion

donner faim (exp.) to make hungry

le repas (n.m.) the meal

commander (v.) to order (in a restaurant)

suggestions

à gauche (exp.) to the left

à droite (exp.) to the right

la mousse au chocolat (n.f.) chocolate mousse/cream

la crème caramel (n.f.) caramel custard

la tarte aux pommes (n.f.) apple pie

la nourriture (n.f.) the food

autres possibilités

_____

_____

_____

_____

_____

_____

_____

_____

_____

_____

_____

_____

_____

_____

_____

_____

_____

_____

Grammaire orale → ?

Verbes irréguliers au présent (alternez de gauche à droite, "racontez" de haut en bas)

	je	tu	il/elle/on	nous	vous	ils/elles
plaire	plais	**plais**	plaît	**plaisons**	plaisez	**plaisent**
répondre	**réponds**	réponds	**répond**	répondons	**répondez**	répondent
recevoir	reçois	**reçois**	reçoit	**recevons**	recevez	**reçoivent**
rire	**ris**	ris	**rit**	rions	**riez**	rient
sentir	sens	**sens**	sent	**sentons**	sentez	**sentent**
servir	**sers**	sers	**sert**	servons	**servez**	servent
suivre	suis	**suis**	suit	**suivons**	suivez	**suivent**
tenir	**tiens**	tiens	**tient**	tenons	**tenez**	tiennent
vivre	vis	**vis**	vit	**vivons**	vivez	**vivent**

Les jeux *(conversation à deux)*

1. Quels sont les jeux de société les plus répandus?
2. Préfères-tu jouer aux cartes ou aux échecs?
3. Joues-tu bien aux cartes? Aux echecs? À un autre jeu?
4. À quoi joue-t-on sur un échiquier? Et sur un damier?
5. Quelles sont les quatre "couleurs" des cartes à jouer?
6. Quels sont les noms des treize cartes de chaque couleur (de chaque série)?
7. Quand tu joues aux cartes, est-ce que tu triches?
8. Quand tu joues, est-ce que tu paries de l'argent?
9. Est-ce que tu joues toujours honnêtement et loyalement? Toujours?
10. Au début d'un match d'échecs quelles pièces sont placées au premier rang?
11. De quelles couleurs sont les pièces normalement? Et les cases de l'échiquier?

Recyclage

1. Demande à ton/ta partenaire quels sont les jeux de société les plus répandus.
2. Tu es curieux(-euse) de savoir s'il/si elle préfère jouer aux cartes ou aux échecs. Pose-lui la question.
3. Tu cherches à savoir s'il/si elle joue bien aux cartes, aux échecs ou à un autre jeu. Pose-lui ces trois questions.
4. Tu aimerais savoir à quoi on joue sur un échiquier et sur un damier. Demande-le-lui.
5. Demande-lui quelles sont les quatre "couleurs" des cartes à jouer.
6. Interroge-le/la sur le nom des treize cartes de chaque couleur (de chaque série).
7. Tu veux savoir s'il/si elle triche quand il/elle joue aux cartes. Pose-lui la question.
8. Demande-lui s'il/si elle parie de l'argent quand il/elle joue.
9. Tu voudrais savoir s'il/si elle joue toujours honnêtement et loyalement. Demande-le-lui.
10. Tu cherches à savoir quelles pièces sont placées au premier rang au début d'un match d'échecs. Pose-lui la question.
11. Demande-lui de quelles couleurs sont les pièces normalement et les cases de l'échiquier.

Le Texto d'aujourd'hui

de: Fabien 06.80.00.21.34

Je passe le week-end avec ma tante et elle ADORE les jeux. Si je peux apprendre un jeu avant samedi, lequel me conseilles-tu et quels sont les principes les plus importants du jeu?

réponse:

_____

_____

_____

_____

_____

_____

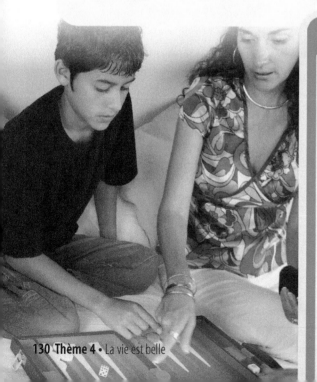

Vocabulaire: Les jeux

compréhension

le jeu (n.m.) the game (gambling)

les jeux de société (exp.) social (parlor, board) games

répandu(e) (adj.) widespread

jouer à (v.) to play (+ game)

les cartes (n.f.pl.) cards

les échecs (n.m.pl.) chess

un échiquier (n.m.) a chess board

un damier (n.m.) a checker board

la couleur (n.f.) color, suit (for cards)

tricher (v.) to cheat

parier (v.) to bet

honnêtment (adv.) honestly

loyalement (adv.) fairly

le début (n.m.) the beginning

la pièce (n.m.) gamepiece

le rang (n.m.) the row

au premier rang (exp.) in the front row

la case (n.m.) the square

suggestions

le jeu de domino (n.m.) dominos

Monopoly = Monopoly

les cartes (n.f.pl.) cards

les dames (n.f.pl.) checkers

les échecs (n.m.pl.) chess

ni l'un ni l'autre (exp.) neither one nor the other

On joue aux échecs. One plays chess.

On joue aux dames. One plays checkers.

le pique (n.m.) the spade

le coeur (n.m.) the heart

le carreau (n.m.) the diamond

le trèfle (n.m.) the club

le deux, le trois, le quatre, …

le dix, le valet, la dame, le roi, l'as

le pion (n.m.) the pawn (for chess)

autres possibilités

_____

_____

_____

_____

_____

_____

_____

_____

_____

_____

_____

_____

_____

_____

_____

_____

_____

Grammaire orale

Expressions negatives. (ne…jamais) (ne…rien) Deux disputes.

Il <u>parle</u> toujours.
Il ne parle jamais.
Il parle toujours.
Il ne parle jamais.
Toujours.
Jamais.
Toujours!
Jamais!
Il parle quelquefois.
Oui, il parle quelquefois.
Alors, nous sommes enfin d'accord.
  (Il <u>danse</u> toujours. Etc.)

Il <u>mange</u> tout.
Il ne mange rien.
Il mange tout.
Il ne mange rien.
Tout.
Rien.
Tout!
Rien!
Il mange quelque chose.
Oui, il mange quelque chose.
Alors, nous sommes enfin d'accord.
  (Il <u>boit</u> tout. Etc.)

Les jeux *(conversation à deux)*

1. Comment s'appellent les différentes pièces au deuxième rang dans un jeu d'échecs?
2. Sais-tu jouer au trictrac? Est-ce que le trictrac est aussi populaire que les échecs?
3. Aimes-tu jouer au Monopoly? (De quelle couleur sont les bonnes propriétés?)
4. Quelles sont les meilleures propriétés dans le jeu de Monopoly? (Et leur couleur?)
5. Que peut-on faire si on a un monopole des propriétés de la même couleur?
6. Quand est-ce que l'on paie le loyer dans le jeu de Monopoly?
7. Connais-tu le jeu français Mille Bornes?
8. À quels autres jeux aimes-tu jouer?
9. À quel jeu est-ce que tu joues le mieux?
10. Préfères-tu gagner ou perdre au jeu?
11. Peux-tu perdre aussi poliment que tu gagnes?

Recyclage

1. Demande à ton/ta partenaire comment s'appellent les différentes pièces au deuxième rang dans un jeu d'échecs.
2. Tu es curieux(-euse) de savoir s'il/si elle sait jouer au trictrac et si le trictrac est aussi populaire que les échecs. Pose-lui ces deux questions.
3. Tu veux savoir s'il/si elle aime jouer au Monopoly et de quelle couleur sont les bonnes propriétés. Demande-le-lui.
4. Interroge-le/la sur les meilleures propriétés dans le jeu de Monopoly et leur couleur.
5. Demande-lui ce que l'on peut faire si on a un monopole des propriétés de la même couleur.
6. Tu aimerais savoir quand on paie le loyer dans le jeu de Monopoly. Demande-le-lui.
7. Tu voudrais savoir s'il/si elle connaît le jeu français Mille Bornes. Pose-lui la question.
8. Demande-lui à quels autres jeux il/elle aime jouer.
9. Interroge-le/la sur le jeu auquel il/elle joue le mieux.
10. Tu cherches à savoir s'il/si elle préfère gagner ou perdre au jeu. Pose-lui la question.
11. Demande-lui s'il/si elle peut perdre aussi poliment qu'il/elle gagne.

Le Mél d'aujourd'hui

Courriel reçu

de: brice@enparlant.fr
à: toi@enparlant.fr

Est-ce que les jeunes de ta région jouent toujours aux jeux qui ne sont pas des jeux vidéo? Je voudrais envoyer des jeux à mes petits-enfants. Lesquels me conseilles-tu? Je ne sais plus ce qui leur plaît.

Réponse

de: toi@enparlant.fr
à: brice@enparlant.fr

réponse:

_____

_____

_____

_____

_____

_____

Vocabulaire: Les jeux

compréhension

dernier/dernière (adj.) last

le trictrac (n.m.) backgammon

meilleur(e) (adj.) best

le loyer (n.m.) the rent

le mieux (adv.) the best

gagner (v.) to win

perdre (v.) to lose

peux-tu (v. pouvoir) can you
  (je peux, nous pouvons)

poliment (adj.) politely

suggestions

le pion (n.m.) the pawn (chess),
  playing piece (backgammon)

la tour (n.f.) the castle, rook

le cavalier (n.m.) the knight

le fou (n.m.) the (fool) bishop

la dame (n.f.) the (lady) queen

le roi (n.m.) the king

construire (v.) to build

faire construire (v.) to have built

une maison (n.m.) a house

un hôtel (n.m.) a hotel

abandonner (v.) to give up

laisser tomber (v.) to drop

la partie (n.f.) the game (match)

le hasard (n.m.) chance

la chance (n.f.) luck

pas de chance (exp.) bad luck

autres possibilités

_____

_____

_____

_____

_____

_____

_____

_____

_____

_____

_____

_____

_____

Grammaire orale ⬇

Expressions négatives. (ne…nulle part, ne…personne) Deux disputes.

Elle <u>voyage</u> partout.
Elle ne voyage nulle part.
Elle voyage partout.
Elle ne voyage nulle part.
Partout.
Nulle part.
Partout!
Nulle part!
Elle voyage quelque part?
Oui, elle voyage quelque part.
Alors, nous sommes enfin d'accord.
　　　(Elle <u>va</u> partout. Etc.)

Tout le monde <u>le fait</u>.
Personne ne le fait.
Tout le monde le fait.
Personne ne le fait.
Tout le monde.
Personne.
Tout le monde!
Personne!
Quelqu'un le fait?
Oui, quelqu'un le fait.
Alors, nous sommes enfin d'accord.
　　　(Tout le monde <u>est sérieux</u>. Etc.)

Le meilleur moment *(conversation à deux)*

1. Quand est-ce que ce moment s'est passé?
2. Quel âge avais-tu à ce moment?
3. Est-ce que ce très bon moment était une surprise?
4. Combien de temps est-ce que ce "moment" a duré?
5. Quel temps faisait-il ce jour-là? Quel jour de la semaine était-ce?
6. Mangeait-on ou buvait-on à ce moment? (Qu'est-ce que l'on mangeait et buvait?)
7. Étais-tu chez un ami ou chez un parent?
8. À ce moment étais-tu à l'intérieur ou à l'extérieur d'un bâtiment?
9. Peux-tu décrire l'endroit précis où tu te trouvais?
10. Peux-tu (ou veux-tu) y retourner? Est-ce possible? Y es-tu déjà retourné(e)?
11. Sais-tu quels vêtements tu portais à ce moment?

Recyclage

1. Demande à ton/ta partenaire quand ce moment s'est passé.
2. Interroge-le/la sur son âge en ce moment.
3. Tu veux savoir si ce bon moment était une surprise. Demande-le-lui.
4. Tu es curieux(-euse) de savoir combien de temps ce moment a duré. Pose-lui la question.
5. Demande-lui quel temps il faisait ce jour-là et quel jour de la semaine c'était.
6. Tu aimerais savoir si on mangeait et buvait à ce moment et si oui, ce que l'on mangeait et buvait.
7. Tu cherches à savoir s'il/si elle était chez un ami ou chez un parent. Pose-lui la question.
8. Demande-lui s'il/si elle était à l'intérieur ou à l'extérieur d'un bâtiment.
9. Tu voudrais savoir s'il/si elle peut décrire l'endroit précis où il/elle se trouvait. Pose-lui la question.
10. Demande-lui s'il/si elle veut y retourner, si c'est possible et s'il/si elle y est déjà retourné(e).
11. Interroge-le/la sur les vêtements qu'il/elle portait à ce moment.

Le Texto d'aujourd'hui

de: Liselle 06.12.98.48.22

Hier soir j'ai vécu le moment de mes rêves! Donne-moi quelques détails sur moment auquel tu rêves! J'espère qu'un jour ton rêve se réalisera!

réponse:

_____

_____

_____

_____

_____

_____

Vocabulaire: Le meilleur moment

compréhension	suggestions	autres possibilités

se passer (v.) to happen

durer (v.) to last

Quel temps faisait-il? (exp.)
  What was the weather like?

un parent (n.m.) a relative (a parent)

un bâtiment (n.m.) a building

décrire (v.) to describe

un endroit (n.m.) a place, location

précis(e) (adj.) precise, exact

se trouver (v.) to be (located)

retourner (v.) to go back

y (adv.) there

les vêtements (n.m.pl.) clothing

suggestions

un instant (n.m.) an instant

quelques secondes (n.f.pl.) a few
  seconds

quelques moments (n.m.pl.) some
  time, a few moments

autres possibilités

_____

_____

_____

_____

_____

_____

_____

_____

Grammaire orale

Expressions négatives. (ne…pas, ne…pas encore) Deux disputes.

Ils sont <u>bêtes</u>.
Ils ne sont pas bêtes.
Ils sont bêtes.
Ils ne sont pas bêtes.
Si.
Non.
Si!
Non!
Ils sont… peu intelligents?
Oui, il sont peu intelligents.
Alors, nous sommes enfin d'accord.
    (*Ils sont <u>fantastiques</u>. Etc.*)

Il <u>a déjà fini</u>.
Il n'a pas encore fini.
Il a déjà fini.
Il n'a pas encore fini.
Déjà.
Pas encore.
Déjà!
Pas encore!
Il a presque fini?
Oui, il a presque fini.
Alors, nous sommes enfin d'accord.
    (*Il <u>a terminé</u>. Etc.*)

Le meilleur moment *(conversation à deux)*

1. Est-ce que c'était une nouvelle ou un événement qui t'a rendu(e) heureux(se)?
2. Qui assistait à ce moment de ta vie? (Où sont ces personnes maintenant?)
3. En somme, qu'est-ce qui s'est passé?
4. Et qu'est-ce que tu as fait? Comment te sentais-tu?
5. Comment as-tu réagi?
6. Comment est-ce que les autres personnes ont réagi?
7. Te souviens-tu clairement de ce moment?
8. De quels détails te souviens-tu le plus clairement?
9. Quel sentiment gardes-tu de ce moment?
10. T'es-tu rendu compte de l'importance de ce moment sur le champ ou plus tard?
11. Pourquoi était-ce un moment important pour toi?

Recyclage

1. Demande à ton/ta partenaire si c'était une nouvelle ou un événement important qui l'a rendu(e) heureux(-euse).
2. Interroge-le/la sur les personnes qui assistaient à ce moment et où elles sont maintenant.
3. Tu es curieux(-euse) de savoir ce qui s'est passé en somme. Pose-lui la question.
4. Interroge-le/la sur ce qu'il/elle a fait et comment il/elle se sentait.
5. Demande-lui comment il/elle a réagi.
6. Tu veux aussi savoir comment les autres ont réagi. Pose-lui la question.
7. Tu aimerais savoir s'il/si elle se souvient clairement de ce moment. Demande-le-lui.
8. Demande-lui de quels détails il/elle se souvient le plus clairement.
9. Tu cherches à savoir quel sentiment il/elle garde de ce moment. Pose-lui la question.
10. Tu voudrais savoir s'il/si elle s'est rendu compte de l'importance de ce moment sur le champ ou plus tard. Demande-le-lui.
11. Demande-lui pourquoi c'était un moment important pour lui/elle.

Le Mél d'aujourd'hui

Courriel reçu

de:	emmanuel@enparlant.fr
à:	toi@enparlant.fr

Décris-moi le moment de tes rêves! Je dois interviewer mes amis pour un projet d'école et j'aimerais que tu me racontes ton histoire!

Réponse

de:	toi@enparlant.fr
à:	emmanuel@enparlant.fr

réponse:

_____

_____

_____

_____

_____

_____

Vocabulaire: Le meilleur moment

compréhension

rendre (+ adj.) (v.) to make _____ (happy)

en somme (exp.) finally, in short

qu'est-ce qui s'est passé (exp.) what happened

se sentir (v.) to feel

réagir (v.) to react

se souvenir (de) (v.) to remember

clairement (adv.) clearly

garder (v.) to keep

se rendre compte de (v.) to realize

sur le champ (adv.) immediately

plus tard (adv.) later

suggestions

J'ai ri. (v. rire) I laughed.

J'ai pleuré. (v. pleurer) I cried.

J'ai crié. (v. crier) I shouted.

J'ai dansé. (v. danser) I danced.

J'ai souri. (v. sourire) I smiled.

heureux(-euse) (adj.) happy

joyeux(-euse) (adj.) joyful

satisfait(e) (adj.) satisfied

content(e) (adj.) content, happy

radieux(-euse) (adj.) radiant

ravi(e) (adj.) delighted

réjoui(e) (adj.) joyful, delighted

la joie (n.f.) joy

le bonheur (n.m.) happiness

le contentement (n.m.) contentment

la satisfaction (n.f.) the satisfaction

le plaisir (n.m.) the pleasure

autres possibilités

_____
_____
_____
_____
_____
_____
_____
_____
_____
_____
_____
_____
_____
_____

Grammaire orale

Questions – sujets – personnes (**qui + qui est-ce qui**)		– choses (**qu'est-ce qui**)
Qui fume?	Qui est-ce qui fume?	**Qu'est-ce qui fume?**
Qui parle?	**Qui est-ce qui parle?**	Qu'est-ce qui brûle?
Qui dort?	Qui est-ce qui dort?	**Qu'est-ce qui sonne?**
Qui marche?	**Qui est-ce qui marche?**	Qu'est-ce qui marche?
Qui pense?	Qui est-ce qui pense?	**Qu'est-ce qui explose?**
Qui tombe?	**Qui est-ce qui tombe?**	Qu'est-ce qui tombe?
Qui chante?	Qui est-ce qui chante?	**Qu'est-ce qui claque?**
Qui rêve?	**Qui est-ce qui rêve?**	Qu'est-ce qui cuit?
Qui tousse?	Qui est-ce qui tousse?	**Qu'est-ce qui pue?**

Le pique-nique *(conversation à deux)*

1. Aimes-tu les pique-niques?
2. Quelle est la meilleure saison pour un pique-nique?
3. Est-ce que ta famille a un pique-nique traditionnel tous les ans?
4. Te souviens-tu d'un pique-nique très agréable? Où? Quand? Avec qui?
5. Quelle sorte de sandwich préfères-tu à un pique-nique?
6. Quelles sortes de boissons préfères-tu?
7. Quel est ton plat préféré pour un pique-nique?
8. Quel plat est-ce que l'on ne mange jamais pour un pique-nique? (Pourquoi pas?)
9. Est-ce que tu étales quelque chose sur l'herbe avant de t'asseoir?
10. De quelle couleur est la nappe que tu associes à un pique-nique?
11. Comment transportes-tu ce que vous allez manger et boire?

Recyclage

1. Demande à ton/ta partenaire s'il/si elle aime les pique-niques.
2. Interroge-le/la sur la meilleure saison pour un pique-nique.
3. Tu es curieux(-euse) de savoir si sa famille a un pique-nique traditionnel tous les ans. Pose-lui la question.
4. Tu veux savoir s'il/si elle se souvient d'un pique-nique agréable, où c'était, quand c'était et avec qui c'était. Pose-lui ces quatre questions.
5. Demande-lui quelle sorte de sandwich il/elle préfère à un pique-nique.
6. Demande-lui également quelles sortes de boissons il/elle préfère pour un pique-nique.
7. Tu aimerais savoir quel est son plat préféré pour un pique-nique. Pose-lui la question.
8. Interroge-le/la sur les plats que l'on ne mange jamais pour un pique-nique et les raisons pour lesquelles on n'en mange pas.
9. Tu voudrais savoir s'il/si elle étale quelque chose sur l'herbe avant de s'asseoir. Pose-lui la question.
10. Interroge-le/la sur les couleurs de la nappe qu'il/elle associe au pique-nique.
11. Demande-lui comment il/elle transporte ce qu'ils/elles vont manger et boire.

Le Texto d'aujourd'hui

de: Bruno 06.55.38.74.22

Salut! Je suis au supermarché – je fais des courses pour le pique-nique demain. Dis-moi ce que tu aimes comme sandwich et comme boisson stp!

réponse:

_____

_____

_____

_____

_____

_____

Vocabulaire: Le pique-nique

compréhension	*suggestions*	*autres possibilités*

compréhension

le pique-nique (n.m.) the picnic
 (pl. les pique-niques)

meilleur(e) (adj.) best

se souvenir de (v.) to remember

une boisson (n.f.) a drink

le plat (n.m.) the dish

ne … jamais (adv.) never

étaler (v.) to spread out

l'herbe (n.f.) the grass

s'asseoir (v.) to sit down

la nappe (n.f.) the tablecloth

associer (v.) to associate

quelque chose à manger (exp.)
 something to eat

quelque chose à boire (exp.)
 something to drink

suggestions

l'été (n.m.) the summer

l'automne (n.m.) the fall, autumn

l'hiver (n.m.) the winter

le printemps (n.m.) the spring

le rosbif (n.m.) the roast beef

le jambon (n.m.) the ham

la confiture (n.f.) the jam

la limonade (n.f.) the lemon soda

le thé glacé (n.m.) the iced tea

le jus de fruit (n.m.) the fruit juice

une nappe (n.f.) a tablecloth

une couverture (n.f.) a blanket

un coussin (n.m.) a cushion

le panier à pique-nique (n.m.)
 the picnic basket

autres possibilités

_____
_____
_____
_____
_____
_____
_____
_____
_____
_____
_____
_____

Grammaire orale ?

*Questions – sujets – personnes (**qui** + **qui est-ce qui**)*   *– choses (**qu'est-ce qui**)*

-Qui tombe?	**-Qui est-ce qui tombe?**	**-Qu'est-ce qui tombe?**
-L'élève.	-L'élève.	-Le livre.
-Qui roule?	**-Qui est-ce qui roule?**	**-Qu'est-ce qui roule?**
-Le gymnaste.	-Le gymnaste.	-Le ballon.
-Qui marche?	**-Qui est-ce qui marche?**	**-Qu'est-ce qui marche?**
-La dame.	-La dame.	-La machine.
-Qui arrive?	**-Qui est-ce qui arrive?**	**-Qu'est-ce qui arrive?**
-Les invités.	-Les invites.	La fête.
-Qui vole?	**-Qui est-ce qui vole?**	**-Qu'est-ce qui vole?**
-Le pilote.	-Le pilote.	-L'avion.

Le pique-nique *(conversation à deux)*

1. Comment peut-on transporter les liquides chauds et les liquides froids?
2. Utilises-tu des assiettes en plastique, en papier ou en verre pour un pique-nique?
3. Est-ce que les serviettes sont en papier ou en tissu?
4. Te sers-tu de l'argenterie ou de couverts en plastique?
5. Manges-tu en utilisant des couverts ou en employant seulement les doigts?
6. Quels sont les insectes et les animaux communs à un pique-nique?
7. Préfères-tu t'asseoir au soleil ou à l'ombre d'un arbre pour pique-niquer?
8. Quels sont les éléments essentiels d'un pique-nique à la française?
9. Quel est le dernier repas que tu as mangé en plein air?
10. Aimerais-tu faire un pique-nique ce week-end?
11. Que faut-il apporter pour un bon pique-nique? (Qu'est-ce que chacun va apporter?)

Recyclage

1. Demande à ton/ta partenaire comment on peut transporter les liquides chauds et les liquides froids.
2. Tu veux savoir s'il/si elle utilise des assiettes en plastique, en papier ou en verre pour un pique-nique. Pose-lui la question.
3. Tu cherches à savoir si les serviettes sont en papier ou en tissu. Demande-le-lui.
4. Tu aimerais savoir s'il/si elle se sert de l'argenterie ou de couverts en plastique. Pose-lui la question.
5. Demande-lui s'il/si elle mange en utilisant des couverts ou en employant seulement les doigts.
6. Interroge-le/la sur les insectes et les animaux communs à un pique-nique.
7. Tu es curieux(-euse) de savoir s'il/si elle préfère s'asseoir au soleil ou à l'ombre d'un arbre pour pique-niquer. Pose-lui la question.
8. Interroge-le/la sur les éléments essentiels d'un pique-nique à la française.
9. Demande-lui quel était le dernier repas qu'il/elle a mangé en plein air.
10. Tu voudrais savoir s'il/si elle aimerait faire un pique-nique ce week-end. Pose-lui la question.
11. Demande-lui ce qu'il faut apporter pour un bon pique-nique (ce que chacun va apporter).

Le Mél d'aujourd'hui

Courriel reçu

| de: | pascale@enparlant.fr |
| à: | toi@enparlant.fr |

Aide-moi à organiser notre pique-nique. Je connais l'endroit parfait, mais que manger, que boire, et surtout quel est le bon jour pour le faire? Veux-tu inviter d'autres amis?

Réponse

| de: | toi@enparlant.fr |
| à: | pascale@enparlant.fr |

réponse:

_____

_____

_____

_____

_____

Vocabulaire: Le pique-nique

compréhension

chaud(e) (adj.) hot

froid(e) (adj.) cold

le verre (n.m.) glass

le tissu (n.m.) cloth, fabric

se servir de (v.) to use

l'argenterie (n.f.) silverware, cutlery

le couvert (n.m.) place setting, individual utensils

en utilisant (exp.) by using

en employant (exp.) by using

un doigt (n.m.) a finger

commun(e) (adj.) common

le soleil (n.m.) the sun

l'ombre (n.m.) the shade

en plein air (exp.) outdoors

pique-niquer (v.) to picnic

faut-il (v. falloir) is it necessary

apporter (v.) to bring

chacun(e) (pron.) each one

suggestions

un thermos (n.m.) a thermos bottle

un bourdon (n.m.) a bumblebee

une abeille (n.f.) a bee

un moustique (n.m.) a mosquito

une fourmi (n.f.) an ant

une guêpe (n.f.) a wasp

une mouche (n.f.) a fly

un papillon (n.m.) a butterfly

un chien (n.m.) a dog

un écureuil (n.m.) a squirrel

une souris (n.f.) a mouse

une glacière (n.f.) a cooler

une salade (n.f) a salad

le saucisson (n.m.) the sausage

le fromage (n.m.) the cheese

les biscuits (n.m.pl.) crackers

le beurre (n.m.) the butter

le pain (n.m.) the bread

une baguette (n.f.) a loaf of French bread

autres possibilités

_____

_____

_____

_____

_____

_____

_____

_____

_____

_____

_____

_____

_____

_____

_____

_____

Grammaire orale

*Questions – objets directs – personnes - **qui***

(avec est-ce que)	(forme courte)	(informel)
Qui est-ce que vous aimez?	Qui aimez-vous?	**Vous aimez qui?**
Qui est-ce qu'il regarde?	**Qui regarde-t-il?**	Il regarde qui?
Qui est-ce que nous voyons?	Qui voyons-nous?	**Nous voyons qui?**
Qui est-ce que tu taquines?	**Qui taquines-tu?**	Tu taquines qui?
Qui est-ce qu'elles lisent?	Qui lisent-elles?	**Elles lisent qui?**
Qui est-qu'elle déteste?	**Qui déteste-t-elle?**	Elle déteste qui?
Qui est-ce que nous écoutons?	Qui écoutons-nous?	**Nous écoutons qui?**
Qui est-ce que vous poussez?	**Qui poussez-vous?**	Vous poussez qui?
Qui est-ce qu'ils admirent?	Qui admirent-ils?	**Ils admirent qui?**

La plage *(conversation à deux)*

1. Préfères-tu nager dans l'eau douce ou dans l'eau de mer?
2. Y a-t-il une plage près de chez toi? (Comment s'appelle-t-elle?)
3. Quand y es-tu allé(e)?
4. Est-ce une plage de sable ou une plage de galets? (Laquelle préfères-tu?)
5. À cette plage est-ce que l'eau est généralement glaciale, fraîche, ou tiède?
6. Qu'est-ce qu'il y a dans l'eau à cette plage? (De quelle couleur est l'eau?)
7. À quoi peut-on jouer à cette plage?
8. Est-ce que tu as fait du ski nautique? Du surf? De la planche à voile?
9. Est-ce que tu aimes les "jetskis"? (Qu'est-ce que c'est qu'un "jetski"?)
10. Préfères-tu les bateaux à moteur ou les bateaux à voile?
11. Aimes-tu dormir sur la plage?

Recyclage

1. Demande à ton/ta partenaire s'il/si elle préfère nager dans l'eau douce ou dans l'eau de mer.
2. Tu es curieux(-euse) de savoir s'il y a une plage près de chez lui/elle et comment elle s'appelle. Pose-lui ces deux questions.
3. Tu cherches à savoir quand il/elle y est allé(e). Demande-le-lui.
4. Tu voudrais savoir si c'est une plage de sable ou une plage de galets et laquelle il/elle préfère. Pose-lui ces deux questions.
5. Demande-lui si l'eau est généralement glaciale, fraîche ou tiède à cette plage.
6. Interroge-le/la sur ce qu'il y a dans l'eau à cette plage et sur la couleur de l'eau.
7. Tu aimerais savoir à quoi on peut jouer à cette plage. Demande-le-lui.
8. Demande-lui s'il/si elle a fait du ski nautique, du surf ou de la planche à voile.
9. Demande-lui ce que c'est qu'un jetski et s'il/si elle aime en faire.
10. Tu veux savoir s'il/si elle préfère les bateaux à moteur ou les bateaux à voile.
11. Demande-lui s'il/si elle aime dormir sur la plage.

Le Texto d'aujourd'hui

de: Pierre 06.31.95.04.68

Salut du Québec! J'ai hâte de te rendre visite et faire du sport en été là où il fait chaud! (Il fait frais au Québec en ce moment!). Tu proposes quelles activités?

réponse:

_____

_____

_____

_____

_____

_____

Vocabulaire: La plage

compréhension

la plage (n.f.) the beach
l'eau (n.f.) the water
l'eau douce (n.f.) fresh water
l'eau de mer (n.f.) salt water
la mer (n.f.) the sea
nager (v.) to swim
le sable (n.m.) the sand
le galet (n.m.) the pebble, the
  smooth stone
glacial(e) (adj.) frigid
frais/fraîche (adj.) cool
tiède (adj.) warm
jouer (v.) to play
le ski nautique (n.m.) water skiing
le surf (n.m.) surfing
la planche à voile (n.f.) wind surfing
le jetski (n.m.) jet-propelled water
  vehicle
le bateau (n.m.) the boat
  les bateaux (n.m.pl.) the boats
le bateau à voile (n.m.) the sailboat
la voile (n.f.) the sail
dormir (v.) to sleep

suggestions

le poisson (n.m.) the fish
les algues (n.f.pl.) seaweed, algae
une méduse (n.f.) a jellyfish
jouer à (v.) to play (game)
le volley-ball (n.m.) volleyball
le football (n.m.) soccer
les boules (n.f.pl.) bowling, bocce
  (nearest target ball)

autres possibilités

_____
_____
_____
_____
_____
_____
_____
_____
_____
_____
_____
_____
_____
_____
_____
_____
_____

Grammaire orale ➡ ⬇

Questions – objets directs – choses
(avec est-ce que)

Qu'est-ce que tu prends?
Qu'est-ce qu'il lit?
Qu'est-ce que vous cherchez?
Qu'est-ce que tu bois?
Qu'est-ce que Marie veut?
Qu'est-ce que vous dites?
Qu'est-ce qu'on mange?
Qu'est-ce qu'elle donne?
Qu'est-ce que vous désirez?

(forme courte)

Que prends-tu?
Que lit-il?
Que cherchez-vous?
Que bois-tu?
Que Marie veut-elle?
Que dites-vous?
Que mange-t-on?
Que donne-t-elle?
Que désirez-vous?

(informel)

Tu prends quoi?
Il lit quoi?
Vous cherchez quoi?
Tu bois quoi?
Marie veut quoi?
Vous dites quoi?
On mange quoi?
Elle donne quoi?
Vous désirez quoi?

Martinique

La plage *(conversation à deux)*

1. Quels sont les bruits qu'on entend à la plage?
2. Aimes-tu nager dans les vagues à la mer? (Dans les vagues de quelle hauteur?)
3. Dans l'océan, préfères-tu te baigner à marée haute ou à marée basse?
4. Aimes-tu avoir du sable dans ton maillot de bain? Ou dans un sandwich?
5. Est-ce que tu es sujet aux coups de soleil?
6. Qu'est-ce que tu mets sur ta peau pour te protéger des coups de soleil?
7. Est-ce que tu te protèges les yeux du soleil? Comment?
8. Y a-t-il des dangers à la plage? Quels y sont les dangers?
9. Quelle est ton activité préférée à la plage?
10. Construis-tu des châteaux de sable?
11. Sur quelle plage veux-tu passer une journée cet été?

Recyclage

1. Demande à ton/ta partenaire quels sont les bruits qu'on entend à la plage.
2. Tu veux savoir s'il/si elle aime nager dans les vagues à la mer et si oui, les vagues de quelle hauteur. Pose-lui ces deux questions.
3. Tu es curieux(-euse) de savoir s'il/si elle préfère se baigner à marée haute ou à marée basse. Demande-le-lui.
4. Tu voudrais savoir s'il/si elle aime avoir du sable dans son maillot de bain ou dans un sandwich. Pose-lui ces deux questions.
5. Demande-lui s'il/si elle est sujet(te) aux coups de soleil.
6. Interroge-le/la sur ce qu'il/elle met sur sa peau pour se protéger des coups de soleil.
7. Tu aimerais savoir s'il/si elle se protège les yeux du soleil et comment. Demande-le-lui.
8. Demande-lui s'il y a des dangers à la plage et lesquels ils sont.
9. Tu cherches à savoir quelle est son activité préférée à la plage. Demande-le-lui.
10. Tu veux savoir s'il/si elle construit des châteaux de sable. Pose-lui la question.
11. Demande-lui à quelle plage il/elle veut passer une journée cet été.

Le Mél d'aujourd'hui

Courriel reçu

de:	farouk@enparlant.fr
à:	toi@enparlant.fr

Je suis le responsable d'un groupe de jeunes français qui voyagent dans votre région cet été. Nous aimerions passer une journée de repos pour avoir l'occasion de nager là où les habitants nagent. Pourriez-vous nous guider?

Réponse

de:	toi@enparlant.fr
à:	farouk@enparlant.fr

réponse:

_____

_____

_____

_____

_____

_____

Vocabulaire: La plage

compréhension	suggestions	autres possibilités

compréhension

le bruit (n.m.) the noise

entendre (v.) to hear

la vague (n.f.) the wave

la hauteur (n.f.) the height

la marée (n.f.) the tide

haut(e) (adj.) high

bas/basse (adj.) low

le maillot de bain (n.m.)
  the bathing suit

sujet à (exp.) susceptible to

le coup de soleil (n.m.) sunburn

le soleil (n.m.) the sun

la peau (n.f.) the skin

protéger (v.) to protect

les yeux (n.m.) the eyes

un château (n.m.) the castle

une journée (n.f.) a day (long)

suggestions

une radio (n.f.) a radio

de la musique (n.f.) some music

les gens (n.m.pl.) the people

les enfants (n.m.pl.) the children

les oiseaux (n.m.pl.) the birds

les flots (n.m.pl.) the waves

le vent (n.m.) the wind

une lame (n.f.) a wave on the beach

déferler (v.) to break (for waves)

la crème solaire (n.f.) the sunscreen

l'écran solaire (n.f.) the sunscreen

la crème à bronzer (n.f.)
  the tanning lotion

la lotion brunissante (n.f.)
  the tanning lotion

les lunettes de soleil (n.f.pl.)
  the sunglasses

le courant (n.m.) the current

les méduses (n.f.pl.) the jellyfish

le requin (n.m.) the shark

les débris de verre (n.m.)
  the broken glass

le chardon (n.m.) the thistle

se bronzer (v.) to tan

se reposer (v.) to rest

faire des exercices physiques (v.)
  to exercise, to work out

autres possibilités

_____

_____

_____

_____

_____

_____

_____

_____

_____

_____

_____

_____

_____

_____

_____

_____

_____

_____

_____

_____

_____

Grammaire orale ➡ ?

*Questions-objets directs-personnes (**qui, qui est-ce que**)-choses (**que, qu'est-ce que**)*
(Répondez avec un mot, puis répondez en phrase complète.)

-Qui voyez-vous?	**-Thomas.**	-Que voyez-vous?	**-La carte.**
-Qui est-ce que tu regardes?	**-Anne.**	-Qu'est-ce que tu regardes?	**-Le film.**
-Qui frappe-t-il?	**-Son frère.**	-Que frappe-t-il?	**-La balle.**
-Qui pousse-t-elle?	**-Sa soeur.**	-Que pousse-t-elle?	**-Le chariot.**
-Qui aimez-vous?	**-Mon ami(e).**	-Qu'est-ce que vous aimez?	**-La glace.**
-Qui est-ce qu'il déteste?	**-Henri.**	-Qu'est-ce qu'ils détestent?	**-Le foie.**
-Qui copions-nous?	**-Nos amis.**	-Que copions-nous?	**-Le devoir.**
-Qui retrouves-tu?	**-Le prof.**	-Que retrouves-tu?	**-Le livre.**
-Qui est-ce que tu adores?	**-La vedette.**	-Qu'est-ce que tu adores?	**-Voyager.**

Les saisons et les fêtes *(conversation à deux)*

1. Quelle est la date aujourd'hui?
2. En quelle saison sommes-nous? En quel mois sommes-nous?
3. En quelle année sommes-nous? Quel jour de la semaine sommes-nous?
4. En quels mois est-ce que les saisons commencent et finissent?
5. Quelle est la date de la première fête de l'année?
6. Pour célébrer l'anniversaire de quels présidents est-ce que certains Américains ont un jour de congé au mois de février?
7. Quelle est la date de la fête de Jeanne d'Arc?
8. Est-ce qu'il y a un quatre juillet en France?
9. Quelle est la date de la fête nationale française?
10. Quelle est la date de la fête nationale américaine?
11. Quelles activités sont associées à ces dates?

Recyclage

1. Demande à ton/ta partenaire quelle est la date aujourd'hui.
2. Tu veux savoir en quelle saison nous sommes et en quel mois nous sommes. Pose-lui ces deux questions.
3. Tu es aussi curieux(-euse) de savoir en quelle année nous sommes et quel jour de la semaine nous sommes. Demande-le-lui.
4. Tu voudrais savoir en quel mois les saisons commencent et finissent. Pose-lui la question.
5. Demande-lui quelle est la date de la première fête de l'année.
6. Tu aimerais savoir pour l'anniversaire de quels présidents certains Américains ont un jour de congé au mois de février. Pose-lui la question.
7. Interroge-le/la sur la date de la fête de Jeanne d'Arc.
8. Demande-lui s'il y a un quatre juillet en France.
9. Demande-lui la date de la fête nationale française.
10. Demande-lui la date de la fête nationale américaine.
11. Demande-lui quelles activités sont associées à ces dates.

Le Texto d'aujourd'hui

de: Edméïde 06.83.43.54.10

Hyper contente d'être ici pour une fête américaine! C'est quelle fête encore? Qu'est-ce qu'on va faire??

réponse:

_____

_____

_____

_____

_____

_____

Vocabulaire: Les saisons et les fêtes

compréhension

commencer (v.) to begin

finir (v.) to finish

la fête (n.f.) the holiday

l'année (n.f.) the year

l'anniversaire (n.m.) the birthday

un jour de congé (n.m.) a day off, a holiday

la fête de Jeanne d'Arc = le huit mai

la fête nationale française = le quatorze juillet

la fête nationale américaine = le quatre juillet

suggestions

«C'est le deux octobre, deux mille seize.»

2/10/2016 (European style)

en automne (exp.) in the fall, in autumn

en hiver (exp.) in the winter

au printemps (exp.) in the spring

en été (exp.) in the summer

l'automne (m.), l'hiver (m.)

le printemps (m.), l'été (m.)

au mois de mai = en mai

Le jour de l'an = le premier janvier, New Year's Day

La fête de Saint(e) _____ = Saint _____'s Day

le poisson d'avril (n.m.) = April Fool's

le pique-nique (n.m.) the picnic

le bal (n.m.) the dance

le défilé (n.m.) the parade

les feux d'artifice (n.m.pl) the fireworks

autres possibilités

_____

_____

_____

_____

_____

_____

_____

_____

_____

_____

_____

_____

_____

_____

Grammaire orale ➡ ?

*Questions – objets d'une préposition – personnes (**qui**) – choses (**quoi**)*
(Répétez la préposition avec un mot, puis répondez en phrase complète.)

-Avec qui danse-t-il?	**-Anne.**	-Avec quoi travaille-t-il?	**-Un marteau.**
-A qui parle-t-elle?	**-À Paul.**	-A quoi fait-il allusion?	**-Le livre.**
-Pour qui travaille-t-il?	**-Son père.**	-Sur quoi met-il le stylo?	**-La table.**
-De qui parle-t-elle?	**-Sa famille.**	-De quoi a-t-il besoin?	**-Un crayon.**
-Chez qui va-t-il?	**-Son ami.**	-Dans quoi sont les outils?	**-Le sac.**
-Derrière qui marche-t-il?	**-Sa mère.**	-Derrière quoi est le fromage?	**-Le lait.**
-Devant qui joue-t-elle?	**-L'invité.**	-Devant quoi se gare-t-on?	**-Le garage.**
-Près de qui se tient-elle?	**-Sa soeur.**	-Près de quoi est la voiture?	**-Le café.**
-Vers qui marche-t-il?	**-Jacques.**	-Vers quoi voyageons-nous?	**-L'île.**

Le jour de la Bastille à Paris

Les saisons et les fêtes *(conversation à deux)*

1. Est-ce qu'on célèbre le premier mai aux États-Unis? En France? Où?
2. On célèbre Pâques en quelle saison?
3. Quelle est la date de Noël? Noël, c'est l'anniversaire de qui?
4. Quelle est la date du Jour de l'Armistice? De quelle guerre date cette commémoration?
5. En quel mois est la "Fête de l'Action de Grâce"? (C'est une fête française?)
6. Que font les Américains la veille de la Toussaint?
7. Quelle est ta fête favorite? Pourquoi?
8. Quelle est la date de ton anniversaire?
9. Combien de fêtes y a-t-il dans une année?
10. Y a-t-il une fête ce week-end?
11. Quelle est la meilleure saison pour une fête et pourquoi?

Recyclage

1. Demande à ton/ta partenaire si on célèbre le premier mai aux États-Unis.
2. Tu cherches à savoir en quelle saison on célèbre Pâques. Pose-lui la question.
3. Interroge-le/la sur la date de Noël et demande-lui de qui c'est l'anniversaire.
4. Demande-lui la date du Jour de l'Armistice et de quelle guerre date cette commémoration.
5. Demande-lui en quel mois est la "Fête de l'Action de Grâce" et si c'est une fête française.
6. Tu veux savoir ce que font les Américains la veille de la Toussaint. Demande-le-lui.
7. Interroge-le/la sur sa fête favorite et demande-lui pourquoi.
8. Demande-lui la date de son anniversaire.
9. Tu aimerais savoir combien de fêtes il y a dans une année. Pose-lui la question.
10. Tu voudrais savoir s'il y a une fête ce week-end. Demande-le-lui.
11. Demande-lui quelle est la meilleure saison pour une fête et pourquoi.

Le jour de l'Armistice à Verdun, France

Vocabulaire: Les saisons et les fêtes

compréhension

la Fête du Travail = le premier mai

Pâques (n.f.pl.) Easter

Noël (n.m.) Christmas

Le Jour de l'Armistice = le onze novembre (Première Guerre mondiale)

La Fête de l'Action de Grâce = Thanksgiving

la veille (n.f.) the eve

la Toussaint (n.f.) All Saints Day = le premier novembre

suggestions

Noël = le vingt-cinq décembre (l'anniversaire de Jésus Christ)

se déguiser (v.) to dress up in costumes, disguise oneself

demander des bonbons (exp.) to ask for candy

jouer des tours (exp.) to play tricks

autres possibilités

_____

_____

_____

_____

_____

_____

_____

Grammaire orale

Questions – objets d'une préposition – choses
(avec "est-ce que")

Avec quoi est-ce que tu signes?
De quoi est-ce qu'elle a besoin?
Avec quoi est-ce qu'il copie?
De quoi est-ce qu'elle parle?
Avec quoi est-ce qu'il l'ouvre?
Pour quoi est-ce qu'il travaille?
Dans quoi est-ce que l'on dort?
Après quoi est-ce que tu pars?
Sur quoi est-ce qu'elle tombe?

(forme courte)

Avec quoi signes-tu?
De quoi a-t-elle besoin?
Avec quoi copie-t-il?
De quoi parle-t-elle?
Avec quoi l'ouvre-t-il?
Pour quoi travaille-t-il?
Dans quoi dort-on?
Après quoi pars-tu?
Sur quoi tombe-t-elle?

(informel)

Tu signes avec quoi?
Elle a besoin de quoi?
Il copie avec quoi?
Elle parle de quoi?
Il l'ouvre avec quoi?
Il travaille pour quoi?
On dort dans quoi?
Tu pars après quoi?
Elle tombe sur quoi?

(Répétez et donnez des réponses aux questions.)

Le Mél d'aujourd'hui

Courriel reçu

de: alphonsine@enparlant.fr
a: toi@enparlant.fr

À quelle fête de l'année penserais-tu inviter un groupe de jeunes français pour leur montrer un aspect unique de ton pays? Que verrait-on? Merci de ta bonne volonté.

Réponse

de: toi@enparlant.fr
à: aicha@enparlant.fr

réponse:

_____

_____

_____

_____

_____

Le sport *(conversation à deux)*

1. Est-ce que tu es sportif/sportive? Quel est ton sport professionnel préféré?
2. As-tu assisté récemment à un match de sport professionnel? Quel en a été le score?)
3. Peux-tu nommer deux équipes de football américain. As-tu une équipe préférée?
4. Quels sont les noms de deux équipes américaines de football européen?
5. Préfères-tu regarder un match de sport à la télé ou au stade? Pourquoi?
6. Pour quel sport américain est-ce que les spectateurs sont les plus enthousiastes?
7. Quel sport américain est le plus violent? Est-ce que les spectateurs le sont aussi?
8. As-tu jamais assisté à un match de boxe? Quelle est ton opinion sur ce sport?
9. Combien coûte un billet pour un match de basketball? Pour un match de football?
10. Te sens-tu à l'aise parmi des spectateurs sportifs ou dans une foule?
11. Aimes-tu acclamer un joueur pour l'encourager ou commenter le jeu à haute voix?

Recyclage

1. Demande à ton/ta partenaire s'il/si elle est sportif/sportive et quel est son sport professionnel préféré.
2. Tu es curieux(-euse) de savoir s'il/si elle a assisté récemment à un match de sport professionnel et quel en a été le score. Pose-lui ces deux questions.
3. Dis-lui de te nommer deux équipes de football américain et de te dire s'il/si elle a une équipe préférée.
4. Demande-lui les noms de deux équipes américaines de football européen.
5. Demande-lui s'il/si elle préfère regarder un match de sport à la télé ou au stade et pourquoi.
6. Tu voudrais savoir pour quel sport américain les spectateurs sont les plus enthousiastes. Demande-le-lui.
7. Tu aimerais savoir quel sport américain est le plus violent et si les spectateurs le sont aussi. Pose-lui ces deux questions.
8. Tu veux savoir s'il/si elle a jamais assisté à un match de boxe et son opinion sur ce sport.
9. Demande-lui combien coûte un billet pour un match de basket et pour un match de foot. Pose-lui ces deux questions.
10. Tu cherches à savoir s'il/si elle se sent à l'aise parmi des spectateurs sportifs ou dans une foule. Pose-lui la question.
11. Demande-lui s'il/si elle aime acclamer un joueur pour l'encourager ou s'il/si elle aime commenter le jeu à haute voix.

Le Texto d'aujourd'hui

de: Patrice 06.77.43.98.33

Salut! J'ai 2 billets pour 2 matchs professionnels ce w-e. Tu préfères le foot ou le basket? Explique-moi pourquoi! ;)

réponse:

_____

_____

_____

_____

Vocabulaire: Le sport

compréhension

sportif/sportive (adj.) athletic, sports-playing

assister (v.) to be present, to attend

une équipe (n.f.) a team

le football américain (n.m.) tackle football

le football européen (n.m.) soccer

un stade (n.m.) a stadium

le (pron.) refers to violent

la boxe (n.f.) boxing

coûter (v.) to cost

un billet (n.m.) a ticket

se sentir (v.) to feel

à l'aise (exp.) comfortable, at ease

parmi (prép.) among

une foule (n.f.) a crowd

acclamer (v.) to cheer

un joueur/une joueuse (n.m./f.) a player

commenter (v.) to comment, criticize

suggestions

le football
le hockey
le basketball
le baseball
le tennis
le golf
le ski
la gymnastique
le yoga
la danse
le ballet

autres possibilités

_____
_____
_____
_____
_____
_____
_____
_____
_____
_____
_____
_____
_____
_____
_____
_____
_____
_____

Grammaire orale ?

Pronom relatif – sujet – personne(s) ou chose(s) – sujet de verbe (who, which)
*(À répéter au pluriel. "**qui**" ne change pas.)*

l'ami qui aime
le bébé qui boit
le chat qui chasse
la dame qui danse
l'élève qui étudie
le fermier qui finit
le gardien qui garde

le hibou qui hante
l'image qui illumine
le joueur qui joue
le lecteur qui lit
le moteur qui marche
la nonne qui nage
l'officier qui ouvre

le partenaire qui parle
le rat qui ronge
la souris qui sourit
la table qui tombe
le voleur qui vole
la vache qui rit
le zèbre qui zigzague

Le sport *(conversation à deux)*

1. Qu'est-ce que tu cries lorsque tu acclames? Et lorsque tu commentes?
2. Que peut-on manger en regardant un match?
3. Que boit-on à un match?
4. De quelles couleurs les arbitres sont-ils habillés?
5. Comment est-ce que les arbitres annoncent la fin du match ou une punition?
6. Montre-moi le geste par lequel les arbitres de football annoncent un but.
7. Que font les spectateurs quand une équipe marque un but?
8. Combien de joueurs y a-t-il dans une équipe de hockey sur glace? De football? De polo?
9. Est-ce que les joueurs de sport professionnel reçoivent trop d'argent?
10. Où va-t-on près de chez vous pour voir les sports professionnels? (Quelles équipes y jouent?)
11. À quel sport aimerais-tu jouer? As-tu un rêve sportif impossible à réaliser?

Recyclage

1. Demande à ton/ta partenaire ce qu'il/elle crie lorsqu'il/elle acclame et commente.
2. Demande-lui ce que l'on peut manger en regardant un match.
3. Demande-lui ce que l'on peut boire à un match.
4. Tu cherches à savoir de quelles couleurs les arbitres sont habillés. Pose-lui la question.
5. Demande-lui comment les arbitres annoncent la fin du match ou une punition.
6. Dis-lui de te montrer le geste par lequel les arbitres de football annoncent un but.
7. Tu veux savoir ce que font les spectateurs quand une équipe marque un but. Pose-lui la question.
8. Demande-lui combien de joueurs il y a dans une équipe de hockey sur glace, de football et de polo.
9. Tu aimerais savoir si les joueurs de sport professionnel reçoivent trop d'argent. Demande-le-lui.
10. Tu voudrais savoir où on va près de chez lui/elle pour voir les sports professionnels et quelles équipes y jouent.
11. Demande-lui à quel sport il/elle aimerait jouer et s'il/si elle a un rêve sportif impossible à réaliser.

Le Mél d'aujourd'hui

Courriel reçu

de:	laurence@enparlant.fr
à:	toi@enparlant.fr

Lesquels sont plus sportifs, les Français ou les Américains? Quelle est ton expérience sportive personnelle? Et ton sport préféré?

Réponse

de:	toi@enparlant.fr
à:	laurence@enparlant.fr

réponse:

_____
_____
_____
_____
_____
_____

Vocabulaire: Le sport

compréhension

acclamer (v.) to cheer

un joueur/une joueuse (n.m./f.)
  a player

commenter (v.) to comment,
  criticize

le jeu (n.m.) the play

à haute voix (exp.) aloud

lorsque (adv.) when

un arbitre (n.m.) a referee

habillé(e) (de) (adj.) dressed (in)

une punition (n.f.) a penalty
  (punishment)

le geste (n.m.) a gesture

par (prép.) by

lequel (pron.) which

un but (n.m.) a goal

marquer (v.) to score

trop (adv.) too much

aimerais-tu (v. aimer) would
  you like

un rêve (n.m.) a dream

réaliser (v.) to make real, to realize

suggestions

«Allez!» = Go!

«Bravo _____!» = Yay _____!

«Bravo l'équipe!» = Yay team!

bien joué (exp.) well played

une passe (n.f.) a move

mal joué (exp.) badly played

maladroit(e) (adj.) awkward

un(e) lourdaud(e) (n.m./f.)
  clumsy person

un(e) balourd(e) (n.m./f.) lout

une brute (n.f.) brute, animal

un animal (n.m.) animal (insult)

siffler (v.) to whistle

un sifflet (n.m.) a whistle

applaudir (v.) to applaud

crier (v.) to shout

6 (hockey)

11 (football)

4 (polo)

autres possibilités

_____
_____
_____
_____
_____
_____
_____
_____
_____
_____
_____
_____
_____
_____
_____
_____
_____

Grammaire orale

*Pronom relatif – objet direct – "**que**" – en cercle + pronom objet indirect*

je
elles   tu
ils   il
vous   elle
  nous on

J'apprécie le cadeau que tu me donnes.
Tu apprécies le cadeau qu'il te donne.
Il apprécie le cadeau qu'elle lui donne.
Elle apprécie le cadeau qu'on lui donne.
On apprécie le cadeau que nous donnons.
Nous apprécions le cadeau que vous nous donnez.
Vous appréciez le cadeau qu'ils vous donnent.
Ils apprécient le cadeau qu'elles leur donnent.
Elles apprécient le cadeau que je leur donne.

La télé *(conversation à deux)*

1. Aimes-tu regarder la télévision? As-tu une télé dans ta chambre?
2. Combien de chaînes as-tu chez toi? Quelle chaîne préfères-tu?
3. As-tu la télévision par câble, la télévision par satellite ou la télévision par Internet à la maison?
4. Combien de postes de télévision y a-t-il chez toi et où sont-ils?
5. Est-ce que l'on met en marche la télévision chez toi le matin?
6. Quelle est ta comédie télévisée favorite? Et ton dessin animé préféré? Et ta série préférée?
7. Est-ce que tu regardes une émission "sérieuse" de temps en temps? Laquelle?
8. À quelle heure est-ce que tu dois éteindre la télé chez toi?
9. Peux-tu regarder la télévision la veille d'une journée d'école?
10. Pendant combien d'heures par jour est-ce que la télévision est allumée chez toi?
11. Quelle publicité à la télévision est-ce que tu admires et laquelle détestes-tu?

Recyclage

1. Demande à ton/ta partenaire s'il/si elle aime regarder la télévision et s'il/si elle a une télé dans sa chambre.
2. Interroge-le/la sur le nombre de chaînes qu'il/elle a chez lui/elle et quelle chaîne il/elle préfère.
3. Tu es curieux(-euse) de savoir s'il/si elle a la télévision par câble, par satellite ou par Internet à la maison. Pose-lui la question.
4. Interroge-le/la sur le nombre de postes de télévision chez lui/elle et où ils sont.
5. Demande-lui si l'on met la télé en marche chez lui/elle le matin.
6. Interroge-le/la sur sa comédie télévisée préférée, son dessin animé préféré et sa série préférée.
7. Tu voudrais savoir s'il/si elle regarde une émission sérieuse de temps en temps et si oui, laquelle.
8. Demande-lui à quelle heure il/elle doit éteindre la télé chez lui/elle.
9. Tu veux savoir s'il/si elle peut regarder la télé la veille d'une journée d'école.
10. Tu cherches à savoir pendant combien d'heures par jour la télé est allumée chez lui/elle.
11. Demande-lui quelle publicité il/elle admire et laquelle il/elle déteste.

Le Texto d'aujourd'hui

de: Catherine 06.83.84.27.83

Salut! Merci de m'avoir recommandé la télévision par satellite. J'ai 200 chaînes maintenant! Dis-moi quelles sont tes chaînes préférées et pourquoi. :-)

réponse:

_____

_____

_____

_____

Vocabulaire: La télé

compréhension

un téléviseur = une télévision

la chaîne (n.f.) the channel, the network

chez toi (exp.) at your home

en (adv.) of it (la chaîne)

la télévision par câble (n.f.) cable tv

la télévision par satellite (n.f.) satellite tv

la télévision par Internet (n.f.) Internet tv

un poste (n.m.) a set

mettre en marche (exp.) to turn on, to start

le dessin (n.m.) the drawing

animé(e) (adj.) animated

le dessin animé (n.m.) cartoon

une émission (n.f.) a program

une série (n.f.) a series

de temps en temps (exp.) from time to time

laquelle (pron.) which one

tu dois (v. devoir) you must

éteindre (v.) to shut off, put out

la veille (n.f.) the evening before

une journée (n.f.) a day (long)

par jour (exp.) per day, each day

allumer (v.) to turn on, to be on (machines)

la publicité (n.f.) the commercial, advertisement

suggestions

ESPN est sur le canal _____.

MTV est sur le canal _____.

TBS est sur le canal _____.

CNN est sur le canal _____.

Fox est sur le canal _____.

ABC est sur le canal _____.

CBS est sur le canal _____.

NBC est sur le canal _____.

la chaîne (n.f.) the network

le canal (n.m.) the channel (number)

autres possibilités

_____

_____

_____

_____

_____

_____

_____

_____

_____

_____

_____

_____

_____

_____

_____

_____

_____

_____

_____

_____

_____

Grammaire orale ?

*Pronoms relatifs – antécédant "**ce**"- ce qui, ce que, (ce) de quoi*
***JE SAIS…** (commence la phrase) (répéter en changeant: il sait, nous savons, etc.)*

ce qui est important pour toi.	ce que tu fais.	**ce à quoi tu penses.**
ce qui te fait peur.	**ce que tu manges.**	ce de quoi tu parles.
ce qui te blesse.	ce que tu sais	**ce de quoi tu as besoin.**
ce qui te plaît.	**ce que tu penses.**	ce de quoi tu as peur.
ce qui te fait mal.	ce que tu veux.	**ce à quoi tu fais allusion.**
ce qui te rend triste.	**ce que tu es.**	ce pour quoi tu travailles.
ce qui t'influence.	ce que tu as.	**ce avec quoi tu écris.**

(Répétez en changeant le pronom de la conclusion de la phrase.)

La télé (conversation à deux)

1. Y a-t-il trop de publicités à la télévision? Y a-t-il trop de violence?
2. Est-ce qu'il y a des émissions de mauvais goût?
3. Quels sports aimes-tu regarder à la télé?
4. À 22 ou 23 heures dans quel ordre présente-t-on les actualités, la météo, les sports?
5. Montre-moi le geste que tu fais lorsque tu éteins la télé chez toi.
6. Chez toi, où est-ce que la télé est située? Où est la télécommande?
7. Qu'est-ce que tu regardais à la télé quand tu étais petit(e)?
8. Quel est le plus grand avantage ou le plus grand inconvénient de la télévision?
9. Aimerais-tu paraître à la télévision? À quelle émission? Y as-tu déjà paru?
10. Quelle est actuellement ton émission préférée?
11. As-tu un feuilleton que tu regardes l'après-midi? Que s'y passe-t-il?

Recyclage

1. Demande à ton/ta partenaire s'il y a trop de publicités à la télé et trop de violence.
2. Tu cherches à savoir s'il y a des émissions de mauvais goût. Demande-lui son avis.
3. Interroge-le/la sur les sports qu'il/elle aime regarder à la télé.
4. Tu veux savoir dans quel ordre on présente les actualités, la météo, et les sports à 22 ou 23 heures. Pose-lui la question.
5. Dis-lui de te montrer le geste qu'il/elle fait lorsqu'il/elle éteint la télé chez lui/elle.
6. Demande-lui où la télé est située chez lui/elle et où la télécommande est située.
7. Tu voudrais savoir ce qu'il/elle regardait à la télé quand il/elle était petit(e). Pose-lui la question.
8. Demande-lui quel est le plus grand avantage ou le plus grand inconvénient de la télévision.
9. Tu es curieux(-euse) de savoir s'il/si elle aimerait paraître à la télévision et si oui, à quelle émission et s'il/si elle y a déjà paru.
10. Tu aimerais savoir quelle est actuellement son émission préférée. Pose-lui la question.
11. Demande-lui s'il/si elle a un feuilleton qu'il/elle regarde l'après-midi et ce qui s'y passe.

Le Mél d'aujourd'hui

Courriel reçu

de: bertrand@enparlant.fr
à: toi@enparlant.fr

Je suis curieux de savoir quel rôle la télé joue pour toi et pour tes amis. Comment imagines-tu le rôle de la télé dans l'avenir? Aimerais-tu travailler dans les médias? Lesquels?

Réponse

de: toi@enparlant.fr
à: bertrand@enparlant.fr

réponse:

_____

_____

_____

_____

_____

_____

Vocabulaire: La télé

compréhension

la publicité (n.f.) the commercial, advertising

trop (adv.) too much

le goût (n.m.) the taste

mauvais(e) (adj.) bad

les actualités (n.f.pl.) the news

la météo(rologie) (n.f.) the weather (forecast)

le geste (n.m.) the gesture

la télécommande (n.f.) the remote (control)

le zappeur (n.m.) (slang) the remote

lorsque (adv.) when

un désavantage (n.m.) a disadvantage

un inconvénient (n.m.) an inconvenience

paraître (v.) to appear (paru(e)) (adj.) appeared)

déjà (adv.) already

actuellement (adv.) now

le feuilleton (n.m.) the soap opera

se passer (v.) to happen

donc (adv.) so, now, well

suggestions

d'abord (adv.) first
les actualités

puis (adv.) then, next
la méteo

enfin (adv.) finally
les sports

gaspiller (v.) to waste

perdre (v.) to lose

une perte (n.f.) a waste

de temps (exp.) of time

la publicité (n.f.) the commercial, advertisement

la qualité (n.f.) the quality

avoir un enfant (v.) to have a baby

se marier (avec) (v.) to marry

divorcer (v.) to divorce

tromper (v.) to deceive, cheat

voler (v.) to steal, to fly

mentir (v.) to lie (tell an untruth)

autres possibilités

_____
_____
_____
_____
_____
_____
_____
_____
_____
_____
_____
_____
_____
_____
_____
_____
_____
_____
_____

Grammaire orale ➡ **?**

Pronoms démonstratifs – celui, celle, ceux, celles (this one, that one) -ci, -là

Celui-ci est plus aimable que celui-là.	On parle de qui?	**Des garçons.**
Celle-ci est plus nerveuse que celle-là.	**On parle de qui?**	Des filles.
Ceux-ci sont plus stricts que ceux-là.	On parle de qui?	**Des pères.**
Celles-ci sont aussi inquiètes que celles-là.	**On parle de qui?**	Des mères.
Celui-ci est aussi difficile que celui-là.	On parle de quoi?	**Des examens.**
Celle-ci est plus fine que celle-là.	**On parle de quoi?**	Des chemises.
Celles-ci sont plus dures que celles-là.	On parle de quoi?	**Des chaises.**
Ceux-ci sont aussi légers que ceux-là.	**On parle de quoi?**	Des ballons.
Celui-ci est plus attentif que celui-là.	On parle de qui?	**Des élèves.**

Le théâtre *(conversation à deux)*

1. Aimes-tu aller au théâtre?
2. Quelle est la dernière pièce que tu as vue? L'as-tu aimée? Quelle en est ton opinion?
3. Combien coûte un billet de théâtre actuellement? Et sur Broadway à New York?
4. Où est-ce que tu préfères t'asseoir au théâtre?
5. Vas-tu jamais seul(e) au théâtre? Sinon, qui t'accompagne?
6. As-tu un acteur de théâtre préféré et une actrice de théâtre préférée? Qui?
7. Est-ce que tu lis complètement le programme au théâtre?
8. Sur scène préfères-tu les comédies ou les tragédies?
9. Au théâtre comment les spectateurs manifestent-ils leur appréciation?
10. Que fait le public américain pour montrer son mécontentement? Et les Français?
11. Préfères-tu le cinéma ou le théâtre? (Pourquoi?) Lequel te paraît le plus réaliste?

Recyclage

1. Demande à ton/ta partenaire s'il/si elle aime aller au théâtre.
2. Interroge-le/la sur la dernière pièce qu'il/elle a vue, s'il/si elle l'a aimée et son opinion sur la pièce.
3. Tu veux savoir combien coûte un billet de théâtre actuellement et combien coûte un billet pour une pièce sur Broadway à New York. Pose-lui ces deux questions.
4. Tu voudrais savoir où il/elle préfère s'asseoir au théâtre. Demande-le-lui.
5. Demande-lui s'il/si elle va jamais seul(e) au théâtre et sinon, qui l'accompagne.
6. Interroge-le/la sur son acteur et son actrice de théâtre préférés.
7. Tu aimerais savoir s'il/si elle lit complètement le programme au théâtre. Pose-lui la question.
8. Tu cherches à savoir s'il/si elle préfère les comédies ou les tragédies sur scène. Demande-le-lui.
9. Demande-lui comment les spectateurs manifestent leur appréciation.
10. Tu veux savoir ce que fait le public américain pour montrer son mécontement et ce que font les Français.
11. Demande-lui s'il/si elle préfère le cinéma ou le théâtre, pourquoi et lequel des deux lui paraît le plus réaliste.

Le Texto d'aujourd'hui

de: Étienne 06.39.72.49.90

Tiens, je peux avoir 2 billets pour une pièce de théâtre de l'abonnement de mes parents. Aimes-tu le théâtre? Quel genre de pièce veux-tu voir avec moi?

réponse:

Vocabulaire: Le théâtre

compréhension

l'abonnement (n.m.) the subscription

la pièce (n.f.) the play

en (pron.) of it (the play)

coûter (v.) to cost

un billet (n.m.) a ticket

actuellement (adv.) now

s'asseoir (v.) to sit down (je m'assieds, nous nous asseyons)

seul(e) (adj.) alone

la scène (n.f.) the stage

lire (v.) to read (je lis, nous lisons)

manifester (v.) to show

le mécontentement (n.m.) displeasure

lequel (pron.) which one

paraître (v.) to appear

suggestions

l'orchestre (n.m.) the orchestra (à l'orchestre)

le balcon (n.m.) the balcony (au balcon)

une loge (n.f.) a box (seat) (dans une loge)

le poulailler (n.m.) the chicken coop = (au poulailler) with the gods (in ceiling decoration), the last balcony, the "nosebleed section" ;-)

en avant (exp.) in front

à l'arrière (exp.) in the back

applaudir (v.) to applaud

acclamer (v.) to cheer

jeter des bouquets (exp.) to throw flowers

huer (v.) to boo

siffler (v.) to whistle

jeter des légumes (exp.) to throw vegetables

autres possibilités

_____

_____

_____

_____

_____

_____

_____

_____

_____

_____

_____

_____

Grammaire orale ?

De + lequel, de + qui, de + quoi ou (correcte mais compliqué)	dont (correcte et simple)
Voici la dame de qui je parle.	Voici la dame dont je parle.
Voici la fourchette de laquelle je me sers.	**Voici la fourchette dont je me sers.**
Voici l'argent duquel tu as besoin.	Voici l'argent dont tu as besoin.
Voici les animaux desquels on a peur.	**Voici les animaux dont on a peur.**
Voici la flûte de laquelle il joue.	Voici la flûte dont il joue.
Voilà l'agent de qui le fils est mort.	**Voilà l'agent dont le fils est mort.**
Voilà les vieux de qui les enfants rient.	Voilà les vieux dont les enfant rient.
Voilà ce de quoi vous avez peur.	**Voilà ce dont vous avez peur.**
Voilà tout ce de quoi on aura besoin.	Voilà tout ce dont on aura besoin.

Le théâtre *(conversation à deux)*

1. Quelle est la couleur des costumes que les acteurs français préfèrent éviter?
2. Où peut-on laisser son manteau au théâtre?
3. Que reçoit-on de la dame du vestiaire quand on y laisse son manteau?
4. Est-ce qu'on paie le ticket de vestiaire?
5. À qui est-ce qu'on montre son billet de théâtre?
6. Qui dirige le spectateur à sa place au théâtre?
7. Donne-t-on un pourboire à l'ouvreuse?
8. Que fait-on pendant l'entr'acte au théâtre?
9. Aimerais-tu être vedette de théâtre, auteur ou metteur en scène?
10. Aimes-tu jouer sur la scène? As-tu le trac avant? As-tu besoin d'un souffleur?
11. Quelle pièce de théâtre t'a impressionné(e) le plus? Pourquoi?

Recyclage

1. Demande à ton/ta partenaire quelle couleur de costumes les acteurs français préfèrent éviter.
2. Tu es curieux(-euse) de savoir où on peut laisser son manteau au théâtre. Pose-lui la question.
3. Tu voudrais savoir ce qu'on reçoit de la dame du vestiaire quand on y laisse son manteau. Demande-le-lui.
4. Tu veux savoir si on paie le ticket de vestiaire. Pose-lui la question.
5. Demande-lui à qui on montre son billet de théâtre.
6. Tu aimerais savoir qui dirige le spectateur à sa place au théâtre. Demande-le-lui.
7. Tu cherches à savoir si on donne un pourboire à l'ouvreuse. Pose-lui la question.
8. Demande-lui ce que l'on fait pendant l'entr'acte au théâtre.
9. Tu voudrais savoir s'il/si elle aimerait être vedette de théâtre, auteur ou metteur en scène. Pose-lui la question.
10. Demande-lui s'il/si elle aime jouer sur la scène, s'il/si elle a le trac avant et s'il/si elle a besoin d'un souffleur.
11. Interroge-le/la sur la pièce de théâtre qui l'a impressionné(e) le plus et pourquoi.

Le Mél d'aujourd'hui

Courriel reçu

de:	audrey@enparlant.fr
à:	toi@enparlant.fr

Je considère la possibilité d'un échange "théâtral" entre jeunes français et jeunes américains. As-tu une expérience théâtrale? Aide-moi à imaginer ce qui pourrait se faire. Voudrais-tu participer à un tel échange?

Réponse

de:	toi@enparlant.fr
à:	audrey@enparlant.fr

réponse:

_____

_____

_____

_____

_____

Vocabulaire: Le théâtre

compréhension

éviter (v.) to avoid

laisser (v.) to leave (things)

le manteau (n.m.) the coat

on reçoit (v. recevoir) one receives

le vestiaire (n.m.) the coat room

montrer (v.) to show

diriger (v.) to direct, lead

la place (n.f.) the seat

un pourboire (n.m.) a tip

l'entr'acte (n.m.) intermission

lui (pron.) to him, to her

on (pron.) one

une vedette (n.f.) a star

un dramaturge (n.m.) a playwright

un metteur en scène (n.m.)
  a director

jouer (v.) to act, to play

le trac (n.m.) stage fright

avoir besoin (de) (exp.) to need,
  "to have need of"

un souffleur (n.m.) a prompter

suggestions

le vert (n.m.) green

un ouvreur (n.m.) a male usher

une ouvreuse (n.f.) a female usher

le ticket de vestiaire (n.m.)
  the coat check

rassurer (v.) to reassure

une réplique (n.f.) a line (of a play)

oublier (v.) to forget

J'ai ri. I laughed.

J'ai pleuré. I cried.

J'ai compris. I understood.

J'ai senti. I felt.

J'ai été ému(e). I was moved.

autres possibilités

Grammaire orale ⬇ ➡ ?

*Pronom – préposition + chose: **lequel, laquelle, lesquels, lesquels** ou **où***
(correcte mais compliqué)   *(correcte et simple)*

Voici le cahier dans lequel il écrit.	**Voici le cahier où il écrit.**
Voici la salle dans laquelle il travaille.	Voici la salle où il travaille.
Voici les îles parmi lesquelles elle voyage.	**Voici les îles où elle voyage.**
Voici les livres dans lesquels on compose.	Voici les livres où l'on compose.
Voici le terrain sur lequel nous jouons.	**Voici le terrain où nous jouons.**
Voilà la table sur laquelle on a signé.	Voilà la table où l'on a signé.
Voici les tiroirs dans lesquels je les ai mis.	**Voici les tiroirs où je les ai mis.**
Voilà les pays dans lesquels j'ai voyagé.	Voilà les pays où j'ai voyagé.
Voilà le théâtre auquel il a vu la pièce.	**Voilà le théâtre où il a vu la pièce.**

La ville *(conversation à deux)*

1. Aimes-tu les grandes villes?
2. Quelle est la plus grande ville du monde? Et la plus belle?
3. Préfères-tu visiter une grande ville ou vivre dans une grande ville?
4. Penses-tu aller à l'université dans une grande ville?
5. Qu'est-ce qui te plaît le plus dans une grande ville?
6. Qu'est-ce qui te plaît le moins? (Qu'est-ce qui te déplaît?)
7. Quelle est la grande ville la plus proche?
8. Quels sont les musées ou les attractions touristiques de cette ville?
9. Quelles sont les activités culturelles d'une grande ville? Et de la ville la plus proche?
10. Qu'est-ce que tu fais pour te divertir dans une grande ville?
11. Que peut-on voir en ville que l'on ne peut pas voir à la campagne?

Recyclage

1. Demande à ton/ta partenaire s'il/si elle aime les grandes villes.
2. Interroge-le/la sur la plus grande ville du monde et la plus belle ville du monde.
3. Tu es curieux(-euse) de savoir s'il/si elle préfère visiter une grande ville ou vivre dans une grande ville. Demande-le-lui.
4. Tu voudrais savoir s'il/si elle pense aller à l'université dans une grande ville.
5. Demande-lui ce qui lui plaît le plus dans une grande ville.
6. Tu veux savoir ce qui lui plaît le moins (ou ce qui lui déplaît). Pose-lui la question.
7. Tu aimerais savoir quelle est la grande ville la plus proche. Demande-le-lui.
8. Demande-lui quels sont les musées ou les attractions touristiques de cette ville.
9. Interroge-le/la sur les activités culturelles d'une grande ville et de la ville la plus proche.
10. Tu cherches à savoir ce qu'il/elle fait pour se divertir dans une grande ville.
11. Demande-lui ce que l'on peut voir en ville que l'on ne peut pas voir à la campagne.

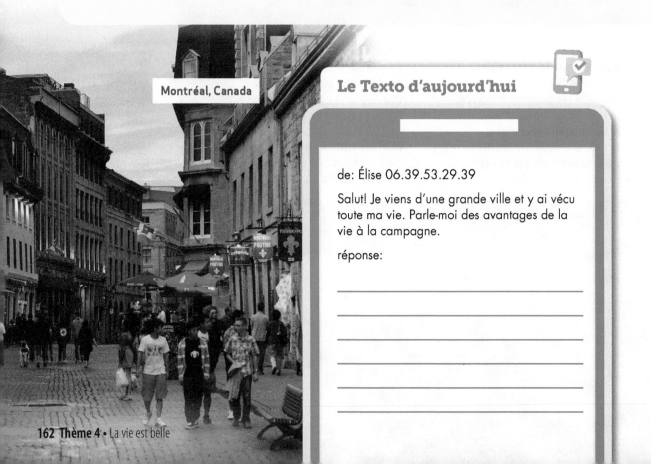

Montréal, Canada

Le Texto d'aujourd'hui

de: Élise 06.39.53.29.39

Salut! Je viens d'une grande ville et y ai vécu toute ma vie. Parle-moi des avantages de la vie à la campagne.

réponse:

_____

_____

_____

_____

_____

_____

Vocabulaire: La ville

compréhension	*suggestions*	*autres possibilités*

compréhension

la ville (n.f.) the city

vivre (v.) to live

plaire (v.) to please

le plus (adv.) the most

le moins (adv.) the least

déplaire (v.) to displease

proche (adj.) near

divertir (v.) to entertain

peut-on (v. pouvoir) can one

suggestions

la vie culturelle (n.f.) cultural life

les magasins (n.m.pl.) the stores

les gens (n.m.pl.) people

le bruit (n.m.) the noise

la pollution (n.f.) the pollution

la foule (n.f.) the crowd

la circulation (n.f.) the traffic

le théâtre (n.m.) the theater

le cinéma (n.m.) the movies

le musée (n.m.) the museum

un immeuble (n.m.) a building

l'animation de la rue (n.f.) street life, activities

un quartier historique (n.m.) an historic neighborhood

autres possibilités

_____

_____

_____

_____

_____

_____

_____

_____

_____

_____

_____

_____

Grammaire orale

*Phrases avec "**si**" – les temps des verbes - **le présent** avec (le résultat) **le présent***

Si j'ai faim, je mange.
Si tu as faim, tu manges.
S'il a faim, il mange.
Si elle a faim, elle mange.
Si (l') on a faim, on mange.
Si nous avons faim, nous mangeons.
Si vous avez faim, vous mangez.
S'ils ont faim, ils mangent.
Si elles ont faim, elles mangent.

Si je suis malade, je me couche.
Si tu es malade, tu te couches.
S'il est malade, il se couche.
Si elle est malade, elle se couche.
Si (l') on est malade, on se couche.
Si nous sommes malades, nous nous couchons.
Si vous êtes malade(s), vous vous couchez.
S'ils sont malades, ils se couchent.
Si elles sont malades, elles se couchent.

Monaco

La ville *(conversation à deux)*

1. Quel moyen de transport empruntes-tu pour aller en ville?
2. Quels sont les moyens de transport disponibles dans une grande ville?
3. Quels sont les prix de ces différents moyens de transport?
4. Pourquoi la grande ville peut-elle être dangereuse?
5. Y a-t-il des quartiers à éviter dans la grande ville près de chez toi?
6. Quelles recommandations est-ce que tes parents te font quand tu sors en ville?
7. Quel est le bâtiment le plus haut de la ville près de chez toi?
8. Es-tu monté(e) au sommet de ce bâtiment? (Que peut-on voir du sommet?)
9. Quels sont les magasins ou les boutiques qui t'intéressent en ville?
10. Quelle est la ville que tu préfères au monde?
11. Quelle est la ville que tu n'as pas encore visitée et que tu aimerais visiter? Pourquoi?

Recyclage

1. Demande à ton/ta partenaire quel moyen de transport il/elle emprunte pour aller en ville.
2. Interroge-le/la sur les moyens de transport disponibles dans une grande ville.
3. Interroge-le/la sur les prix de ces différents moyens de transport.
4. Tu veux savoir pourquoi la grande ville peut être dangereuse. Pose-lui la question.
5. Demande-lui s'il y a des quartiers à éviter dans la grande ville près de chez toi.
6. Tu aimerais savoir quelles recommandations ses parents lui font quand il/elle sort en ville. Demande-le-lui.
7. Interroge-le/la sur le bâtiment le plus haut de la ville près de chez lui/elle.
8. Demande-lui s'il/si elle est monté(e) au sommet de ce bâtiment et ce que l'on peut voir du sommet.
9. Interroge-le/la sur les magasins et les boutiques qui l'intéressent en ville.
10. Tu voudrais savoir quelle est la ville qu'il/elle préfère au monde. Pose-lui la question.
11. Demande-lui quelle est la ville qu'il/elle n'a pas encore visitée et qu'il/elle aimerait visiter et pourquoi.

Le Mél d'aujourd'hui

Courriel reçu

de:	bea@enparlant.fr
à:	toi@enparlant.fr

Pour ton séjour en Suisse, on te propose deux mois à la campagne ou deux mois dans une grande ville. Dis-moi les raisons de ta préférence.

Réponse

de:	toi@enparlant.fr
à:	bea@enparlant.fr

réponse:

_____

_____

_____

_____

_____

_____

Vocabulaire: La ville

compréhension

le moyen (n.m.) the means

emprunter (v.) to use, to borrow

disponible (adj.) available

un quartier (n.m.) an area,
a neighborhood

éviter (v.) to avoid

près de (prép.) near

sortir en ville (exp.) to go out
to town

la bâtiment (n.m.) the building

haut(e) (adj.) tall, high

le sommet (n.m.) the summit, top

la magasin (n.m.) the store

la boutique (n.f.) the shop

intéresser (v.) to interest

pas encore (adv.) not yet

tu aimerais (v. aimer) you would like

suggestions

le taxi (n.m.) the taxi

le métro (n.m.) the subway

le bus/l'autobus (n.m.) the bus

la voiture (n.f.) the car

le train (n.m.) the train

voler (v.) to steal

le voleur (n.m.) the thief, burglar

toute la ville (exp.) the whole city

les environs (n.m.pl.) the
surroundings

autres possibilités

_____

_____

_____

_____

_____

_____

_____

_____

_____

_____

_____

_____

Grammaire orale

*Phrases avec "si" – les verbes – **le présent** avec (le résultat) **l'impératif***

Si tu viens en ville, téléphone-moi.
Si vous avez un problème, adressez-vous à la direction.
Si nous sommes en retard, prenons un taxi.
Si tu perds ton portable, utilise le mien.
Si vous êtes perdu(e)(s), regardez le plan de la ville.
Si nous nous blessons, allons vite à l'hôpital.
Si tu perds les clefs de la maison, attends que tes parents arrivent.
Si nous avons faim, allons au restaurant.
Si vous ne comprenez pas, posez des questions!

Paris

Le voyage *(conversation à deux)*

1. Quel a été ton voyage le plus long et comment as-tu voyagé?
2. Ce voyage t'a-t-il plu? Combien de temps a duré ce voyage?
3. As-tu rencontré des gens intéressants (ou des gens pénibles)?
4. Quel aspect du voyage a été le plus agréable? Pourquoi?
5. Quel aspect du voyage a été le moins agréable? Pourquoi?
6. Quelle est la dernière recommandation que tes parents t'ont faite avant ce voyage?
7. Avec qui as-tu voyagé? Quelle a été ta première impression?
8. As-tu changé de fuseau horaire pendant le voyage?
9. Ressens-tu les effets du décalage horaire?
10. Quel est le premier repas que tu as pris une fois arrivé(e) à ta destination?
11. Pendant le voyage qu'est-ce que tu as mangé et qu'as-tu bu?

Recyclage

1. Demande à ton/ta partenaire quel a été son voyage le plus long et comment il/elle a voyagé.
2. Tu cherches à savoir si ce voyage lui a plu et combien de temps ce voyage a duré. Pose-lui ces deux questions.
3. Tu aimerais savoir s'il/si elle a rencontré des gens intéressants ou des gens pénibles. Demande-le-lui.
4. Interroge-le/la sur l'aspect le plus agréable du voyage et demande-lui de t'expliquer pourquoi.
5. Interroge-le/la sur l'aspect le moins agréable du voyage et demande-lui de t'expliquer pourquoi.
6. Demande-lui ce qui était la dernière recommandation que ses parents lui ont faite avant ce voyage.
7. Tu veux savoir avec qui il/elle a voyagé et quelle a été sa première impression. Pose-lui la question.
8. Demande-lui s'il a changé de fuseau horaire pendant le voyage.
9. Demande-lui s'il/si elle ressent les effets du décalage horaire.
10. Tu cherches à savoir quel est le premier repas qu'il/elle a pris une fois arrivé(e) à sa destination. Pose-lui la question.
11. Demande-lui ce qu'il/elle a mangé et ce qu'il a bu pendant le voyage.

Le Texto d'aujourd'hui

Au Maroc

de: Camille 06.77.39.19.28

Coucou! Anne m'a dit que tu es rentré d'Afrique francophone! Raconte-moi tout! Le transport, la nourriture, les activités, etc. :-)

réponse:

_____

_____

_____

_____

Vocabulaire: Le voyage

compréhension

le plus long (adj.) the longest
plu (v. plaire) pleased
le temps (n.m.) time
durer (v.) to last
rencontrer (v.) to meet
les gens (n.m.pl.) the people
intéressant(e) (adj.) interesting
pénible (adj.) painful, tiresome
le plus (adv.) the most
agréable (adj.) pleasant
le moins (adv.) the least
dernier/dernière (adj.) last
changer (de) (v.) to change
le fuseau horaire (n.m.) the time zone
ressens (v. ressentir) feel
les effets (n.m.) the effects
le décalage horaire (n.m.) jet lag
le repas (n.m.) the meal
une fois (n.f.) once, one time
pendant (prép.) during

suggestions

en train (exp.) by train
en avion (exp.) by plane
en autocar (exp.) by (intercity) bus
en voiture (exp.) by car
en bateau (exp.) by boat
Cela m'a plu. That pleased me.
Fais attention à ton argent.
   Pay attention to (watch out for) your money.
Ne parle pas aux étrangers.
   Don't talk to strangers.
N'oublie pas de dire «merci.»
   Don't forget to say "thank you."
Sois sage. Be good (well behaved).
Ne touche à rien. Don't touch anything.
la fatigue (n.f.) fatigue
la confusion (n.f.) confusion, getting things mixed up
l'indigestion (n.f.) upset stomach

autres possibilités

_____
_____
_____
_____
_____
_____
_____
_____
_____
_____
_____
_____
_____
_____
_____
_____
_____

Grammaire orale

*Phrases avec "**si**" – les verbes – **le présent** avec (le résultat) **le futur***

Si je vais en France, je parlerai français.
Si tu vas en France, tu parleras français.
S'il va en France, il parlera français.
Si elle va en France, elle parlera français.
Si (l') on va en France, on parlera français.
Si nous allons en France, nous parlerons français.
Si vous allez en France, vous parlerez français.
S'ils vont en France, ils parleront français.
Si elles vont en France, elles parleront français.

étudier / comprendre
faire le devoir / réussir

parler / apprendre
danser / s'amuser

travailler dur / être fatigué(e)
dormir / rêver

Le voyage *(conversation à deux)*

1. Préfères-tu voyager en train ou en avion? Pourquoi?
2. As-tu jamais fait un long voyage en bateau, une croisière?
3. Qu'est-ce que tu as oublié d'emporter en voyage avec toi?
4. Y a-t-il eu un incident amusant pendant le voyage?
5. As-tu bien dormi pendant le voyage ou est-ce que le sommeil était impossible?
6. As-tu été fatigué(e) après le voyage? (Qu'as-tu fait pour te reposer?)
7. As-tu un passeport? Où est-ce que tu le gardes en voyageant?
8. Que ferais-tu si tu étais perdu(e) pendant un voyage?
9. Es-tu nerveux(-euse) lorsque tu voyages?
10. Aimerais-tu retourner à un endroit que tu as déjà visité?
11. Si tu pouvais aller n'importe où dans le monde, où irais-tu?

Recyclage

1. Demande à ton/ta partenaire s'il/si elle préfère voyager en train ou en avion et pourquoi.
2. Tu cherches à savoir s'il/si elle a jamais fait un long voyage en bateau, une croisière. Pose-lui la question.
3. Interroge-le/la sur les objets qu'il/elle a oubliés d'emporter en voyage avec lui/elle.
4. Tu veux savoir s'il y a eu un incident amusant pendant le voyage. Demande-le-lui.
5. Demande-lui s'il/si elle a bien dormi pendant le voyage ou si le sommeil était impossible.
6. Tu aimerais savoir s'il/si elle a été fatigué(e) après le voyage et ce qu'il/elle a fait pour se reposer. Pose-lui ces deux questions.
7. Tu voudrais savoir s'il/si elle a un passeport et où il/elle le garde en voyageant. Demande-le-lui.
8. Demande-lui ce qu'il/elle ferait s'il/si elle était perdu(e) pendant un voyage.
9. Tu cherches à savoir s'il/si elle est nerveux(-euse) lorsqu'il/elle voyage. Pose-lui la question.
10. Tu veux savoir s'il/si elle aimerait retourner à un endroit qu'il/elle a déjà visité. Demande-le-lui.
11. Demande-lui où il/elle irait s'il/si elle pouvait aller n'importe où dans le monde.

Le Mél d'aujourd'hui

Courriel reçu

| de: | mariam@enparlant.fr |
| à: | toi@enparlant.fr |

J'ai entendu dire que pour vraiment apprécier son pays natal, il faut voyager. As-tu eu une expérience de voyage qui t'a fait apprécier un aspect de ton pays? Raconte-la-moi. Où veux-tu voyager un jour?

Réponse

| de: | toi@enparlant.fr |
| à: | mariam@enparlant.fr |

réponse:

_____

_____

_____

_____

_____

_____

Vocabulaire: Le voyage

compréhension	suggestions	autres possibilités
la croisière (n.f.) the cruise	**le pyjama** (n.m.) pyjamas	_____
oublier (v.) to forget	**la brosse à dents** (n.f.) the toothbrush	_____
emporter (v.) to carry (away)	**les sous-vêtements** (n.m.pl),	_____
dormir (v.) to sleep	**la lingerie** (n.f.),	_____
le sommeil (n.m.) (the) sleep	**les dessous** (n.m.pl.) the underwear	_____
était (v. être) was	**Il me faut** (un oreiller). I need (a pillow).	_____
se reposer (v.) to rest	**le sac** (n.m.) the purse, bag	_____
garder (v.) to keep	**le portefeuille** (n.m.) the wallet	_____
ferais-tu (v. faire) would you do	**la poche** (n.m.) the pocket	_____
perdu(e) (adj.) lost		_____
lorsque (adv.) when (= quand)		_____
aimerais-tu (v. aimer) would you like		_____
un endroit (n.m.) a place		_____
n'importe où (exp.) anywhere		
irais-tu (v. aller) would you go		

Grammaire orale

Phrases avec "**si**" – les verbes – **l'imparfait** avec (le résultat) **le conditionnel**

Si j'avais soif, je boirais.
Si tu avais soif, tu boirais.
S'il avait soif, il boirait.
Si elle avait soif, elle boirait.
Si on avait soif, on boirait.
Si nous avions soif, nous boirions.
Si vous aviez soif, vous boiriez.
S'ils avaient soif, ils boiraient.
Si elles avaient soif, elles boiraient.

Si je dansais, je m'amuserais.
Si tu dansais, tu t'amuserais.
S'il dansait, il s'amuserait.
Si elle dansait, elle s'amuserait.
Si on dansait, on s'amuserait.
Si nous dansions, nous nous amuserions.
Si vous dansiez, vous vous amuseriez.
Si ils dansaient, ils s'amuseraient.
Si ils dansaient, elles s'amuseraient.

étudier / comprendre
faire le devoir / réussir

parler / apprendre
se coucher / s'endormir

travailler dur / être fatigué(e)
dormir / rêver

Paris, France

THÈME
5

wifi tablette
planète mobile
touches
décollage avion
technologie
écran décoller
ligne aérienne
personnel de bord
avenir atterrissage
atterrir
Internet portable
soute
faire la valise
ordinateur
bagage à main
changements
espace futur paysage
surfer
Airbus

appareil numérique prochain

170

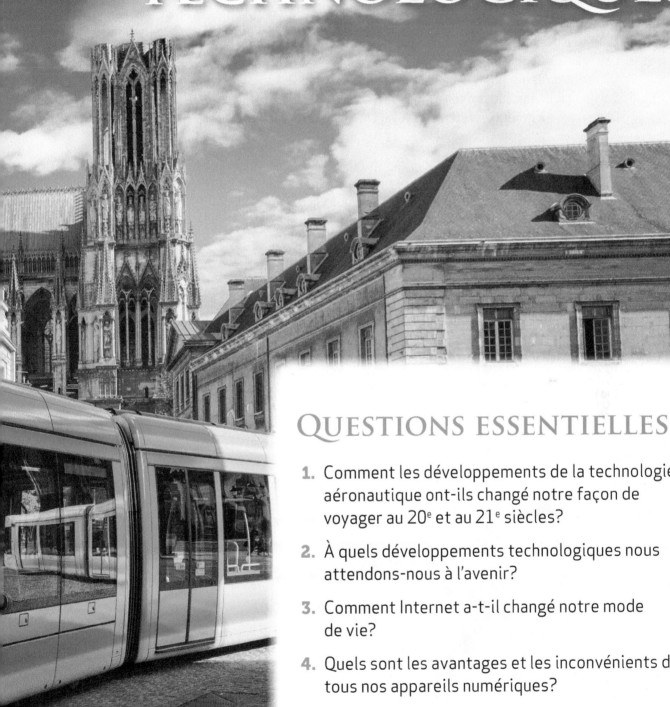

LES DÉVELOPPEMENTS TECHNOLOGIQUES

Reims, France

QUESTIONS ESSENTIELLES

1. Comment les développements de la technologie aéronautique ont-ils changé notre façon de voyager au 20e et au 21e siècles?

2. À quels développements technologiques nous attendons-nous à l'avenir?

3. Comment Internet a-t-il changé notre mode de vie?

4. Quels sont les avantages et les inconvénients de tous nos appareils numériques?

5. Est-ce que toutes les générations acceptent la technologie de la même façon?

6. Pourrais-tu vivre sans la technologie?

L'avion *(conversation à deux)*

1. As-tu jamais voyagé en avion?
2. Où es-tu allé(e)?
3. Pendant quelle saison as-tu voyagé?
4. Tu as voyagé avec quelle ligne aérienne?
5. As-tu pu voir le paysage de l'avion? Décris-le.
6. Le trajet a duré combien de temps?
7. Qu'est-ce que tu as fait pendant le voyage pour te distraire?
8. Les agents de bord, ont-ils été polis?
9. Qu'est-ce qu'ils ont servi à boire ou à manger? C'était bon?
10. Sais-tu quelle entreprise a construit l'avion? Laquelle?
11. D'une manière générale, préfères-tu voyager en avion ou en voiture? Pourquoi?

Recyclage

1. Demande à ton/ta partenaire s'il/si elle a jamais voyagé en avion.
2. Tu veux savoir quels endroits il/elle a visité. Pose-lui la question.
3. Dis-lui de t'expliquer pendant quelle saison il/elle a voyagé.
4. Demande-lui avec quelle ligne aérienne il a voyagé.
5. Interroge ton/ta partenaire sur le paysage vu de l'avion.
6. Tu cherches à savoir combien de temps le trajet a duré. Pose-lui la question.
7. Interroge-le/la sur ses activités pendant le vol.
8. Dis-lui de commenter sur la politesse des agents de bord.
9. Demande-lui ce qu'ils ont servi comme nourriture et comme boissons pendant le vol.
10. Tu as envie de savoir quelle entreprise a construit l'avion. Pose-lui la question.
11. Tu veux savoir s'il/si elle préfère voyager en avion ou en voiture. Pourquoi?

Le Texto d'aujourd'hui

de: Noémie 06.89.31.30.02

Coucou! J'ai peur! Je prends l'avion demain. As-tu des conseils à me donner?

réponse:

_____
_____
_____
_____
_____
_____

Vocabulaire: L'avion

compréhension	suggestions	autres possibilités
jamais (adv.) ever	**voyager** (v.) to travel	_____
la saison (n.f.) the season	**prendre l'avion** (v.) to take a plane	_____
la ligne aérienne (n.f.) the airline	(je prends, nous prenons)	_____
le paysage (n.m.) the countryside/ scenery	**pendant** (prép.) during	_____
le trajet (n.m.) the trip	**l'hiver** (n.m.) the winter	_____
se distraire (v.) to amuse/ occupy oneself (je me distrais, nous nous distrayons)	**le printemps** (n.m.) the spring	_____
	l'été (n.m.) the summer	_____
	l'automne (n.m.) the autumn/fall	_____
les agents de bord (n.m.) the cabin crew	**l'hôtesse de l'air** (n.f.) the female flight attendant	_____
l'entreprise (n.f.) the company	**le steward** (n.m.) the male flight attendant	_____
construire (v.) to build, to manufacture	**sympathique** (adj.) nice	_____
	désagréable (adj.) unpleasant	_____
	(im)poli(e) (adj.) (im)polite	_____
	Airbus (n.) a European aerospace company	_____
	Boeing (n.) an American aerospace company	_____

Grammaire orale

Phrases avec "**si**" – les verbes – **l'imparfait** avec (le résultat) **le conditionnel**

	Si j'allais, tu viendrais avec moi.
	Si tu allais, il viendrait avec toi.
je	S'il allait, elle viendrait avec lui.
elles tu	**Si elle allait, on viendrait avec elle.**
ils il	Si on allait, nous viendrions avec.
vous elle	**Si nous allions, vous viendriez avec nous.**
nous on	Si vous alliez, ils viendraient avec vous.
	S'ils allaient, elles viendraient avec eux.
	Si elles allaient, je viendrais avec elles. _(et encore!)_

Aéroport Nice Côte d'Azur, France

L'avion *(conversation à deux)*

1. Quand on voyage en avion, combien de bagages sont autorisés?
2. J'ai trois bagages pour mon voyage en avion. Cela me coûtera combien?
3. Lorsque tu prends l'avion qu'est-ce que tu mets dans ton bagage à main? Pourquoi?
4. Fais-tu ta valise toi-même avant un voyage en famille?
5. Lorsque tu prends l'avion qu'est-ce que tu mets dans ta valise en soute? Pourquoi?
6. Qui fait les annonces dans un avion?
7. Qu'est-ce qu'il est interdit de faire dans un avion? Pourquoi?
8. À quelle place et avec qui préfères-tu t'asseoir dans l'avion? Pour quelle(s) raison(s)?
9. En cas d'accident, qu'est-ce que les passagers d'avion doivent faire?
10. As-tu jamais utilisé une connexion wifi dans un avion?
11. Après avoir atterri à destination, qu'est-ce qu'il faut faire?

Recyclage

1. Demande à ton/ta partenaire combien de bagages sont autorisés pour un voyage en avion.
2. Tu veux savoir le prix pour trois bagages. Demande-le-lui.
3. Interroge ton/ta partenaire sur ce qu'il met dans son bagage à main.
4. Dis-lui de t'expliquer qui fait sa valise.
5. Demande-lui s'il met sa valise en soute généralement ou pas.
6. Demande-lui qui fait les annonces dans un avion.
7. Tu as envie de connaître les règlements dans un avion. Demande-lui ce qu'il est interdit de faire.
8. Demande-lui à quelle place et avec qui il/elle préfère s'asseoir dans l'avion et pour quelle(s) raison(s).
9. Demande-lui ce que les passagers d'un avion doivent faire en cas d'accident.
10. Demande-lui s'il s'est jamais servi d'une connexion wifi dans les airs.
11. Tu ne sais pas ce qu'il faut faire une fois arrivé à destination. Pose-lui la question.

Vocabulaire: L'avion

compréhension	suggestions	autres possibilités
un bagage (n.m.) a piece of luggage	**un vêtement** (n.m.) an article of clothing	_____
autorisé(e) (adj.) allowed	**un produit de toilette** (n.m.) a toiletry/hygiene product	_____
coûter (v.) to cost	**un liquide** (n.m.) a liquid	_____
un bagage à main (n.m.) a carry on	**un(e) pilote** (n.m./f.) a pilot	_____
une valise (n.f.) a suitcase	**fumer** (v.) to smoke	_____
faire la valise (v.) to pack a suitcase (je fais, nous faisons)	**surfer sur Internet** (v.) to surf the Internet	_____
une valise en soute (n.f.) a checked suitcase	**utiliser** (v.) to use	_____
la soute (n.f.) the hold	**à côté de** (prép.) next to	_____
une annonce (n.f.) an announcement	**une fenêtre** (n.f.) a window	_____
interdit(e) (adj.) forbidden	**le hublot** (n.m.) the airplane window	_____
s'asseoir (v.) to sit (je m'assieds, nous nous asseyons)	**un couloir** (n.m.) an aisle	_____
devoir (v.) must, to have to (je dois, nous devons)	**récupérer** (v.) to pick up/go get	_____
atterrir (v.) to land		

Grammaire orale

Phrases avec "si" **le plus-que-parfait** *avec (le résultat)* **le conditionnel passé**

je
elles   tu
ils   il
vous   elle
nous   on

Si j'avais été à la fête, tu serais venu(e), n'est-ce pas?
Si tu avais été à la fête, il serait venu, n'est-ce pas?
S'il avait été à la fête, elle serait venue, n'est-ce pas?
Si elle avait été à la fête, on serait venu, n'est-ce pas?
Si on avait été à la fête, nous serions venu(e)s, n'est-ce pas?
Si nous avions été à la fête, vous seriez venu(e)(s), n'est-ce pas?
Si vous aviez été à la fête, ils seraient venus, n'est-ce pas?
S'ils avaient été à la fête, elles seraient venues, n'est-ce pas?
Si elles avaient été à la fête, je serais venu(e). Oui!   *(et encore!)*

Le Mél d'aujourd'hui

Courriel reçu

de: mylene@enparlant.fr
a: toi@enparlant.fr

Bonjour! Je pars à Montréal avec ma classe le mois prochain! =) Tu sais combien de valises je peux prendre sans payer un supplément? Peux-tu m'aider à organiser mes affaires? Je ne sais pas quoi mettre dans la valise et dans mon bagage à main!
Aide-moi s.t.p.!

Réponse

de: toi@enparlant.fr
à: mylene@enparlant.fr

réponse:

_____
_____
_____
_____
_____
_____

Le futur *(conversation à deux)*

1. Seras-tu préparé(e) pour ce cours quand nous nous reverrons la prochaine fois?
2. Quels appareils électroménagers auras-tu utilisés avant que nous ne nous revoyions?
3. Penses-tu travailler dans l'électronique dans le futur?
4. Quels appareils ménagers emploient l'électronique actuellement?
5. Y a-t-il de tels appareils électroménagers chez toi?
6. Quel appareil aimerais-tu inventer pour aider à la maison?
7. Quel membre de ta famille est le plus à l'aise avec l'électronique?
8. Qu'est-ce que c'est qu'un robot?
9. Comment est-ce que les robots sont utilisés à présent?
10. Est-ce que les robots sont capables de communiquer avec les hommes?
11. Que feront les robots du futur?

Recyclage

1. Demande à ton/ta partenaire s'il/si elle sera préparé(e) pour ce cours quand vous vous reverrez la prochaine fois.
2. Demande-lui quels appareils électroménagers il/elle aura utilisés avant que vous ne vous revoyiez.
3. Tu veux savoir si ton/ta partenaire pense travailler dans l'électronique. Demande-le-lui.
4. Demande-lui quels appareils ménagers emploient l'électronique actuellement.
5. Demande-lui s'il y a des appareils électroménagers chez toi.
6. Tu voudrais savoir quel appareil ménager ton/ta partenaire aimerait inventer. Pose-lui la question.
7. Demande-lui quel membre de sa famille est le plus à l'aise avec l'électronique.
8. Demande-lui de te dire ce que c'est qu'un robot.
9. Tu es curieux(-euse) de savoir comment les robots sont utilisés à présent. Pose-lui la question.
10. Tu veux savoir si les robots sont capables de communiquer avec les hommes. Demande à ton/ta partenaire son opinion.
11. Interroge-le/la sur le rôle des robots dans le futur.

Le Texto d'aujourd'hui

de: Anaïs 06.13.28.64.55

Dis-moi, dans ta vie quels sont les appareils électroménagers indispensables et pourquoi. Je n'en ai pas et je dois en acheter.

réponse:

_____

_____

_____

_____

_____

Vocabulaire: Le futur

compréhension	*suggestions*	*autres possibilités*

nous nous reverrons (v. revoir) we will see each other again

avant que (conj.) before (+ ne et subjonctif)

nous revoyions (v. revoir subjonctif) see each other again

un appareil (n.m.) an appliance, device

tel/le (adj.) such

numérique (adj.) digital

ménager/ménagère (adj.) household

actuellement (adv.) now, at present

à l'aise (exp.) at ease, comfortable

feront (v. faire) will do

un ordinateur (n.m.) a computer

un portable (n.m.) a cell phone

une tablette (n.f.) a digital tablet

un (four à) micro-ondes (n.m.) a microwave oven

une voiture (n.f.) a vehicle, car

une cuisinière (n.f.) a stove

un réfrigérateur (n.m.) a refrigerator

un lave-vaisselle (n.m.) a dishwasher

un aspirateur (n.m.) a vacuum cleaner

faire le lit (exp.) to make the bed

préparer les repas (exp.) to prepare meals

laver la voiture (exp.) to wash the car

Grammaire orale

Phrases avec "si" **le plus-que-parfait** *avec (le résultat)* **le conditionnel passé**

Si j'avais fait attention, je ne me serais pas blessé(e).
Si tu avais fait attention, tu ne te serais pas blessé(e).
S'il avait fait attention, il ne se serait pas blessé.
Si elle avait fait attention, elle ne se serait pas blessée.
Si on avait fait attention, on ne se serait pas blessé.
Si nous avions fait attention, nous ne nous serions pas blessé(e)s.
Si vous aviez fait attention, vous ne vous seriez pas blessé(e)(s).
S'ils avaient fait attention, ils ne se seraient pas blessés.
Si elles avait fait attention, elles ne se seraient pas blessées.

Paris, France

Le futur *(conversation à deux)*

1. Comment imagines-tu les cinq prochaines années de ta vie?
2. Quelles sont les professions qui t'intéressent maintenant?
3. Quelles professions demandent le plus d'années d'études et de formation?
4. Où penses-tu continuer tes études? Qu'est-ce que tu vas y étudier?
5. Aimerais-tu voyager dans l'espace, visiter une autre planète? Pourquoi?
6. Lorsque tu auras trente ans, où seras-tu? Et à l'âge de quarante ans?
7. Quelles langues parleras-tu dans l'avenir? (Sera-t-il nécessaire d'en apprendre?)
8. Qu'est-ce que tu auras fait avant ton prochain anniversaire?
9. Comment est-ce que tu aideras les moins fortunés que toi dans le futur?
10. Quel développement technologique sera le plus important dans ton avenir?
11. En pensant au rôle futur de la technologie, es-tu optimiste ou pessimiste?

Recyclage

1. Demande à ton/ta partenaire comment il/elle imagine les cinq prochaines années de sa vie.
2. Tu veux savoir quelles sont les professions qui l'intéressent maintenant. Demande-le-lui.
3. Demande-lui quelles sont les professions qui demandent le plus de préparation et de formation.
4. Interroge-le/la sur où il/elle pense continuer ses études et ce qu'il/elle étudiera.
5. Tu veux savoir si ton/ta partenaire aimerait voyager dans l'espace ou visiter une autre planète. Pose-lui ces questions.
6. Demande à ton/ta partenaire où il/elle sera à l'âge de trente ans et de quarante ans.
7. Tu es curieux(-euse) de savoir quelles langues ton/ta partenaire parlera dans l'avenir et s'il sera nécessaire d'apprendre des langues. Pose-lui ces questions.
8. Demande-lui ce qu'il/elle aura fait avant son prochain anniversaire.
9. Interroge-le/la sur ce qu'il/elle fera dans le futur pour aider les moins fortunés.
10. Tu veux savoir quel développement technologique sera le plus important dans son avenir. Demande-le à ton/ta partenaire.
11. Demande-lui si en pensant au rôle futur de la technologie il/elle est optimiste ou pessimiste.

Le Mél d'aujourd'hui

Courriel reçu

de: odile@enparlant.fr
à: toi@enparlant.fr

Qu'est-ce que les gens que tu respectes te disent au sujet de ta formation future? Je cherche de bons conseils pour moi-même.

Réponse

de: toi@enparlant.fr
à: odile@enparlant.fr

réponse:

_____

_____

_____

_____

_____

_____

Vocabulaire: Le futur

compréhension

prochain(e) (adj.) next
une étude (n.f.) study
la formation (n.f.) preparation
l'espace (n.m.) (outer) space
l'avenir (n.m.) the future
une planète (n.f.) a planet
en (pron.) some
un anniversaire (n.m.) a birthday
moins (adv.) less

suggestions

la médecine (n.f.) medicine
l'ingénierie (n.m.) engineering
le droit (n.m.) law
l'informatique (n.m.) computer science, IT
l'université (n.f.) the university, college
une école (n.f.) a school
  de droit (n.m.) law school
  de génie (n.m.) engineering school
  de médecine (n.f.) medical school
  de commerce (n.f.) business school
faire du travail bénévole (exp.) to do volunteer work
donner de l'argent (exp.) to give money, donate
donner des leçons (exp.) to give lessons, tutor

autres possibilités

_____
_____
_____
_____
_____
_____
_____
_____
_____
_____
_____
_____
_____
_____

Grammaire orale

Phrases avec "si" ***le plus-que-parfait*** *avec (le résultat)* ***le conditionnel passé***

Si j'étais arrivé(e) à l'heure, je n'aurais pas raté le train.
Si tu étais arrivé(e) à l'heure, tu n'aurais pas raté le train.
S'il était arrivé à l'heure, il n'aurait pas raté le train.
Si elle était arrivée à l'heure, elle n'aurait pas raté le train.
Si on était arrivé à l'heure, on n'aurait pas raté le train.
Si nous étions arrivé(e)s à l'heure, nous n'aurions pas raté le train.
Si vous étiez arrivé(e)(s) à l'heure, vous n'auriez pas raté le train.
S'ils étaient arrivés à l'heure, ils n'auraient pas raté le train.
Si elles étaient arrivées à l'heure, elles n'auraient pas raté le train.

Paris, France

Internet (conversation à deux)

1. As-tu une connexion Internet chez toi?
2. As-tu une connexion plutôt rapide ou plutôt lente?
3. Vas-tu sur Internet à la maison et à l'école aussi?
4. Préfères-tu surfer sur Internet à la maison ou à l'école? Pourquoi?
5. Tu passes combien de temps sur Internet par jour, en général?
6. Quel est ton site préféré? Pourquoi?
7. Tu aimes mieux cliquer avec une souris ou sur un pavé tactile?
8. Pour quelle raison utilises-tu Internet le plus souvent?
9. Généralement, est-ce que tu fais tes devoirs à l'aide d'Internet?
10. Quelle est ton adresse email?
11. Sur quel site peut-on regarder des vidéoclips? Des suggestions?

Recyclage

1. Demande à ton/ta partenaire s'il/si elle a une connexion Internet chez lui/elle.
2. Dis-lui de t'expliquer si sa connexion Internet est rapide ou lente.
3. Tu veux savoir s'il/si elle va sur Internet chez lui/elle et à l'école. Pose-lui la question.
4. Demande-lui s'il/si elle préfère surfer sur Internet à la maison ou à l'ecole.
5. Interroge ton partenaire sur le nombre de minutes qu'il/elle passe sur Internet par jour.
6. Tu cherches à savoir le site préféré de ton/ta partenaire. Pose-lui la question.
7. Demande-lui s'il/si elle aime mieux cliquer avec une souris ou avec un pavé tactile.
8. Dis-lui de commenter sur ses raisons pour utiliser Internet.
9. Demande-lui s'il/si elle utilise Internet pour faire ses devoirs en général.
10. Tu as envie d'envoyer un mél à ton/ta partenaire. Demande-lui de te donner son adresse.
11. Dis-lui que tu cherches un site pour télécharger des vidéoclips. Demande-lui de faire des suggestions.

Le Texto d'aujourd'hui

de: Nadège 06.40.74.31.29

Salut! J'ai besoin de conseils. Tu recharges ton portable, ta tablette et ton ordi tous les jours, n'est-ce pas? Tu le fais quand – le soir? Je n'arrive pas à gérer tous ces appareils! :o

réponse:

_____

_____

_____

_____

_____

Vocabulaire: Internet

compréhension	*suggestions*	*autres possibilités*

compréhension

un site/site web (n.m.) a site/website

surfer sur (v.) to surf (the Internet)

cliquer (v.) to click (for computers)

une souris (n.f.) a mouse

un pavé tactile (n.m.) a touch pad

à l'aide de (exp.) with the help of

lent(e) (adj.) slow

un mel, un mél, un mail (n.m.) an email

télécharger (v.) to download

coincé(e) (adj.) stuck

en travaux (exp.) under construction

gérer (v.) to manage (je gère, nous gérons)

suggestions

une recherche (n.f.) a search

chercher (v.) to look for

trouver (v.) to find

traduire (v.) to translate (je traduis, nous traduisons)

copier (v.) to copy

coller (v.) to paste

corriger (v.) to correct

vérifier (v.) to check/verify

taper (v.) to type

envoyer (v.) to send (j'envoie, nous envoyons)

recevoir (v.) to receive (je reçois, nous recevons)

jouer (v.) to play

se détendre (v.) to relax

autres possibilités

_____

_____

_____

_____

_____

_____

_____

_____

_____

_____

_____

Grammaire orale

Deux actions simultanées au passé – le passé composé et le passé composé
(When I saw you, I invited you.)

"le cercle"
je
elles   tu
ils   il
vous   elle
nous   on*
(quelqu'un)

Quand je t'ai vu(e), je t'ai invité(e).
Quand tu l'as vu, tu l'as invité.
Quand il l'a vue, il l'a invitée.
Quand elle a vu quelqu'un, elle l'a invité.
Quand on nous a vu(e)s, on nous a invité(e)s.
Quand nous vous avons vu(e)(s), nous vous avons invité(e)(s).
Quand vous les avez vus, vous les avez invités.
Quand il les ont vues, il les ont invitées.
Quand elles m'ont vue(e), elles m'ont invité(e).

Bordeaux, France

Internet *(conversation à deux)*

1. Qu'est-ce que tu fais d'utile sur Internet?
2. Qu'est-ce que tu fais pour te détendre sur Internet?
3. Connais-tu des gens plus âgés qui se servent d'Internet autant que toi? Pour quelles raisons?
4. Quelles sont les raisons de cliquer sur une icône?
5. As-tu une tablette numérique ou un ordinateur ou les deux? Quel appareil préfères-tu?
6. Quelles sont tes applications préférées et pourquoi?
7. En général, tu allumes et éteins ton ordi vers quelle heure chaque jour?
8. Généralement, quand tu es chez toi, est-ce que ton ordi est branché? Pourquoi ou pourquoi pas?
9. Après avoir tapé un devoir, est-ce que tu l'imprimes en général? Pourquoi ou pourquoi pas?
10. Comment écrit-on un essai sur l'ordinateur? Quelles sont les étapes?
11. Combien de fois par jour dois-tu recharger tes appareils numériques?

Recyclage

1. Demande à ton/ta partenaire ce qu'il/elle fait d'utile sur Internet.
2. Dis-lui de t'expliquer ce qu'il/elle fait sur Internet pour se détendre.
3. Interroge-le/la sur les gens qu'il/elle connaît et demande-lui s'ils utilisent Internet.
4. Pose-lui une question sur les raisons de cliquer sur une icône.
5. Demande-lui s'il/si elle possède une tablette numérique et/ou un ordinateur et lequel de ces appareils il/elle préfère.
6. Pose-lui une question son choix d'applications et sur les raisons de ses préférences.
7. Demande-lui quand il alllume et éteint son ordinateur chaque jour.
8. Dis-lui de t'expliquer s'il/si elle branche toujours son ordinateur à la maison et pourquoi il le fait ou ne le fait pas.
9. Demande-lui de te dire s'il imprime ses devoirs après les avoir tapés à l'ordinateur et de t'expliquer pourquoi.
10. Dis-lui de te donner en détail les étapes nécessaires pour écrire un essai sur l'ordinateur.
11. Tu veux savoir s'il/si elle est obligé(e) de recharger ses appareils numériques. Qu'il/elle te parle de ses habitudes à ce sujet.

Le Mél d'aujourd'hui

Courriel reçu

de:	mathieu@enparlant.fr
à:	toi@enparlant.fr

Salut! Mes parents viennent d'acheter un ordi pour la maison! Maintenant je pourrai m'amuser le soir. Tu connais quelques jeux, applications et sites marrants? Merci!

Réponse

de:	toi@enparlant.fr
à:	mathieu@enparlant.fr

réponse:

_____

_____

_____

_____

_____

_____

Vocabulaire: Internet

compréhension

utile (adj.) useful

plutôt (adv.) rather

se servir de (v.) to use
(je me sers, nous nous servons)

une icône (n.f.) an icon

une tablette (n.f.) a tablet

numérique (adj.) digital

un appareil (n.m.) a device

allumer (v.) to turn on (a machine)

éteindre (v.) to turn off (a machine)
(j'éteins, nous éteignons)

branché(e) (adj.) plugged in

imprimer (v.) to print

une étape (n.f.) a step/stage
(in doing something)

recharger (v.) to charge
(an electronic device)

marrant(e) (adj.) fun, funny

suggestions

jouer aux jeux vidéo (v.) to play
video games

participer à un réseau social (v.)
to be on a social network

participer à un blog (v.) to
participate on a blog

commenter (v.) to comment

afficher une vidéo/une photo (v.)
to post a video or photo

créer un document (v.) to make/
create a document

ouvrir (v.) to open (for an
application/document)

sauver les arbres (v.) to save
the trees

être écolo (exp.) to be eco-minded

une fois (n.f.) one time
(deux fois, trois fois ...)

autres possibilités

_____

_____

_____

_____

_____

_____

_____

_____

_____

_____

_____

Grammaire orale

*Deux actions ordonnées au passé – le plus-que-parfait et le passé composé
(When I **had** found you, then I followed you.)*

"le cercle"
je
elles   tu
ils   il
vous   elle
nous on*
(quelqu'un)

Quand je t'avais trouvé(e), alors je t'ai suivi(e)
Quand tu l'avais trouvé, alors tu l'as suivi.
Quand il l'avait trouvée, alors il l'a suivie.
Quand elle avait trouvé quelqu'un, alors elle l'a suivi.
Quand on nous avait trouvé(e)s, alors on nous a suivi(e)s.
Quand nous vous avions trouvé(e)(s), alors nous vous avons suivi(e)(s).
Quand vous les aviez trouvés, alors vous les avez suivis.
Quand il les avaient trouvées, alors ils les ont suivies.
Quand elles m'avaient trouvé(e), alors elles m'ont suivi(e).

Le portable *(conversation à deux)*

1. As-tu un téléphone portable?
2. Depuis quand as-tu un téléphone portable?
3. Tu connais un synonyme pour le mot portable?
4. Est-ce que ta famille a toujours un téléphone fixe à la maison?
5. Combien de personnes dans ta famille ont un portable personnel?
6. Qui paie la facture mensuelle de ton portable? Combien ça coûte?
7. Qu'est-ce que tu peux faire avec ton portable?
8. Quelle marque de portable as-tu? Tu aimes cette marque?
9. Quels sont les avantages d'avoir un portable?
10. Y a-t-il aussi des problèmes ou des risques quand on a un portable?
11. Quelle est la différence entre un portable traditionnel et un smartphone?

Recyclage

1. Demande à ton/ta partenaire s'il/si elle a un portable.
2. Tu veux savoir depuis combien de temps il/elle a son portable. Pose-lui la question.
3. Demande-lui s'il connaît un synonyme pour le mot portable.
4. Demande-lui si sa famille a toujours un téléphone fixe à la maison.
5. Interroge-le/la sur le nombre de personnes dans sa famille qui ont un portable.
6. Tu as envie de savoir qui paie la facture mensuelle pour son portable et combien ça coûte. Pose-lui les deux questions.
7. Demande-lui de t'expliquer ce qu'on peut faire avec un portable.
8. Tu aimerais savoir quelle marque de portable il/elle a et s'il/si elle aime cette marque. Demande-le-lui.
9. Demande-lui de parler des avantages d'avoir un portable.
10. Demande-lui quels sont les problèmes ou les risques quand on a un portable.
11. Interroge-le/la sur la différence entre un portable traditionnel et un smartphone.

Le Texto d'aujourd'hui

de: Virginie 06.39.05.38.11

Coucou! Peux-tu me dire combien tu paies par mois pour combien de minutes et de textos? J'ai envie de changer de service. Écris-moi!

réponse:

_____

_____

_____

_____

_____

_____

Vocabulaire: Le portable

compréhension	*suggestions*	*autres possibilités*

un téléphone portable (m.) a cell phone

depuis quand (exp.) since when

un téléphone fixe (m.) a land line

un portable personnel (m.) a personal cell phone

la facture mensuelle (f.) the monthly bill

coûter (v.) to cost

la marque (f.) the brand

un risque (m.) a risk

depuis (prép.) since

un mobile (m.) a cell phone

aller sur Internet (v.) to go on the Internet

faire un appel (v.) to place a call

envoyer un texto (v.) to send a text message

prendre une photo (v.) to take a picture

être en contact (v.) to be in contact

se sentir en sécurité (v.) to feel safe (je me sens, nous nous sentons)

perdre son temps (v.) to waste time

coûter cher (v.) to cost a lot

_____
_____
_____
_____
_____
_____
_____
_____
_____

Grammaire orale ?

Deux actions ordonnées au passé avec (1) le plus-que-parfait et (2) le passé composé
Quand j'étais venu(e) à l'école, alors je suis entré(e) dans la salle.
Quand j'étais entré(e) dans la salle, alors je suis resté(e) dans la salle.
Quand j'étais resté(e) dans la salle… (Continuez l'exercice en "enchaînant.")

Auxiliaires: (être)	*(être)*	*(avoir)*
venir (à l'école)	**se réveiller**	manger (rapidement)
entrer (dans la salle)	se lever	**parler (à mon ami(e))**
rester (dans la salle)	**se laver**	chanter (fort)
sortir (de la salle)	se brosser les dents	**rougir (énormément)**
partir (en retard)	**s'habiller**	danser (avec mon ami(e))
tomber (dans un trou)	se promener	**travailler (un peu)**
monter (dans un taxi)	**s'amuser**	jouer (au football)
aller (à l'hôpital)	s'arrêter	**étudier (un livre)**
descendre (du taxi)	**se reposer**	écrire (une lettre)
entrer (dans l'hôpital)	se coucher	**boire (un verre)**
rentrer (chez moi)	**s'endormir**	finir (la journée)

Saint-Malo, France

Le portable *(conversation à deux)*

1. As-tu un ordinateur portable ou connais-tu quelqu'un qui a un ordinateur portable?
2. Quelle marque d'ordinateur portable préfères-tu et pourquoi?
3. Pour quelles raisons peut-on dire que les ordinateurs portables sont pratiques?
4. Le mot portable ressemble à quel verbe en français?
5. Quelles sont deux définitions du verbe porter?
6. Où peut-on utiliser un ordinateur portable?
7. Combien de fois par semaine faut-il charger un ordinateur portable?
8. Qu'est-ce qu'on peut faire pour que la batterie d'un ordinateur portable dure plus longtemps?
9. Qu'est-ce qu'il ne faut pas faire avec un ordinateur portable?
10. As-tu d'autres appareils portables? Une tablette, par exemple?
11. Décris la première fois que tu as envoyé un mail sur un ordinateur ou une tablette.

Recyclage

1. Demande à ton/ta partenaire s'il/si elle a un ordinateur portable ou s'il/si elle connaît quelqu'un qui a un ordinateur portable.
2. Tu as envie de savoir quelle marque d'ordinateur portable il/elle préfère et pourquoi. Pose-lui la question.
3. Tu voudrais savoir pour quelles raisons on peut dire que les ordinateurs portables sont pratiques. Demande-le-lui.
4. Interroge-le/la sur le verbe en français qui ressemble au mot portable.
5. Demande-lui deux définitions du verbe porter.
6. Tu cherches à savoir où (l')on peut utiliser un ordinateur portable. Pose-lui la question.
7. Interroge-le/la sur le nombre de fois par semaine qu'il faut charger un ordinateur portable.
8. Tu aimerais savoir ce que l'on peut faire pour que la batterie d'un ordinateur portable dure plus longtemps. Pose-lui la question.
9. Demande-lui ce qu'il ne faut pas faire avec un ordinateur portable.
10. Tu veux savoir s'il/si elle a d'autres appareils portables (une tablette, par exemple).
11. Dis-lui de te décrire la première fois qu'il/elle a envoyé un mail sur un ordinateur ou une tablette.

Le Mél d'aujourd'hui

Courriel reçu

de:	franck@enparlant.fr
à:	toi@enparlant.fr

Bonjour de Suisse! On est allés au ski avec ma famille et je t'écris de mon portable. Il y a le wifi dans l'hôtel. Rappelle-moi où c'est que tu passes tes vacances...et encore un truc. J'ai oublié mon chargeur! J'en ai pour combien de temps, à ton avis?

Réponse

de:	toi@enparlant.fr
à:	franck@enparlant.fr

réponse:

_____

_____

_____

_____

_____

_____

Vocabulaire: Le portable

compréhension	*suggestions*	*autres possibilités*

la marque (f.) the brand

pratique (adj.) practical

ressembler (v.) to look like/
  resemble

une fois (f.) one time

charger (v.) to charge

durer (v.) to last

un appareil (m.) a device

une tablette (f.) a digital tablet

un mail (m.) an email

un PC (m.) a PC

un Mac (m.) a Macintosh

transporter (m.) to carry around/
  transport

mettre (m.) to put

un sac (m.) a bag

porter (v.) to carry, to wear

la bibliothèque (f.) library

le café (m.) the cafe

ajuster (v.) to adjust

la luminosité (f.) lighting

éteindre (v.) to turn off
  (j'éteins, nous éteignons)

l'écran (m.) the screen

éviter (v.) to avoid

_____

_____

_____

_____

_____

_____

_____

_____

_____

_____

_____

_____

Grammaire orale ?

*Deux actions ordonnées au passé avec **l'infinitif passé** après "après"*

  Après m'être réveille(e), je me suis lavé(e).

  Après m'être lavé(e), je me suis levé(e)

  Après m'être levé(e)… (Continuez l'exercice en "enchaînant.")

Auxiliaires: (être)	*(être)*	*(avoir)*
venir (à l'école)	**se réveiller**	manger (rapidement)
entrer (dans la salle)	se laver	**parler (à mon ami(e))**
rester (dans la salle)	**se lever**	chanter (fort)
sortir (de la salle)	se brosser les dents	**rougir (énormément)**
partir (en retard)	**s'habiller**	danser (avec mon ami(e))
tomber (dans un trou)	se promener	**travailler (un peu)**
monter (dans un taxi)	**s'amuser**	jouer (au football)
aller (à l'hôpital)	s'arrêter	**étudier (un livre)**
descendre (du taxi)	**se reposer**	écrire (une lettre)
entrer (dans l'hôpital)	se coucher	**boire (un verre)**
rentrer (chez moi)	**s'endormir**	finir (la journée)

guérison
décider
aider
hebdomadaire
environnement
avis plaisir mensuel
agir
maladie
argent
planète
mortalité
exiger
nier
protéger
sain
éviter
vitesse
médicaments
soigner
faire un don
atelier
menacer
santé
régime
sang
urgences
coûteux
vacciner
douleur
exercer
vie
monde
métier

consommer
éviter

Paris, France

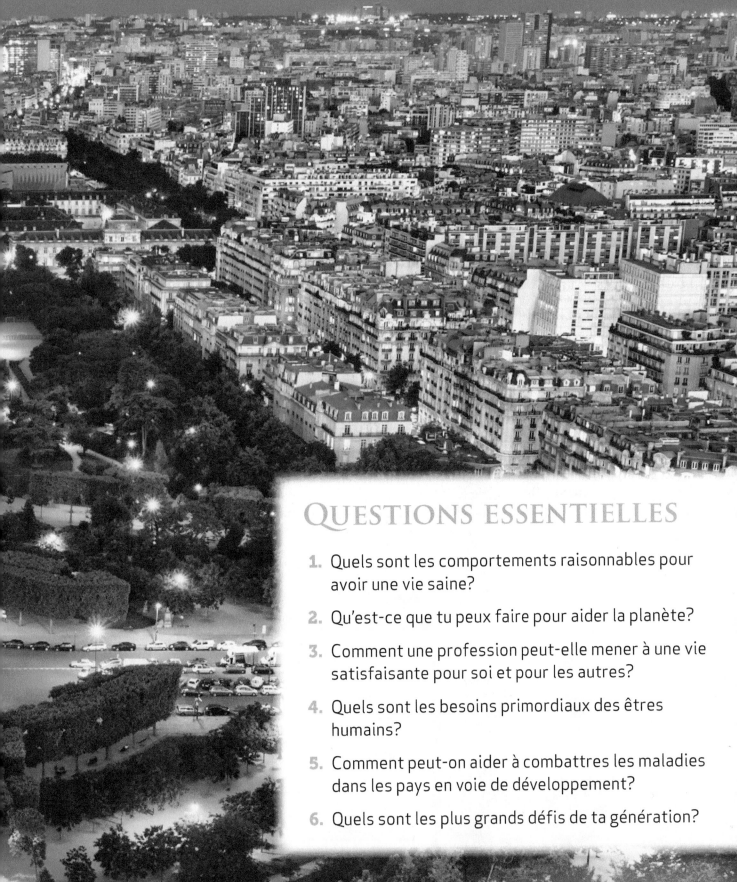

LE MONDE COMPLEXE

QUESTIONS ESSENTIELLES

1. Quels sont les comportements raisonnables pour avoir une vie saine?

2. Qu'est-ce que tu peux faire pour aider la planète?

3. Comment une profession peut-elle mener à une vie satisfaisante pour soi et pour les autres?

4. Quels sont les besoins primordiaux des êtres humains?

5. Comment peut-on aider à combattres les maladies dans les pays en voie de développement?

6. Quels sont les plus grands défis de ta génération?

Un accident *(conversation à deux)*

1. As-tu eu beaucoup d'accidents dans ta vie?
2. Es-tu jamais tombeé(e) d'un arbre ou d'une bicyclette?
3. T'es-tu jamais cassé un os? (Quel(s) os t'es-tu cassé(s) et comment?)
4. As-tu jamais reçu des points de suture? Combien? Pourquoi?
5. As-tu jamais été blessé(e) en faisant du sport?
6. Est-ce que l'on t'a porté(e) sur un brancard (une civière)?
7. Est-ce que l'on t'a transporté(e) dans une ambulance? Où? Pourquoi?
8. As-tu jamais été admis(e) à l'hôpital dans une salle d'urgence?
9. As-tu perdu connaissance dans un accident? (As-tu jamais eu un traumatisme?)
10. As-tu blessé quelqu'un d'autre sans le faire exprès, par inadvertance?
11. T'es-tu blessé(e) accidentellement?

Recyclage

1. Demande à ton/ta partenaire s'il/si elle a eu beaucoup d'accidents dans sa vie.
2. Tu aimerais savoir s'il/si elle est jamais tombé(e) d'un arbre ou d'une bicyclette. Demande-le-lui.
3. Tu es curieux(-euse) de savoir s'il/si elle s'est jamais cassé un os et si oui, quel(s) os et comment. Pose-lui ces questions.
4. Tu veux savoir s'il/si elle a jamais reçu des points de suture et si oui, combien de points de sutures et pourquoi. Pose-lui ces questions.
5. Demande-lui s'il/si elle a jamais été blessé(e) en faisant du sport.
6. Tu voudrais savoir si on l'a porté(e) sur un brancard (une civière). Pose-lui la question.
7. Tu as envie de savoir si l'on l'a transporté(e) dans une ambulance et si oui, où et pourquoi. Demande-le-lui.
8. Demande-lui s'il/si elle a jamais été admis(e) à l'hôpital dans une salle d'urgence.
9. Tu aimerais savoir s'il/si elle a jamais perdu connaissance dans un accident ou s'il/si elle a jamais eu un traumatisme. Pose-lui ces deux questions.
10. Tu veux savoir s'il/si elle a jamais blessé quelqu'un d'autre sans le faire exprès, par inadvertance. Demande-le-lui.
11. Demande-lui s'il/si elle s'est blessé(e) accidentellement.

Le Texto d'aujourd'hui

de: Marine 06.83.94.29.84

Coucou! Me voilà à l'hôpital! Panique pas – rien de trop grave! Je me suis coupé le doigt en faisant la cuisine . . . As-tu jamais eu un accident bête comme ça? Raconte!

réponse:

_____

_____

_____

_____

Vocabulaire: Un accident

compréhension	suggestions	autres possibilités
jamais (adv.) ever	**une fracture** (n.f.) a break	_____
tomber (v.) to fall	**une entorse** (n.f.) a sprain	_____
casser (v.) to break	**le doigt** (n.m.) the finger	_____
un os (n.m.) a bone	**la jambe** (n.f.) the leg	_____
un point de suture (n.m.) a stitch	**le poignet** (n.m.) the wrist	_____
se blesser (v.) to hurt oneself	**la cheville** (n.f.) the ankle	_____
blessé(e) (adj.) injured, hurt	**une côte** (n.f.) a rib	_____
un brancard (n.m.) a stretcher	**la clavicule** (n.f.) the collar bone	_____
une civière (n.f.) a stretcher	**le nez** (n.m.) the nose	_____
admettre (v.) to admit	**en jouant au football** (exp.) while playing football	_____
la salle d'urgence (n.f.) the emergency room	**en faisant du ski** (exp.) while skiing	_____
perdre (v.) to lose	**en sautant** (exp.) while jumping	_____
la connaissance (n.f.) consciousness	**un joueur** (n.m.) a player	_____
un traumatisme (n.m.) a traumatic shock	**une joueuse** (n.f.) a player	_____
exprès (adv.) on purpose	**un(e) adversaire** (n.m./f.) a player for the other team	_____
par inadvertance (exp.) accidentally, by inattenion		_____

Grammaire orale

Deux actions ordonnées au futur avec (1) **le futur antérieur** *et (2)* **le futur**

   Après que j'aurai mangé rapidement, je parlerai à mon ami(e).
   Après que j'aurai parlé à mon ami(e), je chanterai fort.
   Après que j'aurai chanté… (Continuez l'exercice en "enchaînant.")

Auxiliaires: (être)	(être)	(avoir)
venir (à l'école)	**se réveiller**	manger (rapidement)
entrer (dans la salle)	se lever	**parler (à mon ami(e))**
rester (dans la salle)	**se laver**	chanter (fort)
sortir (de la salle)	se brosser les dents	**rougir (énormément)**
partir (en retard)	**s'habiller**	danser (avec mon ami(e))
tomber (dans un trou)	se promener	**travailler (un peu)**
monter (dans un taxi)	**s'amuser**	jouer (au football)
aller (à l'hôpital)	s'arrêter	**étudier (un livre)**
descendre (du taxi)	**se reposer**	écrire (une lettre)
entrer (dans l'hôpital)	se coucher	**boire (un verre)**
rentrer (chez moi)	**s'endormir**	finir (la journée)

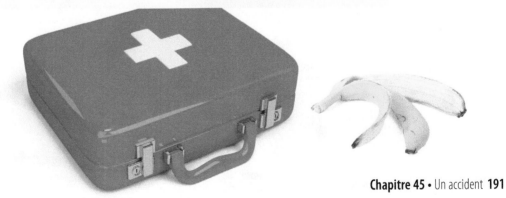

Un accident *(conversation à deux)*

1. Quel est le nom de ton médecin? Comment te sens-tu chez le médecin?
2. Quel médecin t'a soigné(e) après un accident?
3. Un chirurgien t'a-t-il opéré(e)?
4. Combien de temps est-ce que tu es resté(e) à l'hôpital?
5. Dans ton accident le plus grave, t'es-tu heurté(e) contre un objet ou est-ce que c'est un objet qui t'a cogné(e)?
6. Quel était cet objet? Où est-il maintenant?
7. As-tu des cicatrices de ton accident le plus grave? Pourrais-tu me les montrer?
8. As-tu de petites cicatrices à la main que tu peux me montrer?
9. Quel est le meilleur moyen d'éviter un accident?
10. Que te disent tes parents au sujet des accidents?
11. Quels accidents menacent surtout les adolescents?

Recyclage

1. Interroge ton/ta partenaire sur le nom de son médecin et demande-lui comment il/elle se sent chez le médecin.
2. Tu as envie de savoir quel médecin l'a soigné(e) après un accident. Demande-le-lui.
3. Tu es curieux(-euse) de savoir si un chirurgien l'a opéré(e). Pose-lui la question.
4. Tu voudrais savoir combien de temps il/elle est resté(e) à l'hôpital. Demande-le-lui.
5. Interroge-le/la sur son accident le plus grave. Demande-lui s'il/si elle s'est heurté(e) contre un objet ou si c'est un objet qui l'a cogné(e).
6. Demande-lui quel était cet objet et où il est maintenant.
7. Tu aimerais savoir s'il/si elle a des cicatrices de son accident le plus grave et si oui, s'il/si elle pourrait te les montrer. Pose-lui ces deux questions.
8. Demande-lui s'il/si elle a de petites cicatrices à la main qu'il/elle peut te montrer.
9. Interroge-le/la sur le meilleur moyen d'éviter un accident.
10. Tu veux savoir ce que lui disent ses parents au sujet des accidents. Pose-lui la question.
11. Demande-lui quels accidents menacent surtout les adolescents.

Vocabulaire: Un accident

compréhension	suggestions	autres possibilités
le médecin (n.m.) the doctor	**Je me sens mal.** I feel badly.	_____
se sentir (v.) to feel (+adv.)	**Je me sens bien.** I feel well.	_____
soigner (v.) to care for, to help return to health	**un jour** (n.m.) a day	_____
un chirurgien (n.m.) a surgeon	**quelques jours** (exp.) a few days	_____
une chirurgienne (n.f.) a surgeon	**huit jours** (exp.) a week (=une semaine)	_____
grave (adj.) serious	**un plâtre** (n.m.) a cast (for a broken bone)	_____
se heurter (v.) to run into (+ contre)	**Il me disent de + infinitif** (exp.) They tell me to …	_____
cogner (v.) to hit	**faire attention** (exp.) to pay attention	_____
une cicatrice (n.f.) a scar	**sois sage!** (exp.) be wise, be careful, look out, behave (impératif)	_____
pourrais-tu (v. pouvoir) would you be able to, could you	**un accident de voiture** (n.m.) a car accident	_____
le moyen (n.m.) the means, way		_____
meilleur(e) (adj.) best		
éviter (v.) to avoid		
menacer (v.) to threaten		

Grammaire orale

*Deux actions ordonnées au futur – (1) **le futur** antérieur et (2) **le futur***
Quand je t'aurai trouvé(e), je te suivrai.

"le cercle"
je
elles   tu
ils   il
vous   elle
nous on*
(quelqu'un)

Quand je t'aurai trouvé(e), je te suivrai.
Quand tu l'auras trouvé, tu le suivras.
Quand il l'aura trouvée, il la suivra.
Quand elle aura trouvé quelqu'un, elle le suivra.
Quand on nous aura trouvé(e)s, on nous suivra.
Quand nous vous aurons trouvé(e)(s), nous vous suivrons.
Quand vous les aurez trouvés, vous les suivrez.
Quand ils les auront trouvées, il les suivront.
Quand elle m'auront trouvé(e), elles me suivront.

Le Mél d'aujourd'hui

Courriel reçu

de: rachida@enparlant.fr
a: toi@enparlant.fr

Mamie a eu un accident. Elle est tombée dans l'escalier. Nous sommes à l'hôpital et je vais rester avec elle. Peux-tu nous aider? La maison est ouverte. Le chien est là. À ton avis, quoi d'autre réclamera mon attention quand je serai de retour? . . . Merci.

Réponse

de: toi@enparlant.fr
à: rachida@enparlant.fr

réponse:

_____
_____
_____
_____
_____
_____

L'alcool *(conversation à deux)*

1. Est-ce que les jeunes boivent de l'alcool?
2. Où se procurent-ils l'alcool qu'ils boivent?
3. Quand est-ce que les jeunes boivent de l'alcool?
4. Est-ce que les filles en consomment plus que les garçons?
5. Quelle est la cause principale de mortalité chez les jeunes? (Et la deuxième cause?)
6. En général, les jeunes boivent-il de l'alcool en compagnie ou en boivent-il seuls?
7. Pour quelles raisons boit-on de l'alcool? Ces raisons sont-elles bonnes ou mauvaises?
8. Dans **Le Petit Prince** de Saint Exupéry le petit prince rencontre un homme qui boit. Pourquoi est-ce que cet homme boit?
9. De quoi cet homme a-t-il honte?
10. Est-ce qu'on boit pour s'amuser ou est-ce qu'on s'amuse parce qu'on boit?
11. Quel lien y a-t-il entre ces deux comportements?

Recyclage

1. Demande à ton/ta partenaire si les jeunes boivent de l'alcool.
2. Tu cherches à savoir où ils se procurent l'alcool qu'ils boivent. Pose-lui la question.
3. Tu aimerais savoir quand les jeunes boivent de l'alcool. Demande-le-lui.
4. Tu es curieux(-euse) de savoir si les filles en consomment plus que les garçons. Pose-lui la question.
5. Interroge-le/la sur la cause principale de mortalité chez les jeunes et sur la deuxième cause également.
6. Demande-lui si, en général, les jeunes boivent de l'alcool en compagnie ou s'ils en boivent seuls.
7. Tu veux savoir pour quelles raisons on boit de l'alcool et si ces raisons sont bonnes ou mauvaises. Pose-lui ces deux questions.
8. Dans **Le Petit Prince** de Saint-Exupéry le petit prince rencontre un homme qui boit. Demande-lui pourquoi cet homme boit.
9. Demande-lui également de quoi cet homme a honte.
10. Tu voudrais savoir si on boit pour s'amuser ou si on s'amuse parce qu'on boit. Pose-lui cette question.
11. Demande-lui s'il y a un lien entre ces deux comportements.

Le Texto d'aujourd'hui

de: Ludovic 06.84.83.92.18

Salut! Je viens aux États-Unis le semestre prochain! On m'a dit que les Américains sont plus stricts avec l'alcool chez les jeunes. Quels sont les règlements?

réponse:

_____

_____

_____

_____

Vocabulaire: L'alcool

compréhension	suggestions	autres possibilités

compréhension

boire (v.) to drink
  (je bois, nous buvons)

consommer (v.) to consume, take

la mortalité (n.f.) (the) death

en (pron.) of it (alcool)

seul(e) (adj.) alone

une raison (n.f.) a reason

rencontrer (v.) to meet

avoir honte (+ de) (exp.) to be
  ashamed of

s'amuser (v.) to have fun

le lien (n.m.) the link, bond,
  connection

entre (prép.) between

le fait (n.m.) the fact, reality

suggestions

un(e) ami(e) plus âgé(e) (n.m./f.)
  an older friend

un adulte (n.m.) an adult

un bar (n.m.) a liquor cabinet

un accident de voiture (n.m.)
  a car accident

le suicide (n.m.) (the suicide)

pour (prép.) in order to

s'amuser (v.) to have fun

se détendre (v.) to relax

se décontracter (v.) to unwind, relax

être à l'aise (exp.) to be at ease

ne pas être nerveux(-euse)
  to not be nervous

Il a honte. He is ashamed.

Il a honte de boire. He is ashamed
  of drinking.

autres possibilités

_____

_____

_____

_____

_____

_____

_____

_____

_____

_____

Grammaire orale ↓ 👤 👤 *3 verbes* 🕐 _____

*Le subjonctif – terminaisons - conjugaisons régulières. Toujours précédé par "**que**"*

Terminaisons	parler	finir	vendre
-e	que je parle	**que je finisse**	que je vende
-es	**que tu parles**	que tu finisses	**que tu vendes**
-e	qu'il parle	**qu'il finisse**	qu'il vende
-e	**qu'elle parle**	qu'elle finisse	**qu'elle vende**
-e	que (l') on parle	**que (l') on finisse**	que (l') on vende
-ions	**que nous parlions**	que nous finissions	**que nous vendions**
-iez	que vous parliez	**que vous finissiez**	que vous vendiez
-ent	**qu'ils parlent**	qu'ils finissent	**qu'ils vendent**
-ent	qu'elles parlent	**qu'elles finissent**	qu'elles vendent

La Nouvelle-Orléans, Louisiane

L'alcool *(conversation à deux)*

1. Le long des publicités américains, quel avertissement apparaît en ce qui concerne l'alcool?
2. L'alcoolisme est une maladie ou une question de volonté? (bio-chimique ou morale?)
3. Une grande tolérance pour l'alcool diminue ou augmente le risque d'alcoolisme?
4. Quelles influences familiales diminuent ou augmentent le risque d'alcoolisme?
5. Qu'est-ce qui s'aggrave lorsqu'on persiste à nier ce problème?
6. Quels problèmes sont résolus par l'usage de l'alcool?
7. Qu'est-ce qu'on ne fait pas si on boit beaucoup?
8. Combien de tes amis ont bu de l'alcool samedi dernier?
9. De quoi te souviens-tu mieux, du plaisir ou de la douleur (de la fête, du lendemain)?
10. Que fais-tu pour t'amuser avec tes amis? Avec des gens que tu ne connais pas?
11. Que feras-tu samedi soir? À ton avis quels sont les vrais plaisirs de la vie?

Recyclage

1. Demande à ton/ta partenaire quel avertissement sur l'alcool apparaît le long des publicités américaines.
2. Tu as envie de savoir si l'alcoolisme est une maladie ou une question de volonté (bio-chimique ou morale). Demande-le-lui.
3. Tu cherches à comprendre si une grande tolérance pour l'alcool diminue ou augmente le risque d'alcoolisme. Pose-lui la question.
4. Interroge-le/la sur les influences familiales qui diminuent ou augmentent le risque d'alcoolisme.
5. Demande-lui ce qui s'aggrave lorsqu'on persiste à nier ce problème.
6. Tu aimerais savoir quels problèmes sont résolus par l'usage de l'alcool. Pose-lui la question.
7. Tu veux savoir ce qu'on ne fait pas si on boit beaucoup. Demande-le-lui.
8. Demande-lui combien de ses amis ont bu de l'alcool samedi dernier.
9. Tu es curieux(-euse) de savoir de quoi il/elle se souvient mieux, du plaisir ou de la douleur (de la fête, du lendemain). Pose-lui la question.
10. Tu voudrais savoir ce qu'il/elle fait pour s'amuser avec ses amis et avec des gens qu'il/elle ne connaît pas. Pose-lui ces questions.
11. Demande-lui ce qu'il/elle fera samedi soir et quels sont les vrais plaisirs de la vie.

Le Mél d'aujourd'hui

Courriel reçu

de: adeline@enparlant.fr
à: toi@enparlant.fr

Dis-moi, tes amis sont-ils conscients des dangers de l'alcool ou se croient-ils immortels? J'aimerais bien que tu me rassures un peu.

Réponse

de: toi@enparlant.fr
à: adeline@enparlant.fr

réponse:

_____

_____

_____

_____

_____

_____

Vocabulaire: L'alcool

compréhension

la publicité (n.f.) the commercial, advertising

un avertissement (n.m.) a warning

apparaît (v. apparaître) appears

une maladie (n.f.) an illness

la volonté (n.f.) the will, desire

diminuer (v.) to lessen, to make smaller

augmenter (v.) to heighten, to make bigger

s'aggraver (v.) to become more serious

nier (v.) to deny

résolu(e) (adj.) resolved, solved

l'usage (n.m.) the use

on (l'on) (pron.) one, a person, people

le plaisir (n.m.) the pleasure

la douleur (n.f.) the pain, hurt

la fête (n.f.) the party

le lendemain (n.m.) the next day

les gens (n.m.pl.) the people

à ton avis (exp.) in your opinion

vrai(e) (adj.) true, real, important

suggestions

C'est une maladie. It's an illness

La tolérance aggrandit le risque. Tolerance increases the risk.

un parent alcoolique (n.m.) an alcoholic relative

l'hérédité (n.f.) heredity

Aucun problème ne l'est. No problem is (solved.)

l'amitié (n.f.) the friendship

l'amour (n.m.) the love

le travail (n.m.) the work

jouer (v.) to play

autres possibilités

_____
_____
_____
_____
_____
_____
_____
_____
_____
_____
_____
_____
_____

Grammaire orale ⬇ ➡ ?

Le subjonctif et les trois impératifs (attention aux irrégularités)

		(tu) (nous) (vous)
parler	que je parle, que nous parlions	**parle, parlons, parlez**
finir	**que je finisse, que nous finissions**	finis, finissons, finissez
vendre	que je vende, que nous vendions	**vends, vendons, vendez**
aller	**que j'aille, que nous allions**	va, allons, allez
avoir	que j'aie, que nous ayons	**aie, ayons, ayez**
devoir	**que je dise, que nous disions**	dis, disons, dites
être	que je sois, que nous soyons	**sois, soyons, soyez**
faire	**que je fasse, que nous fassions**	fais, faisons, faites
prendre	que je prenne, que nous prenions	**prends, prenons, prenez**
savoir	**que je sache, que nous sachions**	sache, sachons, sachez
venir	que je vienne, que nous venions	**viens, venons, venez**
voir	**que je voie, que nous voyions**	vois, voyons, voyez
vouloir	que je veuille, que nous voulions	- - **veuillez**

L'argent *(conversation à deux)*

1. As-tu assez d'argent de poche?
2. Est-ce que tu gagnes de l'argent pendant l'année scolaire? Travailles-tu en été?
3. Reçois-tu de l'argent de poche mensuellement ou hebdomadairement ? (De qui?)
4. Est-ce que cette somme te suffit?
5. Pendant la semaine qu'est-ce que tu achètes à manger et à boire?
6. Généralement quelle est ta plus grande dépense de la semaine?
7. Est-ce que tu paies tes coups de téléphone? Dois-tu payer ton transport?
8. Combien dépenses-tu pour faire laver tes vêtements?
9. Te faut-il acheter le déjeuner pendant la semaine?
10. Achètes-tu beaucoup de CD ou de chansons téléchargées d'Internet?
11. Combien coûte un CD actuellement? Une chanson téléchargée? Une petite pizza dans ta ville?

Recyclage

1. Demande à ton/ta partenaire s'il/si elle a assez d'argent de poche.
2. Tu as envie de savoir s'il/si elle gagne de l'argent pendant l'année scolaire et s'il/si elle travaille en été. Pose-lui ces deux questions.
3. Tu veux savoir s'il/si elle reçoit de l'argent de poche mensuellement ou hebdomadairement et de qui. Demande-le-lui.
4. Tu aimerais savoir si cette somme lui suffit. Pose-lui la question.
5. Interroge-le/la sur ce qu'il/elle achète à manger et à boire.
6. Demande-lui ce qui est sa plus grande dépense de la semaine.
7. Tu cherches à savoir s'il/si elle paie ses coups de téléphone et s'il/si elle doit payer son transport. Pose-lui la question.
8. Interroge-le/la sur la somme qu'il/elle dépense pour faire laver ses vêtements.
9. Demande-lui s'il lui faut acheter le déjeuner pendant la semaine.
10. Tu es curieux(-euse) de savoir s'il achète beaucoup de CD ou de chansons téléchargées d'Internet. Pose-lui la question.
11. Demande-lui combien coûte un CD, une chanson téléchargée et une petite pizza dans sa ville actuellement.

Le Texto d'aujourd'hui

de: Sébastien 06.13.27.84.83

Ça y est! Je vais venir te rendre visite pendant une semaine en juin. Il me faudra combien d'argent? Ma mère veut savoir combien il m'en faudra et comment je compte le dépenser.

réponse:

_____

_____

_____

_____

_____

Vocabulaire: L'argent

compréhension

l'argent de poche (n.m.) pocket change, spending money

gagner (v.) to earn

pendant (prép.) during

une année scolaire (n.f.) a school year

travailler (v.) to work

recevoir (v.) to receive (je reçois, nous recevons)

mensuellement (adv.) monthly

hebdomadairement (adv.) weekly

la somme (n.f.) the sum

suffire (v.) to be enough, to suffice

la dépense (n.f.) the expense

un coup de téléphone (n.m.) a phone call

devoir (v.) to have to, to owe (je dois, nous devons)

dépenser (v.) to spend

pour faire laver (exp.) to have washed

le déjeuner (n.m.) the lunch

coûter (v.) to cost

une chanson téléchargée (n.f.) a downloaded song

suggestions

J'en ai assez. I have enough (of it).

Je n'en ai pas assez. I don't have enough (of it).

Je n'en ai jamais assez. I never have enough (of it).

chaque (adj.) each

Cela me suffit. That is enough for me.

la nourriture (n.f.) (the) food

les distractions (n.f.pl.) entertainment

le transport (n.m.) transportation

autres possibilités

_____

_____

_____

_____

_____

_____

_____

_____

_____

_____

_____

_____

_____

_____

_____

_____

_____

_____

Grammaire orale

Le subjonctif – **avoir**   **être**

Il est important que j'aie de la patience.	Il faut que je sois à l'heure.
Il est important que tu aies de la patience.	**Il faut que tu sois à l'heure.**
Il est important qu'il ait de la patience.	Il faut qu'il soit à l'heure.
Il est important qu'elle ait de la patience.	**Il faut qu'elle soit à l'heure.**
Il est important que (l') on ait de la patience.	Il faut que (l')on soit à l'heure.
Il est important que nous ayons de la patience.	**Il faut que nous soyons à l'heure.**
Il est important que vous ayez de la patience.	Il faut que vous soyez à l'heure.
Il est important qu'ils aient de la patience.	**Il faut qu'ils soient à l'heure.**
Il est important qu'elles aient de la patience.	Il faut qu'elles soient à l'heure.

L'argent *(conversation à deux)*

1. Quelle est la chose la plus coûteuse que tu aies jamais achetée?
2. Comment as-tu obtenu l'argent pour cet achat?
3. As-tu de l'argent sur toi maintenant? (Combien en as-tu, à peu près?)
4. Est-ce que ton argent est dans un portefeuille ou dans un porte-monnaie?
5. Quelle est la plus grande somme d'argent que tu aies jamais perdue?
6. Est-ce qu'on t'a déjà volé de l'argent? (Combien? Comment? D'où?)
7. Avec ton argent es-tu économe ou dépensier(-ière)?
8. Crois-tu qu'un billet de loterie soit une dépense raisonnable?
9. Préfères-tu gagner de l'argent ou dépenser de l'argent?
10. De quelle couleur sont les billets de banque américains? Et les billets d'autres pays?
11. Combien d'argent te faut-il pour te satisfaire?

Recyclage

1. Demande à ton/ta partenaire quelle est la chose la plus coûteuse qu'il/elle ait jamais achetée.
2. Tu es curieux(-euse) de savoir comment il/elle a obtenu l'argent pour cet achat. Pose-lui la question.
3. Tu veux savoir s'il/si elle a de l'argent sur lui/elle maintenant et combien, à peu près. Pose-lui ces deux questions.
4. Tu aimerais également savoir si son argent est dans un portefeuille ou dans un porte-monnaie. Demande-le-lui.
5. Demande-lui quelle est la plus grande somme d'argent qu'il/elle ait jamais perdue?
6. Tu as envie de savoir si on lui a déjà volé de l'argent et si oui, combien, comment et d'où. Pose-lui ces questions.
7. Tu voudrais savoir s'il/si elle est plutôt économe ou dépensier(-ière) avec son argent. Pose-lui cette question.
8. Demande-lui s'il/si elle croit qu'un billet de loterie est une dépense raisonnable.
9. Tu veux savoir s'il/si elle préfère gagner ou dépenser de l'argent. Pose-lui la question.
10. Interroge-le/la sur la couleur des billets de banque américains et d'autres pays.
11. Demande-lui combien d'argent il lui faut pour le/la satisfaire.

Le Mél d'aujourd'hui

Courriel reçu

| de: | benoit@enparlant.fr |
| à: | toi@enparlant.fr |

As-tu assez d'argent pour te payer un séjour en France? Ce serait super de t'y voir, chez nous. Comment vas-tu faire?

Réponse

| de: | toi@enparlant.fr |
| à: | benoit@enparlant.fr |

réponse:

_____

_____

_____

_____

_____

_____

Vocabulaire: L'argent

compréhension

coûteux(-euse) (adj.) expensive

jamais (adv.) ever (no "ne")

obtenu(e) (v. obtenir) obtained

à peu près (adv.) approximately

un portefeuille (n.m.) a wallet

un porte-monnaie (n.m.) a coin purse

perdu(e) (v. perdre) lost

voler (v.) to steal, to fly

économe (adj.) economical

dépensier(-ière) (adj.) spendthrift

dépenser (v.) to spend

un billet de loterie (n.m.) a lottery ticket

le billet de banque (n.m.) a bill, banknote

il faut (v. falloir) it is necessary

Il me faut _____.
  I need _____.

satisfaire (v.) to satisfy

suggestions

un ordinateur (n.m.) a computer

des écouteurs (n.m.pl.) headphones, earbuds

un portable (n.m.) a cell phone

une voiture (n.f.) a car

un bijou (n.m.) a jewel, a piece of jewelry

vert(e) (adj.) green

de toutes les couleurs (exp.) of all colors, multi-colored

Il m'en faut beaucoup.
  I need lots (of it).

Il m'en faut énormément.
  I need lots and lots (of it).

Il me faut _____.

J'ai besoin de _____.

autres possibilités

_____

_____

_____

_____

_____

_____

_____

_____

_____

_____

_____

_____

_____

_____

_____

_____

Grammaire orale  3 verbes _____

Le subjonctif passé – le subjonctif de l'auxiliaire et le participe passé
"Le professeur regrette…" (par exemple)

(that I have finished)	(that I have left)	(that I have hurt myself)
que j'aie fini	que je sois parti(e)	**que je me sois blessé(e)**
que tu aies fini	**que tu sois parti(e)**	que tu te sois blessé(e)
qu'il ait fini	qu'il soit parti	**qu'il se soit blessé**
qu'elle ait fini	**qu'elle soit partie**	qu'elle se soit blessée
que l'on ait fini	que l'on soit parti	**que l'on se soit blessé**
que nous ayons fini	**que nous soyons parti(e)s**	que nous nous soyons blessé(e)s
que vous ayez fini	que vous soyez parti(e)(s)	**que vous vous soyez blessé(e)(s)**
qu'ils aient fini	**qu'ils soient parties**	qu'ils se soient blessés
qu'elles aient fini	qu'elles soient parties	**qu'elles se soient blessées**

L'écologie *(conversation à deux)*

1. Quels aspects de la nature apprécies-tu?
2. Connais-tu le nom de beaucoup de plantes ou de fleurs? Lesquelles?
3. Qui s'occupe des plantes et du jardin chez toi?
4. Comment s'appelle l'objet avec lequel on arrose les plantes?
5. Y a-t-il un jardin potager chez toi? Quels légumes cultives-tu?
6. Préfères-tu des légumes achetés au supermarché ou au marché en plein air?
7. Vois-tu souvent des animaux dans ton jardin? Lesquels?
8. Ta famille a un animal de compagnie? Quel type?
9. Qui s'occupe de ton animal domestique? Qu'est-ce qu'il faut faire?
10. Sais-tu quelles espèces animales sont en voie de disparition?
11. Qu'est-ce que nous pouvons faire pour aider ces animaux?

Recyclage

1. Demande à ton/ta partenaire quels aspects de la nature il/elle apprécie.
2. Dis-lui de te dire le nom de plantes et de fleurs qu'il/elle connaît.
3. Tu veux savoir s'il/si elle s'occupe des plantes et du jardin. Pose-lui la question.
4. Demande-lui comment s'appelle l'objet avec lequel on arrose les plantes.
5. Tu as envie de savoir s'il/si elle a un jardin potager et quels types de légumes il/elle cultive. Interroge-le/la.
6. Tu cherches à savoir s'il/si elle préfère des légumes achetés au supermarché ou au marché en plein air. Pose-lui la question.
7. Demande-lui s'il/si elle voit des animaux dans son jardin et quels types.
8. Tu adores les animaux et tu veux savoir s'il/si elle a un animal de compagnie et quel type. Demande-lui.
9. Interroge-le/la sur ce qu'il faut faire pour s'occuper d'un animal domestique et qui le fait chez lui/elle.
10. Demande-lui s'il/si elle sait quelles espèces animales sont en voie de disparition.
11. Tu veux qu'il/elle te dise comment on peut aider les animaux en voie de disparition.

Le Texto d'aujourd'hui

de: Mamie 06.57.98.74.33

Peux-tu m'aider avec mon jardin potager ce week-end? Tu partiras avec un grand panier de légumes frais! Lesquels aimes-tu?

réponse:

_____

_____

_____

_____

_____

Vocabulaire: L'écologie

compréhension

la plante (n.f.) the plant

s'occuper (v.) to take care of

le jardin (n.m.) the yard, garden

arroser (v.) to water

le jardin potager (n.m.)
 the vegatable garden

un légume (n.m.) a vegetable

un marché en plein air (n.m.)
 an open-air market

un animal de compagnie (n.m.) a pet

un animal domestique (n.m.) a pet

une espèce animale (n.f.)
 an animal species

en voie de disparition (exp.)
 endangered

aider (v.) to help

suggestions

la flore (n.f.) flora, plants

la faune (n.f.) fauna, animals

l'animal (n.m.) the animal

l'herbe (n.f.) the grass

une rose (n.f.) a rose

une marguerite (n.f.) a daisy

un tournesol (n.m.) a sunflower

une tulipe (n.f.) a tulip

un pissenlit (n.m.) a dandelion

un chêne (n.m.) an oak tree

un érable (n.m.) a maple tree

un arrosoir (n.m.) a watering can

une carotte (n.f.) a carrot

une tomate (n.f.) a tomato

un concombre (n.m.) a cucumber

un poivron (n.m.) a bell pepper

un lapin (n.m.) a rabbit

un écureil (n.m.) a squirrel

un oiseau (n.m.) a bird

un cerf (n.m.) a deer

un chien (n.m.) a dog

un chat (n.m.) a cat

un poisson rouge (n.m.) a goldfish

donner à manger (v.) to feed

promener (v.) to walk

faire un don (v.) to make a donation

agir (v.) to act/take action

adhérer à un groupe bénévole (v.)
 to join a service organization

autres possibilités

_____

_____

_____

_____

_____

_____

_____

_____

_____

_____

_____

_____

_____

_____

_____

_____

_____

_____

_____

_____

_____

_____

_____

_____

_____

_____

Grammaire orale ⬇ ?

Le subjonctif après **l'incertitude**.	L'indicatif après **la certitude**.
(subjonctif – exemples)	(indicatif – exemples)
…qu'il soit malade. …qu'elle ait faim.	…qu'il est malade. … qu'elle a faim.
…qu'il le fasse. …que tu saches.	…qu'il le fait. … que tu sais.

(Le commencement de la phrase… à combiner.)

Je ne pense pas…
Je ne crois pas…
Crois-tu…?
Espères-tu…?
Il est improbable…
Penses-tu…?
Je doute…
Il n'est pas sûr…
Il n'est pas certain…

Je pense…
Il est sûr…
Je ne doute pas…
Ne crois-tu pas…?
J'affirme…
Je crois…
Il est certain…
Ne penses-tu pas…?
J'espère… (+ futur)

L'écologie *(conversation à deux)*

1. Penses-tu souvent au bien-être de la Terre?
2. En général, qu'est-ce qu'on fait si on est écoresponsable?
3. Tu utilises quelles ressources naturelles dans ta vie quotidienne?
4. Comment pourrais-tu réduire la quantité de ressources naturelles que tu consommes?
5. Y a-t-il des objets que tu utilises ou réutilises plus d'une fois? Lesquels?
6. Peux-tu donner un exemple d'une habitude qui n'est pas écoresponsable?
7. Quels matériaux peut-on recycler?
8. Tu recycles toujours, souvent, de temps en temps, ou pas du tout?
9. Ta ville, a-t-elle un programme de recyclage?
10. Les citoyens de ta ville sont-ils respectueux de l'environnement en général?
11. Qu'est-ce que tu peux faire, personnellement, pour contribuer au bien-être de la planète?

Recyclage

1. Demande à ton/ta partenaire s'il/si elle pense souvent au bien-être de la Terre.
2. Interroge-le/la sur ce que l'on fait si on est écoresponsable.
3. Tu cherches à savoir quelles ressources naturelles ton/ta partenaire utilise dans sa vie quotidienne. Pose-lui la question.
4. Dis-lui de t'expliquer comment il/elle pourrait réduire la quantité de ressources naturelles qu'il/elle consomme.
5. Demande-lui s'il y a des objets qu'il/elle utilise ou réutilise plus d'une fois. Qu'il/elle t'explique lesquels il/elle réutilise.
6. Explique-lui que tu cherches un exemple d'une habitude qui n'est pas écoresponsable. Exprime-toi en forme de question.
7. Demande-lui quels matériaux sont recyclables.
8. Interroge-le/la sur la fréquence avec laquelle il/elle recycle.
9. Tu aimerais savoir si sa ville a un programme de recyclage. Pose-lui la question.
10. Demande-lui si les gens de sa ville sont respectueux de l'environnement.
11. En forme de question, dis-lui de t'expliquer ce qu'il/elle peut faire pour contribuer au bien-être de la planète.

Le Mél d'aujourd'hui

Courriel reçu

de: patrick@enparlant.fr
à: toi@enparlant.fr

Bonjour! Je t'écris pour te demander un petit service. Dans mon école, on fait une compétition pour voir quelle classe peut apporter le plus grand volume de matériaux recyclables. C'est la dernière semaine et j'ai envie que ma classe remporte la victoire! As-tu des objets recyclables? De quels matériaux? Dis-moi si je peux venir les chercher. Merci!

Réponse

de: toi@enparlant.fr
à: patrick@enparlant.fr

réponse:

_____
_____
_____
_____
_____
_____

Vocabulaire: L'écologie

compréhension	suggestions	autres possibilités

compréhension

le bien-être (n.m.) well-being

la Terre (n.f.) Earth

écoresponsable (adj.) green, ecologically-minded

quotidien(ne) (n.m.) daily

réduire (v.) to reduce (je réduis, nous réduisons)

consommer (v.) to consume

une habitude (n.f.) a habit

un citoyen (n.m.) a citizen

suggestions

l'eau (n.f.) water

le charbon (n.m.) coal

le gaz naturel (n.m.) natural gas

le vent (n.m.) the wind

le bois (n.m.) the wood

un sac (n.m.) a bag

un bocal (n.m.) a jar

une bouteille (n.f.) a bottle

gaspiller (v.) to waste

jeter (v.) to throw away

le plastique (n.m.) plastic

l'aluminium (n.m.) aluminum

le verre (n.m.) glass

le papier (n.m.) paper

le métal (n.m.) metal

une voiture hybride (n.m.) a hybrid car

autres possibilités

_____
_____
_____
_____
_____
_____
_____
_____
_____
_____
_____
_____

Grammaire orale ⬇ ?

Le subjonctif après nécessité, possibilité, improbabilité. (subjonctif – exemples) …qu'il soit malade. …qu'elle ait faim. …qu'il le fasse. …que je sache.	**L'indicatif** après observation, conviction, certitude. (indicatif – exemples) …qu'il est malade. … qu'elle a faim. …qu'il le fait. … que je sais.

(Le commencement de la phrase… à combiner.)

Il faut…	Je vois…
Il est nécessaire…	**Je suis certain(e)…**
Il est impossible…	Il sait…
Il ne faut pas…	**Je crois…**
Il n'est pas probable…	Nous observons…
Il est improbable…	**Je pense…**
Il est possible…	On comprend…
Il se peut…	**Elle est convaincue…**
Il n'est pas possible…	Je suis sûr(e)…

Les Pyrénées, France

Chapitre 49 | LES PROFESSIONS

Les professions *(conversation à deux)*

1. Penses-tu beaucoup à ton avenir?
2. Quel est le métier que tu aimerais exercer?
3. Préférerais-tu être avocat(e) ou artiste? Architecte ou professeur?
4. Aimerais-tu être médecin? Quelles sont les raisons de ta réponse?
5. Penses-tu devenir dentiste? (Pourquoi?)
6. Est-ce que la profession de journaliste t'intéresse?
7. La vie d'un(e) bibliothécaire, est-elle pleine de danger?
8. Est-ce que les chirurgien(ne)s sont bien payé(e)s? (Veux-tu en être un(e)?)
9. Quel est le métier ou la profession de ton père? Et de ta mère?
10. Quels sont les métiers ou les professions de tes grand-parents?
11. Iras-tu à l'université? Tes parents, sont-ils allés à l'université? (Laquelle?)

Recyclage

1. Demande à ton/ta partenaire s'il/si elle pense beaucoup à son avenir.
2. Interroge-le/la sur le métier qu'il/elle aimerait exercer.
3. Tu as envie de savoir s'il/si elle préférerait être avocat(e) ou artiste, architecte ou professeur. Demande-le-lui.
4. Demande-lui s'il/si elle aimerait être médecin et quelles sont les raisons de sa réponse.
5. Tu veux savoir s'il/si elle pense devenir dentiste et pourquoi. Pose-lui ces deux questions.
6. Demande-lui si la profession de journaliste l'intéresse.
7. Tu cherches à savoir si la vie d'un(e) bibliothécaire est pleine de danger. Pose-lui la question.
8. Tu es curieux(-euse) de savoir si les chirurgien(ne)s sont bien payé(e)s et s'il/si elle veut en être un(e). Demande-le-lui.
9. Tu voudrais savoir quels sont les métiers ou les professions de son père et de sa mère. Pose-lui ces questions.
10. Tu aimerais aussi savoir quels sont les métiers ou les professions de ses grand-parents. Pose-lui la question.
11. Demande-lui s'il/si elle ira à l'université et si ses parents sont allés à l'université.

Le Texto d'aujourd'hui

de: Anne 06.83.74.93.23

Qu'est-ce que tu comptes faire quand tu seras grand(e)? Quels sont tes intérêts?

réponse:

Vocabulaire: Les professions

compréhension

penser (à) (v.) to think (about)

l'avenir (n.m.) the future

le métier (n.m.) the job, craft

exercer (v.) to practice, do

préférerais (v. préférer) would prefer

un avocat (n.m.) a lawyer

une avocate (n.f.) a lawyer

un médecin (n.m.) a doctor

devenir (v.) to become

intéresser (v.) to interest

un(e) bibliothécaire (n.m./f.) a librarian

plein(e) (de) (adj.) full (of)

un(e) chirurgien(ne) (n.m.) a surgeon

en (pron.) of them

iras-tu (v. aller) will you go

l'université (n.f.) a university, college

laquelle (pron.) which one

suggestions

le salaire (n.m.) the salary

la formation (n.f.) the training, preparation

les heures (n.f.pl.) the hours

le/la malade (n.m./f.) the patient

le/la client(e) (n.m./f.) the client

le rapport (n.m.) the relationship

autres possibilités

_____
_____
_____
_____
_____
_____
_____
_____
_____
_____
_____
_____
_____
_____
_____

Grammaire orale ⬇ ?

Le subjonctif après les jugements et expressions impersonnelles
  (subjonctif – exemples)
…qu'il soit malade. …qu'elle ait faim.
…qu'il le fasse. …que je le sache.

L'indicatif après
la certitude ou la probabilité
  (indicatif – exemples)
…qu'il est malade. … qu'elle a faim.
…qu'il le fait. … que je le sais.
          (Le commencement de la phrase… à combiner.)

Il semble…	Il est vrai…
Il est dommage…	**Il est sûr…**
Il est rare…	Il **me** semble…
Il est bon…	**Il est probable…**
Il vaut mieux…	Il est évident…
Il est important…	**Il est clair…**
Il est utile…	Il est certain…
Il est regrettable…	**Il n'est pas douteux…**
Il est urgent…	N'est-il pas vrai…

Les professions *(conversation à deux)*

1. Penses-tu aller à une école de formation professionnelle après l'université?
2. Quelle profession exige le plus grand nombre d'années d'études?
3. Préférerais-tu être électricien(ne) ou charpentier(-ière)? Plombier(-ière) ou mécanicien(ne)?
4. Aimerais-tu mieux être commerçant(e) ou banquier(-ière)?
5. Que font les hommes et les femmes d'affaires?
6. Quelle profession (ou quel métier) t'intéresse le plus en ce moment?
7. Préfères-tu travailler en contact avec le public ou travailler seul(e) dans un atelier?
8. Qu'as-tu déjà fait pour gagner de l'argent?
9. Sais-tu ce que tu ne veux pas faire dans la vie? (Pourquoi pas?)
10. Quelles ambitions tes parents ont-ils pour toi quant à ton futur?
11. Enfin, comment comptes-tu gagner ta vie?

Recyclage

1. Demande à ton/ta partenaire s'il/si elle pense aller à une école de formation professionnelle après l'université.
2. Interroge-le/la sur la profession qui exige le plus grand nombre d'années d'études.
3. Tu as envie de savoir s'il/si elle préfère être électricien(ne) ou charpentier(-ière), plombier(-ière) ou mécanicien(ne). Pose-lui ces questions.
4. Tu cherches à savoir s'il/si elle aimerait mieux être commerçant(e) ou banquier(-ière). Demande-le-lui.
5. Demande-lui ce que font les hommes et les femmes d'affaires.
6. Tu voudrais savoir quelle profession ou quel métier l'intéresse le plus en ce moment. Pose-lui la question.
7. Tu aimerais savoir s'il/si elle préfère travailler en contact avec le public ou travailler seul(e) dans un atelier.
8. Demande-lui ce qu'il/elle a déjà fait pour gagner de l'argent.
9. Interroge-le/la sur ce qu'il/elle ne veut pas faire dans la vie et dis-lui de t'expliquer pourquoi.
10. Interroge-le/la sur les ambitions de ses parents pour lui/elle quant à son futur.
11. Demande-lui enfin comment il/elle compte gagner sa vie.

Le Mél d'aujourd'hui

Courriel reçu

de:	papi@enparlant.fr
à:	toi@enparlant.fr

Nous voudrions t'aider, Mamie et moi, dans ta formation professionnelle pourvu que tu aies des plans clairs ou des projets bien définis. Parle-nous-en.

Réponse

de:	toi@enparlant.fr
à:	papi@enparlant.fr

réponse:

_____

_____

_____

_____

_____

Vocabulaire: Les professions

compréhension

exiger (v.) to demand

une année (n.f.) a year (long)

l'étude (n.f.) the study

un(e) charpentier(-ière) (n.m./f.)
un carpenter

un(e) plombier(-ière) (n.m./f.)
a plumber

un(e) mécanicien(ne) (n.m./f.)
a mechanic

un(e) commerçant(e) (n.m./f) a
shopkeeper, small business owner

un(e) banquier(-ière) (n.m./f.)
a banker

un homme d'affaires (n.m.)
a businessman

une femme d'affaires (n.f.)
a businesswoman

en ce moment (exp.) at this
moment, at this time

seul(e) (adj.) alone

un atelier (n.m.) a workshop

gagner (v.) to earn

quant à (prép.) as for, in regard to

enfin (adv.) finally, in summary

compter (v.) to plan, to count

la vie (n.f.) the life

gagner sa vie (exp.) to earn a living

suggestions

une école (de) (n.f.) a school (of)

droit (n.m.) law

médecine (n.f.) medicine

pharmacie (n.f.) pharmacy

commerce (n.m.) business

génie (n.m.) engineering

ingénierie (n.m.) engineering

informatique (n.f.) computer
science

un(e) chirurgien(ne) (n.m./f.)
a surgeon

un(e) astronaute (n.m./f.)
an astronaut

un(e) pilote (n.m.) a pilot

le babysitting (n.m.) child care

les travaux ménagers (n.m.pl.)
housework

le jardinage (n.m.) gardening

autres possibilités

_____

_____

_____

_____

_____

_____

_____

_____

_____

_____

_____

_____

_____

_____

_____

_____

_____

_____

_____

Grammaire orale ?

Le subjonctif après les expressions de désir, de volonté et après les émotions.
volonté + *subjonctif*　　　　　　**émotion** + *subjonctif*
…qu'il soit malade. …qu'elle ait faim. … que tu le fasses. …que nous soyons en retard.
…qu'elle le dise. …que vous ayez raison. …qu'ils sachent la réponse. Etc.

Je désire…　　　　　　　　Je suis content(e)…
Je souhaite…　　　　　　　　**Je suis surpris(e)…**
J'ordonne…　　　　　　　　Je suis ravi(e)…
Je veux…　　　　　　　　　　**Je suis triste…**
Je défends…　　　　　　　Je suis étonné(e)…
J'exige…　　　　　　　　　　**Je suis heureux (-se)…**
Je préfère…　　　　　　　Je suis enchanté(e)…
J'interdis…　　　　　　　　　**Je suis désolé(e)…**
Je demande…　　　　　　Je suis choqué(e)… *(Changez de pronom.)*

La santé *(conversation à deux)*

1. Es-tu en bonne santé? Es-tu à l'aise chez le médecin? Chez le dentiste?
2. As-tu jamais reçu des points de suture? Un chirurgien t'a-t-il jamais opéré(e)?
3. Quelle est la température normale (en centigrades) d'une personne? (et en Fahrenheit?)
4. Sais-tu te tâter le pouls? (Quelle est la vitesse de ton pouls en ce moment?)
5. Que fais-tu quand tu as mal à la tête? As-tu souvent mal à la tête?
6. Peux-tu avaler un comprimé facilement?
7. Penses-tu que tu pèses trop? Es-tu au régime à présent? (Est-il facile de faire un régime?)
8. Que fais-tu quand tu as un rhume? As-tu souvent des rhumes en hiver?
9. Quand tu te mouches utilises-tu un mouchoir en tissu ou un mouchoir en papier?
10. Lorsque tu éternues, combien de fois de suite est-ce que tu éternues généralement?
11. Que dit-on quand quelqu'un éternue?

Recyclage

1. Demande à ton/ta partenaire s'il/si elle est en bonne santé et s'il/si elle est à l'aise chez le médecin et chez le dentiste.
2. Tu cherches à savoir s'il/si elle a jamais reçu des points de suture et si un(e) chirurgien(ne) l'a jamais opéré(e). Pose-lui ces deux questions.
3. Interroge-le/la sur la température normale d'une personne en centigrade et en Fahrenheit.
4. Tu veux savoir s'il/si elle sait se tâter le pouls et quelle est la vitesse de son pouls en ce moment. Demande-le-lui.
5. Demande-lui ce qu'il/elle fait quand il/elle a mal à la tête et s'il/si elle a souvent mal à la tête.
6. Tu as envie de savoir s'il/si elle avale un comprimé facilement. Pose-lui la question.
7. Tu aimerais savoir s'il/si elle pense qu'il/elle pèse trop, s'il/si elle est au régime à présent, et si un régime est facile. Pose-lui ces trois questions.
8. Demande-lui ce qu'il/elle fait quand il/elle a un rhume et s'il/si elle a souvent des rhumes en hiver.
9. Interroge-le/la sur ce qu'il/elle utilise quand il/elle se mouche, un mouchoir en tissu ou un mouchoir en papier.
10. Tu voudrais savoir combien de fois de suite il/elle éternue généralement. Pose-lui la question.
11. Demande-lui ce que l'on dit quand quelqu'un éternue.

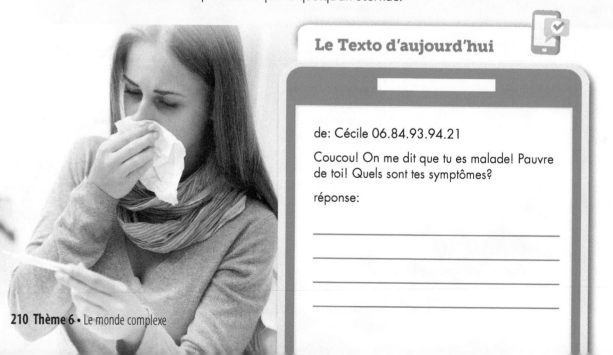

Le Texto d'aujourd'hui

de: Cécile 06.84.93.94.21

Coucou! On me dit que tu es malade! Pauvre de toi! Quels sont tes symptômes?

réponse:

Vocabulaire: La santé

compréhension

la santé (n.f.) health

le médecin (n.m.) the doctor

un point de suture (n.m.) a stitch (medical)

un(e) chirurgien(ne) (n.m./f.) a surgeon

opérer (v.) to operate

tâter (v.) to feel, take (pulse)

la vitesse (n.f.) speed, rate

le pouls (n.m.) the pulse

avoir mal (à) (exp.) to hurt, to be sick

avaler (v.) to swallow

un comprimé (n.m.) a pill, capsule

peser (v.) to weigh

au régime (n.m.) (exp.) on a diet

à présent (adv.) now

un régime (n.m.) a diet

un rhume (n.m.) a cold

se moucher (v.) to wipe (blow) one's nose

un mouchoir en papier (n.m.) a tissue

un mouchoir en tissu (n.m.) handkerchief

éternuer (v.) to sneeze

une fois (n.f.) a time, once

de suite (adv.) in a row, one after another

suggestions

37 degrés centigrade

98,6 degrés Fahrenheit

se coucher (v.) to go to bed

prendre de l'aspirine (exp.) to take aspirin

se reposer (v.) to rest

tousser (v.) to cough

éternuer (v.) to sneeze

cracher (v.) to spit

renifler (v.) to sniffle

se moucher (v.) to wipe nose

«À tes souhaits»

«À vos souhaits»

le souhait (n.m.) the desire, wish

autres possibilités

_____
_____
_____
_____
_____
_____
_____
_____
_____
_____
_____
_____
_____
_____
_____
_____
_____
_____
_____

Grammaire orale ?

Certaines conjonctions demandent **le subjonctif**.	Certaines conjonctions demandent **l'indicatif**.
Je vais travailler _____ vous **soyez** là.	Je vais travailler _____ vous **êtes** là.

(Formez une phrase composée avec une conjonction et l' indicatif ou le subjonctif.)

	+ subjontif		+indicatif	
although	**bien que**		dès que	as soon as
although	quoique		**aussitôt que**	as soon as
in order that	**pour que**		parce que	because
before	avant que (ne)*		**après que**	after
unless	**à moins que (ne)***		tandis que	while (in contrast)
for fear that	de peur que (ne)*		**pendant que**	while (during)
until	**jusqu'à ce que**		car	for
provided that	pourvu que		**puisque**	since
without	**sans que**		étant donné que	given

*(avant le verbe "ne", non-négatif, marque d'élégance et du français soigné)

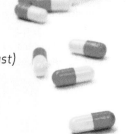

La santé *(conversation à deux)*

1. Aimes-tu recevoir une piqûre? As-tu été vacciné(e) contre la variole?
2. As-tu jamais utilisé des béquilles pour marcher? (Pourquoi?)
3. Est-ce que tu t'évanouis quand tu vois du sang? Et quand tu vois ton sang?
4. Quand tu étais petit(e) as-tu eu la rougeole? La varicelle? Les oreillons?
5. Aimes-tu te faire plomber une dent cariée? Demandes-tu une anesthésie?
6. Que fais-tu pour panser une plaie? Comment sais-tu si tu as de la fièvre?
7. À quelle maladie est-ce que beaucoup de médecins cherchent un remède?
8. Quelles maladies menacent les jeunes aujourd'hui?
9. Que fais-tu pour être en bonne santé?
10. Qu'est-ce que tu évites de faire pour rester en bonne santé?
11. Comment te sens-tu après cette conversation? (malade ou en bonne santé)

Recyclage

1. Demande à ton/ta partenaire s'il/si elle aime recevoir une piqûre et s'il/si elle a été vacciné(e) contre la variole.
2. Tu es curieux(-euse) de savoir s'il/si elle a jamais utilisé des béquilles pour marcher et pourquoi. Pose-lui ces questions.
3. Tu veux savoir s'il/si elle s'évanouit quand il/elle voit du sang et quand il/elle voit son sang à lui/elle. Demande-le-lui.
4. Tu aimerais savoir s'il/si elle a eu la rougeole, la varicelle et les oreillons quand il/elle était petit(e). Pose-lui ces questions.
5. Demande-lui s'il/si elle aime se faire plomber une dent cariée et s'il/si elle demande une anesthésie.
6. Interroge-le/la sur ce qu'il/elle fait pour panser une plaie et comment il/elle sait s'il/si elle a de la fièvre.
7. Tu cherches à savoir à quelle maladie beaucoup de médecins cherchent un remède. Pose-lui la question.
8. Demande-lui quelles maladies menacent les jeunes aujourd'hui.
9. Tu voudrais savoir ce qu'il/elle fait pour être en bonne santé. Demande-le-lui.
10. Interroge-le/la sur ce qu'il/elle évite de faire pour rester en bonne santé.
11. Demande-lui comment il/elle se sent après cette conversation (malade ou en bonne santé).

Le Mél d'aujourd'hui

Courriel reçu

| de: | tontonguillaume@enparlant.fr |
| à: | toi@enparlant.fr |

Pendant que l'on est en bonne santé, on n'y pense guère. Mais, quand même, qu'est-ce que tu fais pour préserver ta bonne santé? C'est plus important que tu ne penses!

Réponse

| de: | toi@enparlant.fr |
| à: | tontonguillaume@enparlant.fr |

réponse:

_____

_____

_____

_____

_____

_____

Vocabulaire: La santé

compréhension	suggestions	autres possibilités
une piqûre (n.f.) a shot	**casser** (v.) to break	_____
vacciné(e) (adj.) vaccinated	**tordre** (v.) to twist	_____
la variole (n.f.) small pox	**une fracture** (n.f.) a break	_____
une béquille (n.f.) a crutch	**une entorse** (n.f.) a sprain	_____
s'évanouir (v.) to faint	**la cheville** (n.f.) the ankle	_____
le sang (n.m.) blood	**la jambe** (n.f.) the leg	_____
la rougeole (n.f.) measles	**le genou** (n.m.) the knee	_____
la varicelle (n.f.) chickenpox	**une compresse** (n.f.) bandage	_____
les oreillons (n.m.pl.) mumps	**le sparadrap** (n.m.) adhesive tape	_____
plomber (n.m.) to fill (dental)	**le pansement** (n.m.) bandage, dressing	_____
une dent (n.f.) a tooth		_____
carié(e) (adj.) with a cavity	**guérir** (v.) to cure	_____
une anesthésie (n.f.) anesthesia	**le vaccin** (n.m.) the vaccine	_____
panser (v.) to bandage	**s'exercer** (v.) to exercise	_____
une plaie (n.f.) a wound	**faire du sport** (v.) to exercise	_____
la maladie (n.f.) disease	**fumer** (v.) to smoke	_____
une guérison (n.f.) a cure		_____
menacer (v.) to threaten		_____
éviter (v.) to avoid		_____
se sentir (v.) to feel		

Grammaire orale   ⬇ ❓ *4 verbes* 🕐 _____

Le passé simple   *Temps à l'écrit ou en discours très formel (= passé composé).*
NB seulement quatre formes de terminaisons:

-ai	*-is**	*-us**	*-ins**
je parlai	*je finis*	**je connus**	*je vins*
tu parlas	**tu finis**	*tu connus*	**tu vins**
il parla	*il finit*	**il connut**	*il vint*
elle parla	**elle finit**	*elle connut*	**elle vint**
on parla	*on finit*	**on connut**	*on vint*
nous parlâmes	**nous finîmes**	*nous connûmes*	**nous vînmes**
vous parlâtes	*vous finîtes*	**vous connûtes**	*vous vîntes*
ils parlèrent	**ils finirent**	*ils connurent*	**ils vinrent**
elles parlèrent	*elle finirent*	**elles connurent**	*elles vinrent*

Infinitif: -er   -ir et -re
(*Verbes irréguliers (exemples) dire- dis   être- fus, avoir- eus   tenir- tins)

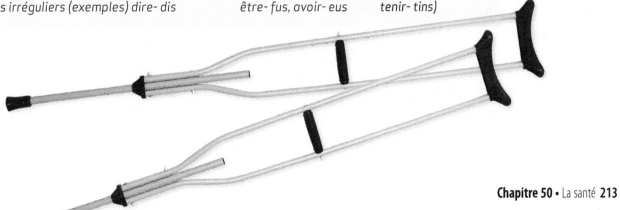

IV La vie est belle

General Index